En ton âme et conscience…

Claire Norton

En ton âme et conscience…

roman

ÉDITIONS
FRANCE
LOISIRS

Édition du Club France Loisirs,
avec l'autorisation des Éditions Robert Laffont.

Éditions France Loisirs,
123, boulevard de Grenelle, Paris
www.franceloisirs.com

ISBN : 978-2-298-13442-1

À Toi qui te reconnaîtras,
Du bout de ce chemin plongé dans la nuit…

Tu n'es plus là où tu étais,
Mais tu es partout là où je suis.

Victor Hugo

Chère lectrice, cher lecteur,

Toutes les personnes que vous croiserez au fil de ces pages vous ressemblent. Elles aussi se sont un jour laissé rattraper par un irrépressible sentiment d'urgence… une fois qu'il était trop tard.

Le livre que vous tenez entre les mains vous invite à l'évasion le temps d'une histoire… Mais il permet encore et surtout de saisir la main de cet enfant mystérieux, de cette part de nous-mêmes qui nous incite à ne pas gaspiller le temps qui passe, et à mieux distinguer dans nos vies l'essentiel de l'accessoire.

Parce que, comme Evan, nous sommes tous à la recherche de cette part d'essentiel qui donne un sens à notre passage d'ici à trépas.

Si ces quelques pages parviennent à vous y ramener le temps de leur lecture, alors je serai heureuse d'avoir écrit les lignes que vous allez découvrir.

Claire Norton

Prologue

17 août 1989, Palm Beach, Floride

Deux enfants sont assis sur la pelouse fraîchement tondue du 5680 Spruce Avenue. La maison, de style colonial américain, est luxueuse.

Une longue table en bois exotique est dressée dans le jardin. Le désordre parmi les couverts salis et les serviettes froissées à côté des assiettes presque vides laissent deviner que le repas tire à sa fin.

Les convives encore attablés se délectent à présent d'une crème glacée et discutent ainsi dans la bonne humeur, entrecoupant parfois leur conversation d'éclats de rire discrets et polis.

Il fait chaud, trop chaud, et le peu d'ombre qui surplombe la table ne suffit pas à apaiser la sensation d'étouffement que le soleil apporte naturellement en ce mois d'août. Le thermomètre placé un peu plus loin, à l'ombre, indique trente-deux degrés. Rien d'exceptionnel en soi pour la Floride.

Un bruit de fond, celui d'une flûte, vient habiller les quelques rares silences. Le son est agréable, mélodieux, juste, et provient de la tonnelle située à quelques mètres de la tablée. L'interprète, douze ans, est assis sur le gazon et fait face à sa sœur, cinq ans et demi, qui le regarde et l'écoute avec attention.

D'un seul coup, la fillette se lève.

— Viens, Evan, on va au port !

Les deux enfants aiment se rendre à cet endroit, où ils s'amusent à courir le long des quais pour mieux admirer les yachts amarrés.

— Maman ne va jamais vouloir : on a des invités !

— Mais si, tu vas voir… Maman !

La femme qui se retourne est encore belle, mais les années commencent à marquer ses traits d'une certaine dureté. Son port de tête est noble, le mouvement gracieux et élégant.

— Non, Kelsie, jouez plutôt dans le jardin.

— Mais, maman, on adore aller au port, tu sais bien.

— Oui, mais…

Son époux l'interrompt en douceur. Il n'a jamais su résister aux grands yeux verts de sa fille.

— Peut-être une petite heure, juste histoire d'aller voir les bateaux ?

Les invités sourient. La mère, soucieuse de ne pas se montrer publiquement en désaccord avec son mari, pince ses lèvres avant de se tourner avec un grand sourire. Pour elle, les apparences priment.

— Kelsie semble particulièrement douée pour convaincre son père. Eh bien, les enfants, je ne suis pas certaine que vous y trouverez beaucoup d'animation à cette heure-ci, mais allez-y… Vous avez une demi-heure !

Ce disant, elle détache de son poignet un bracelet-montre qu'elle tend à Evan.

— Mon chéri, je te confie ma montre. À moins le quart, je veux que vous soyez rentrés. Compris ?

— Oui, maman !

L'enfant s'avance pour prendre la montre, mais sa mère la retient entre deux doigts. Il la devine agacée de devoir céder.

— Je compte sur toi, Evan : dans une demi-heure, pas plus. C'est d'accord ?

— Oui, promis, maman.

— Et veille bien sur ta sœur. Je vous interdis de trop approcher des quais. Tu es l'aîné, à toi d'être vigilant.

L'enfant acquiesce de la tête. Aussitôt les doigts s'entrouvrent et la montre glisse dans la paume. Evan saisit en courant la main de sa petite sœur pour la tirer vers le portail : il est impatient de partir.

Kelsie observe la montre, Evan lui indique qu'ils devront quitter le port dès que la grande aiguille arrivera sur le 9.

Déjà quatre minutes qu'ils sont partis. Evan sait que lorsqu'il tournera à droite au bout de cette rue, le port apparaîtra.

Kelsie est à la traîne... Evan ralentit donc un peu le pas.

Les palétuviers roses et les *palm trees* bordent agréablement la rue. Déjà on devine la mer, juste derrière, qui laisse échapper un doux parfum iodé. Evan attend que Kelsie arrive à son niveau. Dès qu'elle lui attrape la main, ils se remettent à courir.

Enfin ils parviennent à l'endroit où ils ont pour habitude de s'asseoir. Ils se laissent tomber essoufflés sur la pelouse, puis contemplent la vue en silence. Un peu plus loin, trois hommes amarrent un dernier bateau de plaisance sur le quai, calme à cette heure-ci.

— On joue à Barti-bato ?

— Bapti-bato !

Leur jeu consiste à baptiser les bateaux en fonction des cargaisons ou des propriétaires qu'ils imaginent.

— Non, Kelsie, on n'a pas beaucoup de temps. Regarde !

Il montre à la fillette le cadran de la montre qui indique que la grande aiguille se trouve entre le 4 et le 5.

— Tu vois ?

— C'est pas beaucoup, soupire Kelsie.

— Tu veux que je te joue un morceau ?

— Bon, d'accord, acquiesce-t-elle d'un air peu enthousiaste.

Ils enlèvent tous deux leurs chaussures, pour s'asseoir en tailleur côte à côte, puis Evan entame une mélodie. Il a choisi une musique que Kelsie adore : « Once Upon a Time in the West ». Il débute à peine la seconde partie lorsqu'il perçoit un bruissement de feuilles sur sa gauche. Il s'arrête brutalement pour se tourner vers le buisson, mais Kelsie l'interrompt d'une pression sur l'avant-bras :

— Dis, on pourrait aller les voir ?

— Voir quoi ?

— Mais les bateaux ! On pourrait juste aller voir les bateaux ?

— Je n'ai pas envie, Kelsie !

Evan se tourne encore : il a vraiment cru entendre un bruit. Il a maintenant la sensation d'être observé.

— Surtout que tu en vois, là, des bateaux, non ?

— Oui, mais pas tous !

Le garçon soupire, pose sa flûte sur l'herbe, se lève et prend la main de sa sœur. L'homme sur le banc, à une quinzaine de mètres, les regarde.

— Je veux bien qu'on s'approche un peu, mais je ne veux pas aller sur les quais.

— D'accord, maugrée Kelsie.

Ils déposent leurs chaussures contre les buissons et avancent pieds nus sur le gazon. Il n'y a plus personne sur les berges. L'homme du banc se lève et part à son tour. La chaleur est écrasante.

— J'aimerais bien mouiller mes pieds, dit la petite fille.

— Hors de question ! C'est dangereux.

Aucun des deux enfants n'aperçoit le visage dissimulé dans l'un des gros buissons. Aucun n'a deviné que quelqu'un les observe depuis maintenant dix minutes.

— Moi, plus grande, je vivrai sur un bateau, et j'irai tout là-bas, assure-t-elle en pointant l'horizon du doigt, là où le ciel semble épouser l'eau. Et toi, tu me regarderas au loin.

Evan jette un œil sur sa montre : l'aiguille est pile sur le 7.

— On ne va plus tarder, Kelsie…

Il lâche la main de sa sœur et se dirige vers les chaussures et sa flûte.

— Commence à mettre tes chauss…

Un cri étouffé vient de l'interrompre. Evan se retourne brusquement : un homme plaque violemment une main contre la bouche de Kelsie qui tente de se débattre en donnant des coups de pied à son ravisseur. Les yeux terrorisés de l'enfant appellent son frère à l'aide. Un hurlement étouffé cherche vainement à sortir. La montre tombe sur le gazon.

Evan a peur. Il essaie de trouver ce qu'il conviendrait de faire, là, tout de suite.

Il faut que tu l'empêches de partir…

Il s'approche, mais ses jambes tremblent de manière incontrôlable, et mettre un pied devant l'autre requiert un effort surhumain.

— Si jamais tu cries, je l'étrangle !

La voix est grave et posée. Tout en gardant le visage tourné vers l'homme, Evan fait glisser ses yeux sur sa gauche, puis sur sa droite. Il n'y a personne.

Evan reste figé, mais s'efforce de réfléchir vite. Il ignore le combat que son corps doit mener en parallèle : son cœur palpite de plus en plus vite, sa respiration s'accélère et ses muscles se contractent. Il demeure donc pétrifié, victime du mécanisme naturel de la peur.

Il regarde impuissant les sourcils de Kelsie se lever, comme pour exprimer de la surprise, et elle n'a pas le temps d'achever de tendre son bras droit dans sa direction que, d'un seul coup, l'inconnu lui tire violemment les cheveux. Les yeux d'Evan s'accrochent à la tache lie-de-vin en forme d'étoile sur l'avant-bras de sa sœur. Une tache de naissance. La fillette n'a pas le temps de crier, une gifle la fait tituber. Le choc est immense, les lèvres de l'enfant commencent à saigner, tandis que son regard se charge de larmes. Aussitôt, l'homme la reprend contre lui et lui remet une main devant la bouche.

Evan est toujours tétanisé. Paralysé. Les yeux de sa sœur l'implorent désormais de la secourir. Mais il n'y parvient pas. Il aimerait pouvoir avancer, tirer sur la jupette maintenant relevée qui laisse apparaître une culotte blanche avec des petites fleurs roses. Il aimerait hurler pour que ces putains de propriétaires de yachts l'entendent et viennent à son secours. Il voudrait juste arracher sa sœur des bras de ce monstre et la serrer dans ses bras. Mais il ne *peut* pas. Ses yeux restent obstinément rivés sur les cuisses nues de Kelsie, qui ne se débat plus.

— Tourne-toi !

Il n'y arrive pas non plus. Ses jambes semblent ne plus lui appartenir.

— Tourne-toi ! Et compte jusqu'à cent sans te retourner une seule fois !

Un court instant, Evan imagine son propre corps roué de coups de poing, l'herbe bien verte recouverte de son sang. Aussi rouge que la goutte qu'il voit tomber sur la cuisse diaphane de sa sœur. Son regard remonte alors le long de son ventre, qu'une main enserre fermement, glisse sur le buste, le cou, et s'arrête sur le visage de la fillette. L'hébétude et la terreur sont imprimées sur ses traits enfantins. Le sang coule à profusion de son nez.

D'un mouvement mécanique…

Poule mouillée !

… Evan se retourne en tremblant.

Mais bouge, fais quelque chose. Tu dois aider Kelsie !

Et alors qu'il commence à compter…

1, 2, 3…

… qu'un liquide chaud commence à couler le long de ses jambes…

14, 15, 16…

… que ses oreilles entendent des bruits confus…

22, 23, 24…

… et que son cerveau mémorise le long gémissement de Kelsie…

37, 38, 39…

… il se revoit avec sa sœur, collés l'un à l'autre sur un des quais du port, face à l'océan.

52…

Il ne sait pas qu'à trois cents mètres de là, un invité fait rire sa mère en lui racontant une anecdote.

Elle ignore qu'elle ne rira jamais plus de la même manière.

77…

… Evan se souvient de la mise en garde de sa mère : « Veille bien sur ta sœur. »

Et, arrivé à 100, alors qu'il se retourne lentement et qu'il contemple face à lui l'étendue de bleu, il comprend que rien ne sera plus comme avant.

Il est exactement 14 h 51.

Evan est en retard de six minutes.

Et sa vie, ainsi que celle de tous ceux qu'il aime, vient définitivement de basculer.

1

Août 2014, Floride, Key West
Evan Kester, vingt-cinq ans plus tard…

Une succession de petites îles, que l'on appelle les Keys, s'étire au sud de la Floride. Le touriste désireux de les découvrir commencera par Key Largo pour terminer par Key West, qui fait face à Cuba.

L'unique route, baptisée Overseas Highway, qui lui permettra de passer d'île en île, conduira ainsi le curieux jusqu'à ce lieu mythique où Ernest Hemingway vécut de longues années…

Mais si Key West est connue pour ses maisons colorées et ses rues bordées de palmiers, l'autre vraie raison de sa notoriété est la beauté de ses couchers de soleil, que beaucoup admirent à bord d'un catamaran, guettant le mystérieux rayon vert orangé qui s'offrira à eux lorsque l'astre disparaîtra dans la mer…

La beauté de l'immensité ajoutée à la sensation de solitude devient naturellement source d'inspiration pour les artistes.

C'était pour toutes ces raisons qu'Evan avait choisi de vivre là. Il avait investi l'ensemble des biens qu'il possédait pour acheter une superbe maison le long d'une plage, et s'imprégnait de cette atmosphère sereine pour marier des notes de musique.

Assis à même le sable, face à la mer, Evan s'empara de son pull en maille. Après en avoir remonté le col, il se rassit en tailleur, une guitare posée sur sa cuisse. Tout d'abord attentif aux bruits des vaguelettes venant s'échouer sur la grève, il fit délicatement glisser son pouce sur chacune des six cordes.

Il laissa la dernière note se perdre dans le silence, puis jeta un œil sur sa montre : 19 heures. Bientôt il lui faudrait regagner sa maison, un peu plus haut, avant qu'il ne fasse complètement nuit. C'est à ces heures de fin de journée qu'il composait le mieux. Mais l'inspiration semblait le fuir ces derniers temps. Il ressentit l'envie furieuse de fumer une cigarette. Trois jours qu'il avait foutu en l'air son dernier paquet de Marlboro. Et pris la ferme décision d'arrêter. D'un seul coup.

Dès le matin, il avait senti que ce serait encore une de ces journées pourries où *ce à quoi il ne voulait pas penser* le hanterait.

Mince, c'était toujours le même problème. Il suffisait de s'approcher de la date fatidique pour replonger dans l'enfer de ses souvenirs. L'anniversaire de la disparition de sa sœur n'était pas loin.

Evan regretta d'avoir pris la décision d'arrêter de fumer sans tenir compte du calendrier. Il avait jeté le reste de sa cartouche en se promettant de ne pas flancher, et la seule compensation qu'il s'autorisait était de troquer ses blondes pour un bon whisky lorsqu'il rentrait sur Key West. C'était plus que raisonnable.

Il essaya de se rappeler à quel moment il avait grillé sa première clope. Vers seize ans, lui semblait-il.

La période « post-Kelsie » avait été horrible.

À l'époque, les cellules psychologiques post-traumatiques n'existaient pas. Il était donc passé par une vingtaine de séances où l'on avait attendu de lui qu'il se « libère ». Mais rien n'avait pu délivrer Evan de ses cauchemars et de sa culpabilité. Après cela, des têtes savantes avaient décrété que le temps panserait ses plaies.

Evan avait donc mieux enfoui son cauchemar : un petit garçon s'amusait avec une ravissante poupée de porcelaine vêtue d'une petite robe jaune paille à volants. On apercevait en dessous une petite culotte rose et blanc. D'un seul coup, l'enfant se transformait en ogre et brisait le jouet en deux, laissant découvrir au spectateur épouvanté, *lui*, un geyser de sang qui jaillissait de son ventre. Evan se réveillait alors en sursautant, un camion d'angoisse lui écrasant la poitrine.

Il lui arrivait parfois de poursuivre son rêve tout éveillé : il imaginait plusieurs scénarios qui lui permettaient de sauver sa sœur, ou pas. Mais, quel que soit son rêve, l'issue restait toujours la même : *Tout est ta faute !*

Sa mère ne lui avait jamais pardonné, et avait reporté la responsabilité de ce drame sur lui et son père : elle ne leur adressait quasiment plus la parole. Evan avait longtemps attendu qu'elle lui tende la main, puis s'était résigné à admettre que cela ne se produirait jamais.

Son père avait commencé à boire quelques verres le soir, pour finir par ingurgiter des bouteilles entières dès le matin. Une nuit où il s'était endormi imbibé d'alcool dans la chambre d'amis, il s'était réveillé vers 3 heures et avait voulu descendre l'escalier. Son pied gauche avait trébuché, et ses quatre-vingt-trois kilos avaient chuté du haut des seize marches : sa tête avait violemment percuté le sol. Sa mort avait été instantanée. Evan avait alors dix-neuf ans et, compte tenu des relations devenues inexistantes entre sa mère et lui, il avait pris la décision de partir. L'héritage laissé par son père lui avait permis d'achever ses études de médecine.

Radio, I'd sit alone and watch your light
My only friend through teenage nights
And everything I had to know
I heard it on my radio…

Evan jeta un œil sur l'écran de son portable. « Radio Ga Ga »… Evan avait choisi le tube de Queen comme sonnerie de portable. À « *you made 'em cry* », le répondeur se déclencherait. D'un geste rapide, il prit l'appel.

— Allô !

— Evan, j'ai une putain de supernouvelle !

Evan sourit.

— Bonjour, Brett. Car c'est bien Brett, n'est-ce pas ?

— Oh ! arrête de m'emmerder avec tes conneries. Je n'aime pas perdre du temps avec les futilités. D'ailleurs, tu vois, c'est pas utile, tu m'as reconnu, non ?

— Difficile de rencontrer deux personnages comme toi dans une vie, l'ami ! Alors, cette nouvelle ?

— Potterson !

Potterson était un producteur réputé dans le domaine des musiques de films et documentaires.

Brett le connaissait à titre personnel et lui avait envoyé une des compositions d'Evan. En tant qu'amateur éclairé, Evan aimait composer et il le faisait avec talent. Il n'aurait d'ailleurs pas été mécontent de pouvoir mettre sa passion au service de films ou documentaires.

— C'est en rapport avec ma maquette que tu lui as transmise il y a six mois ?

— Gagné ! Potterson lance un appel pour la composition du générique du prochain film de Blenton. Et tu fais partie des six compositeurs sélectionnés !

— Je suis médecin, Brett, pas compositeur.

— Oui, mais, crois-moi, je suis suffisamment ancien dans ce métier pour reconnaître le talent là où il y en a. Tu es à l'évidence aussi doué pour la chirurgie que pour la composition musicale. Tu te dois d'essayer ! Le projet de film est énorme. Pour un modeste budget à huit chiffres. Ça te parle ?

— Je ne suis pas un businessman. Cela ne m'inspirera donc pas davantage, s'amusa Evan.

— Non mais t'es bouché à l'émeri ou quoi ? Je suis en train de te dire que tu pourrais bosser sur une musique qui serait celle *du* film de l'année !

Evan glissa les doigts dans ses cheveux. Cette manie traduisait chez lui un certain embarras. Ces temps-ci, il n'arrivait plus à aligner deux notes, cela promettait ! Et la pression supplémentaire ajoutée par Brett n'allait pas l'aider.

— Y a toujours quelqu'un ?

— Oui, oui, je suis là…

— Bon, en bref, vous êtes six sur le coup. Et, pour te la faire courte, c'est celui qui sera le mieux inspiré qui croquera une part du cochon rose.

C'était effectivement tentant. La superbe maison qu'Evan avait acquise avait été un vrai coup de cœur, mais aussi une folie financière, surtout après une mission humanitaire qui avait duré quatre ans au lieu des six mois initialement prévus. Peu importait : il avait souhaité s'investir pour une vraie cause, et il ne le regrettait pas. Car le quart-monde lui avait permis de comprendre l'importance de son métier, à lui qui rêvait enfant de ne vivre que de musique. Son compte en banque avait donc souvent flirté avec la ligne Maginot. De retour en Floride, il avait travaillé pour une contrepartie financière attractive et n'avait donc aujourd'hui plus de problème bancaire. Mais un petit jackpot supplémentaire lui permettrait d'alléger le prêt qu'il avait encore.

— Je ne suis pas certain de parvenir à sortir un bon truc dans les temps.

— Il va pourtant le falloir ! Si tu passes à côté de ça, je vais t'en vouloir à mort !

— Tu sais, ce n'est pas facile en ce moment. Je ne le sens pas trop…

— Non mais tu vas pas faire ta diva, non ? Parce que je sais que tu ne te pardonneras jamais d'avoir loupé un truc pareil. Alors voilà ce que je te propose : tu cales tes petites fesses dans le sable et tu bosses. Moi, je te donne rencard demain dans la soirée pour le côté détente. Ça marche ? Allez, je raccroche !

Evan sourit. Il s'empara de sa guitare et fit glisser sa main droite sur les cordes afin d'obtenir un son mélodieux.

Dans deux semaines exactement, cela ferait vingt-cinq ans que Kelsie avait été enlevée. Personne n'avait jamais plus eu de nouvelles. Pourtant, lors de l'enquête, Evan avait essayé de livrer un maximum de détails sur le physique de l'agresseur, les vêtements qu'il portait. Mais cela n'avait rien donné.

À maintenant trente-sept ans, Evan avait tenté de cicatriser ses blessures. Non qu'il eût oublié, non, car *comment pouvait-on oublier une chose pareille ?* Mais il avait compris qu'il n'était pas aussi coupable qu'il s'était imaginé l'être. Non, il n'avait rien oublié… Et lorsque le souvenir de sa sœur caressait son esprit, le visage était intact, le rire clair.

Et la petite culotte blanche et rose, tu t'en souviens ?

Oui, il se souvenait de tout, même si ses pensées pour sa sœur s'étaient progressivement espacées. Il avait tout simplement grandi.

Souvent il tentait d'imaginer ce que la vie de sa sœur aurait pu être – si son rêve de vivre sur un bateau se serait réalisé. Si son regard émeraude aurait été le même qu'à cinq ans. Et qu'aurait été sa vie *à lui* si cet horrible événement ne s'était jamais produit ? Serait-il devenu musicien, comme il se l'était promis ? Ou bien « manager » dans une grosse boîte ?

Et pourquoi pas coach, tant qu'on y est ?

Evan sourit : s'imaginer en costard-cravate avec attaché-case en train de courir après les mots « rentabilité », « objectifs » et « stratégie » l'amusa.

Il se souvint de Miss Breakle, psychologue scolaire, qui l'avait reçu le lendemain du jour où il avait osé hurler à son prof de maths que les algorithmes l'emmerdaient. Elle avait été discrètement missionnée par le conseil d'administration de l'école pour « recadrer » le fautif. Evan savait que n'importe quel autre élève se serait fait virer pour ce comportement. Mais une petite sœur kidnappée sous vos yeux, ça vous donnait certains passe-droits. Miss Breakle lui avait administré une leçon de morale. Lui l'avait écoutée les deux pouces entrés dans les poches, les autres doigts libres ne cessant de marteler son pantalon, comme s'il tapait sur le clavier d'un piano imaginaire.

Au bout de vingt minutes, elle s'était interrompue pour se rendre à l'évidence : ce gamin était plus fermé qu'une huître. Evan avait clairement vu un éclair de pitié passer dans ses yeux. Il s'était donc levé, et elle s'était à son tour brusquement redressée, si brusquement d'ailleurs que la chaise était allée se fracasser contre le mur. Tout ça aurait dû en rester là, il serait sorti et aurait définitivement oublié cet entretien. Seulement voilà. Était-ce le bruit du métal projeté contre le sol, une illumination soudaine, ou la vexation de voir que ce jeune la regardait comme un vulgaire déchet, Miss Freud lui avait balancé :

— N'avez-vous donc plus de rêves, monsieur Kester ?

Son regard n'avait pas quitté celui d'Evan.

— Vous savez, cette chose qui est enfouie là (elle s'était touché la tempe avec l'index) et qui vous tient éveillé à toute heure lorsque vous éprouvez la sensation d'être inutile. Ce truc qui vous permet de tenir lorsque vous sentez que tout le reste vous échappe. C'est comme la clé qui va dans la bonne serrure. Bien sûr que vous avez vécu quelque chose d'insupportable. Bien sûr que vous partez sans doute avec un boulet à la cheville qui vous bloque dans les starting-blocks alors que vos camarades courent comme de jeunes fous. C'est triste. Mais je vous souhaite vivement d'avoir vos propres rêves. Eux seuls vous permettront peut-être de vous ressaisir. Pour vous donner une chance de les atteindre.

Il se souvint s'être répété : « Qu'est-ce que c'est que ces conneries ? » Mais avant même qu'il ait pu répondre, la grande godiche l'avait planté là, debout devant le bureau de Monsieur Équation, la chaise toujours couchée par terre.

Et il s'était alors demandé avec une réelle inquiétude *où était sa clé à lui.*

Bien sûr, il avait sa musique. Pourtant, les nuits où les ombres étaient bien plus noires que les étoiles, d'autres clés tintaient dans sa tête au point de ne plus le laisser fermer l'œil. Des clés au bruit macabre.

En sortant de la pièce cinq minutes plus tard, il avait trouvé les bonnes clés qui iraient dans les bonnes serrures : retrouver Kelsie, et passer sa vie à faire de la musique.

La trentaine maintenant sérieusement dépassée, qu'avait-il fait de ces rêves-là ?

Le regard d'Evan glissa sur la flûte en bois clair gravée aux initiales de KK. Kelsie Kester. C'est lui qui avait insisté, lorsqu'on leur en avait offert une à chacun, pour que leurs initiales soient gravées dessus. Une flûte était pour lui comme un stylo-plume : lorsque son propriétaire l'utilisait, le stylo prenait instantanément son empreinte, la courbe de son écriture.

Evan n'avait jamais pu retrouver la sienne après le kidnapping de sa sœur. Il se souvenait d'être resté figé ce jour-là. Au bout d'un long moment, comme un automate, il avait ramassé ses chaussures Timberland beiges, et les petites Kickers blanches de sa sœur, sagement alignées contre les siennes. Mais sa flûte à lui avait disparu. Il avait alors couru comme un fou, les pieds nus, hurlant sans discontinuer tout le long du trajet, pour alerter ses parents.

Pourquoi avoir ramassé ses chaussures ? C'était stupide, mais il lui avait alors semblé inimaginable de laisser les chaussures de Kelsie abandonnées sur le gazon. Prêtes à disparaître, elles aussi.

Lorsque son père lui avait un jour remis la flûte de sa sœur, il l'avait conservée comme une relique. Pendant des mois, il n'avait osé poser ses lèvres sur le bec. Mais il avait fini par voir en cet objet précieux le moyen de communiquer avec celle à qui il avait appartenu. Chaque souffle d'air impulsé par Evan était un souffle de vie rendu à Kelsie.

Et, lorsque les notes, douces, s'échappaient, Evan fermait les yeux et se laissait emporter dans un autre monde et oubliait jusqu'au petit garçon qu'il était alors. Cette flûte était le souvenir le plus concret qu'il possédait de Kelsie. Un trait d'union entre eux.

Il n'avait jamais accepté d'entendre la police conclure son enquête par une interrogation à laquelle personne ne chercherait jamais plus à répondre. Il avait eu l'impression d'abandonner Kelsie une fois de plus.

Il aimait sa sœur. Le simple souvenir de la revoir le supplier du regard le torturait, et faisait revenir Madame Culpabilité au galop. Personne n'avait compris à quel point il avait souffert, ni suspecté la violence de ce chagrin qui l'avait dévoré comme une bête affamée pour le laisser abattu.

Aujourd'hui, si la honte de n'avoir pas su protéger sa sœur s'était apaisée, une question obsessionnelle continuait à l'assaillir : « Est-elle encore vivante ? »

Evan caressa doucement la surface en bois laqué de la flûte qu'il tenait dans sa main. Arrivé au niveau de la patte, son index rencontra encore le creux constitué par la gravure des deux K.

« *Wherever the fates lead us, let us follow…* »

Il sentit monter une émotion qu'il connaissait fort bien, et qu'il avait appris à chasser.

Le passé l'avait forgé, lui avait appris à rester désormais maître de lui, et à ne plus laisser transparaître ses émotions. C'était sans doute ce qui l'aidait parfois lorsqu'il lui fallait annoncer le décès d'un patient à une famille…

Il reposa la flûte sur le sable et reprit sa guitare contre lui. Brett hurlerait sans doute s'il devait lui annoncer son absence d'inspiration. Dieu, qu'il avait envie d'une putain de clope ! Il tenta de trouver un brin de réconfort dans le verre de bourbon qu'il avait pris soin d'apporter jusque-là. Une grande rasade vint lui réchauffer la gorge. Il lui fallait tenir. Question de santé.

Evan ferma les yeux, inspira un grand coup, lentement, et, après avoir plongé son regard dans les eaux bleues, il se concentra sur la mélodie qui s'échappait de sa guitare.

Il ne remarqua donc pas l'enfant assis en tailleur contre le superbe *Cornus florida* rose qui jouxtait sa villa. Un jeune garçon qui l'observait très attentivement… Celui-ci pensait à la tâche difficile qui l'attendait. Mais il savait qu'il n'avait plus le choix.

Il n'avait plus une minute à perdre.

Prestement, l'enfant glissa derrière le tronc imposant de manière à ce que personne ne puisse le voir. Il jeta un dernier regard en direction d'Evan qui n'avait toujours pas lâché sa guitare, et quitta précipitamment son refuge.

2

Samedi 4 août 2014, État de Floride,
Miami, Seaquarium, 16 h 15
Famille Burson : Richard et ses trois enfants

Richard Burson en avait plein les pattes. Pour la énième fois, les enfants avaient souhaité revenir au Seaquarium pour revoir les spectacles des dauphins et des orques : Lindsay, la petite dernière, et John, l'aîné, ne s'en lassaient pas. Susan, leur mère, était restée à la maison, clouée au lit par des spasmes nauséeux.

Richard Burson jeta un œil sur sa montre : 16 h 15. Il avait promis à Susan de rentrer avant 18 heures, mais avec l'affluence touristique du mois d'août, ils allaient être à la bourre. Une fois de plus.

Il attrapa son téléphone tout en criant aux trois enfants qui l'accompagnaient :

— Dépêchez-vous ! On est en retard.

Ils prirent la direction de la sortie d'un pas rapide. Lindsay, cinq ans, choisit ce moment pour lui demander un donut. Le show des otaries se terminait à la demie. Richard ne voulait pas se cogner le flux des spectateurs.

— Nous n'avons plus le temps, ma chérie. Mais j'ai des jawbreakers dans la voiture !

16 h 20. Quelques malins anticipaient la sortie des otaries et avançaient déjà vers le parking. Dans cinq minutes, la sortie serait noire de monde.

— Grouillez-vous, les mômes : ça va vite devenir l'enfer !

Tout en parlant, il avait attrapé Lindsay pour la mettre sur ses épaules, et saisit avec l'autre main le bras de Nathan.

16 h 24. Richard ouvrit rapidement la porte passager de sa GMC rouge, fouilla la boîte à gants pour en sortir le paquet de jawbreakers, tendit une boule à Lindsay. Les garçons s'avachirent sur la banquette arrière, puis s'écartèrent automatiquement pour laisser leur sœur se faufiler entre eux, ce qu'elle fit en brandissant fièrement l'énorme bonbon.

16 h 25. Nathan, assis derrière son père, attacha machinalement sa ceinture, pendant que John s'enroulait en position quasi fœtale. Richard se contorsionna pour boucler la ceinture de Lindsay et ajusta la sienne.

Lorsque Richard démarra, le cadran fixé au tableau de bord indiquait 16 h 26. S'ils ne perdaient pas de temps, ils seraient à l'heure.

Il décida d'appeler sa femme, afin de la prévenir qu'ils partaient : il appuya longuement sur la touche 2 de son Samsung, « Susan » s'afficha sur l'écran. Il entendit les quatre doubles sonneries avant de basculer sur le répondeur : « Chérie, nous partons à l'instant. Nous sommes tous lessivés. Même Lindsay ne supporterait plus la vue d'un cétacé, c'est te dire ! J'espère qu'il n'y aura pas trop de circulation parce qu'il nous tarde d'être à la maison. On se dépêche ! Je t'aime... »

Ils atteignaient la sortie du parking.

— John, mets ta ceinture, s'il te plaît !

L'enfant maugréa un son susceptible de correspondre à un acquiescement, mais il était déjà à moitié assoupi et ne bougea pas d'un iota.

Quelques minutes plus tard, à 16 h 33 très exactement, Richard se tourna brièvement pour constater que ses deux fils dormaient, tandis que Lindsay savourait sa sucrerie.

À 16 h 34, il enclencha la radio sur US 1 Radio et mit le volume en sourdine, de manière à ne réveiller personne.

16 h 35 : un peu plus loin, le jeune Alan Biersman et son ami sortaient d'une partie de base-ball et arrivaient au carrefour de Downing Street. Le premier garçon vit une Chevrolet grise surgir sur sa gauche. Il reconnut la voiture de Peter Grosswell, le copain de sa voisine, Jillie. Il roulait comme d'habitude à toute vitesse. La musique de Led Zeppelin crachait à fond les décibels. Une autre voiture, rouge, entra dans le champ visuel du gamin. À l'allure où roulait Grosswell, il devina que Peter n'avait pas l'intention de céder la priorité. Que devait-il faire pour permettre d'éviter cet impact ? Il lâcha précipitamment sa batte, ouvrit la bouche pour emplir ses poumons de l'air qui lui permettrait de hurler un cri d'alerte. De son côté, Richard coupa la radio, alors que Lady Gaga entamait son dernier tube. Aucun bouchon n'était annoncé, ce qui était parfait. Mais un cri lui fit brusquement redresser la tête. Il aperçut alors la voiture grise. Trois pensées lui vinrent instantanément à l'esprit : *Braque ! ; Les enfants ! ; Trop tard...* Il comprit que la vie de ses mômes allait se jouer dans les secondes qui suivraient, et braqua de toutes ses forces le volant sur sa gauche.

Juste avant l'impact, le hurlement d'Alan vint combler le silence habituel de ce quartier résidentiel, aussitôt suivi par un immense bruit de crissement de pneus.

Le bruit terrible du métal emplit la tête de Richard, tandis qu'il vit le véhicule le percuter de plein fouet. Sous la violence du choc, le pare-brise fut immédiatement expulsé. Richard crut voir passer une forme (*quelque chose ? quelqu'un ?*) qui s'éjectait du véhicule. Il ne réalisa pas qu'il s'agissait de son fils John, qui n'avait pas pris le temps d'attacher sa ceinture, et qui mourut sur le coup. Il entendit un cri strident, et son regard se figea sur l'autre voiture qui se dressa face à lui tout en décollant du sol. La vision apocalyptique de cette masse d'acier venant littéralement se coucher sur eux lui arracha un gémissement inaudible, alors que le cri retentissait encore dans sa tête. Il n'aurait jamais imaginé qu'une voix humaine puisse produire un tel son. Mais une seule chose comptait : sauver ses enfants.

En un dixième de seconde, l'habitacle fut littéralement broyé, écrasé par les trois tonnes du cabriolet conduit par Peter. Le pare-brise de Peter explosa. Le volant s'introduisit dans l'abdomen de Richard comme dans une motte de beurre et lui perfora instantanément le foie, l'estomac, et les anses grêles. Richard ressentit une douleur inouïe, un liquide chaud inonda son ventre, puis un autre ses cuisses. Mais c'est lorsqu'il entendit tous les os de sa cage thoracique se briser comme les os d'une caille qu'il comprit qu'il allait mourir. Il manqua soudainement d'air. Juste avant de perdre définitivement connaissance et, dans un dernier geste, il tendit le bras droit comme pour protéger ses enfants. Le tableau de bord éclata alors dans un craquement sinistre.

La voiture de Peter retomba enfin lourdement sur sa droite, achevant sa course folle dans un dernier vacarme de tôle.

Lindsay, qui suçait toujours son jawbreaker au moment de l'impact, sentit la boule de sa sucette s'enfoncer dans sa gorge au moment où le cri commença à retentir. Elle chercha désespérément à respirer, mais le bonbon vint obstruer ses voies respiratoires. Incapable d'insuffler un peu d'air, Lindsay tenta de s'accrocher à son frère Nathan de la main gauche. Elle ne put articuler le moindre mot, son visage rougit, puis bleuit avant qu'elle ne s'évanouisse.

Le profond silence qui suivit fut peut-être plus insupportable encore. Alan se tourna vers son ami. La pâleur de son visage devait sans doute être identique à la sienne. Il aperçut la vieille Mme Wotman qui se glissait derrière son carreau, alertée par le vacarme. Son regard revint sur les deux véhicules, ou plutôt ce qu'il en restait. *Quelqu'un* avait été expulsé et gisait sous une mare de sang. Alan rassembla toutes ses forces pour se lever et se diriger vers les deux voitures. Mais ses jambes flageolaient de manière incontrôlable et il pria pour ne pas s'uriner dessus avant d'atteindre son objectif.

Le jeune conducteur, Peter, dont la tête avait été violemment projetée sur le sol, décéda d'une hémorragie intracrânienne deux minutes après avoir été pris en charge par une ambulance.

Richard Burson mourut sur le coup, tout comme son fils John, projeté hors du véhicule et écrasé par les deux tonnes neuf de la voiture de Peter qui était retombée sur le sol.

La petite Lindsay, cinq ans, aurait peut-être pu bénéficier d'une réanimation cardio-pulmonaire. Mais ni Mme Wotman, quatre-vingt-sept ans, ni les deux enfants ne surent – *purent ?* – réaliser les gestes salvateurs. L'équipe médicale d'urgence, arrivée sur place sept minutes après l'appel paniqué de Mme Wotman, tenta sans succès d'effectuer un massage cardiaque sur la fillette. Mais les secours intervinrent trop tard, et le cœur ne repartit pas.

En cinq secondes, le destin ou le hasard venait de décider de six vies. Et lorsque les secours quittèrent les lieux de l'accident, seule l'une d'elles restait suspendue à un souffle : celle de Nathan, neuf ans.

*

* *

Miami, Jackson Memorial Hospital, 16 h 41

Evan sentait maintenant les gouttes de sueur couler sur son front. Il lâcha le défibrillateur, et posa quelques instants ses mains à plat sur le métal froid du chariot d'urgence, pour reprendre un peu de force.

Il ne pouvait pas lâcher cette gamine de sept ans, renversée par un deux-roues il y avait quelques heures, alors qu'elle traversait sagement sur un passage piétonnier. Jenny avait été percutée de plein fouet par le scooter, et un important saignement intra-abdominal avait été diagnostiqué lors de son transport à l'hôpital. Une rupture de la rate et du pancréas était à l'origine de ces lésions vasculaires. Mais malgré toutes les tentatives pour endiguer l'hémorragie et la maintenir en vie, le cœur de la gamine venait de lâcher.

Evan releva la tête : toute son équipe attendait en silence ses prochaines consignes. Ses yeux glissèrent sur le visage encore barbouillé de chocolat de la fillette. Il lui fallait se rendre à l'évidence : la partie était terminée.

— Heure du décès : 16 h 42, annonça-t-il d'un ton monocorde, dans la salle silencieuse que seul le bip plat du monitoring venait déranger.

Evan jeta ses gants de latex avec lassitude dans le sac dédié à ce type de déchet. Sans un regard pour son équipe, Evan sortit de la salle de déchoquage.

Il fixa pour une dernière fois par la vitre le corps inanimé de l'enfant. L'intensité de la lumière dégagée par les lampes flood accentuait encore la pâleur du jeune visage. Le décès constaté, la dépouille allait maintenant être déposée dans un simple tiroir de métal réfrigéré, à la morgue du soussol de l'établissement.

Il lui fallait annoncer la nouvelle aux parents. Ce n'était pas la première fois qu'il devait s'affranchir de cette lourde corvée, mais Evan éprouvait pourtant à chaque décès le besoin de se préparer. Comment trouver les mots justes ? Comment faire croire à des parents anéantis que tout irait mieux, un peu, un jour ?

Il inspira un grand coup, défit sa blouse d'un coup sec. Une traînée de sang avait coagulé sur la base de son menton, trace de l'hémorragie fulgurante qu'il venait vainement de combattre. Il s'empara d'une compresse de coton qu'il imbiba d'alcool avant de se frotter le visage, de plus en plus fort, comme pour conjurer le destin et sa propre incapacité à avoir pu agir sur lui. Il devait prendre de la distance, se protéger des conséquences émotionnelles. Règles cruciales pour tout soignant ne souhaitant pas virer dépressif. Ou cinglé.

La chef de bloc, Nancy Sweeney, attendait qu'il paraphe le certificat de décès.

— Liz amène les parents en salle 5. Bon courage, Evan…, dit-elle doucement en lui tendant le document officiel.

Sans un mot, il y apposa sa signature, puis quitta la pièce froide. Il avait d'abord besoin de prendre l'air.

*

* *

L'enfant qui observait encore Evan sur la plage la veille s'assit sur le banc qui faisait face à la porte S.

L'environnement était une invitation au calme et à la plénitude. La nature, riche, éclatait de fleurs et d'une végétation luxuriante telle qu'on la trouvait en Floride. Des orangers s'unissaient à des palmiers des sables et autres *Coreopsis* ou *Cornus florida*. Il offrit son visage au soleil brûlant, mais le glissement des deux vitres coulissantes de la sortie S le tira de ses pensées.

Instinctivement, l'enfant se redressa lorsqu'une silhouette masculine apparut dans l'encadrement.

C'était lui… Le moment était arrivé.

L'enfant se leva et suivit discrètement l'homme qui venait de sortir.

Evan s'approcha du banc sur lequel il venait souvent prendre place, s'y laissa tomber et ferma les yeux. Il lui fallait reprendre un peu de force.

— Excusez-moi, monsieur, je peux m'asseoir à vos côtés ?

La voix enfantine le ramena sur terre, Evan examina son interlocuteur : une dizaine d'années peut-être, un regard brun ourlé de grands cils, des cheveux châtain très clair tombant en boucles anglaises.

— Bonjour ! s'efforça de répondre Evan avec l'esquisse d'un sourire.

Il n'avait vraiment pas envie de faire la causette.

Mais l'enfant tourna son visage radieux vers Evan et interrogea :

— Journée difficile ?

Evan le regarda à son tour, surpris par la question.

— Euh… Oui, on va dire ça comme ça…

L'air songeur, l'enfant baissa son regard sur ses chaussures, et se mit à balancer ses jambes.

— Beaucoup de travail ?

Evan prit sur lui et décida de rester aimable.

— Oui… Beaucoup trop.

— Vous avez eu des tas de malades à guérir, c'est ça ?

Evan se sentait exténué. Il répondit un peu trop sèchement :

— Un médecin ne guérit pas, il soigne.

— Oh, je vois…

Evan se demanda un court instant ce que ce gamin pouvait bien voir. Mais peu lui importait. Il voulait rester un peu tranquille avant d'aller affronter les deux parents qui espéraient encore que leur fille rentrerait un jour à la maison.

— Je suis désolé, je ne voulais pas vous énerver…

— Écoute, petit, j'ai eu une journée difficile, et pourtant, malgré l'heure, elle est loin d'être terminée. Je crois qu'il serait préférable de me laisser un peu seul. Tu veux bien ?

Devant la mine attristée de l'enfant, Evan s'en voulut. La gamine qu'il venait de voir mourir n'était pas loin d'avoir l'âge de ce gosse.

— Pour tout te dire, je viens de voir partir une petite fille. Elle devait avoir à peu près le même âge que toi. Et ce n'est pas facile. Même pour un médecin.

Quelques secondes de silence vinrent ponctuer les paroles d'Evan. Le regard de ce dernier semblait absorbé par la plénitude du parc.

— Et vous êtes en colère contre vous, ou contre le fait que nous allons tous mourir ?

Estomaqué par la question, Evan se tourna vers l'enfant : celui-ci le fixait à présent d'un air vif et scrutateur, comme s'il essayait de capter la moindre expression de son visage. Evan ne sut, *ne put* rien répondre. Mais quel âge avait donc ce gamin ? Evan chercha rapidement quelque chose à dire. « Êtes-vous en colère contre vous, ou contre le fait que nous allons tous mourir ? » Comment la mort pouvait-elle sembler une évidence pour un simple gosse ?

Evan pensa aux deux parents qui attendaient en salle 5. Il était temps de les rejoindre.

— Je suis en colère parce que je ne trouve pas juste qu'une fillette meure à un âge tel que le sien, répondit-il en se relevant.

Il jeta un dernier regard à l'enfant et partit.

*

* *

Evan referma délicatement la porte sur les sanglots étouffés de la mère de Jenny. Il avait comme chaque fois essayé de trouver les mots justes, tout en gardant à distance ses propres émotions. Les deux parents avaient contenu leur douleur jusqu'à son départ.

17h35... Brian devait être arrivé pour prendre son tour de garde. Evan allait enfin pouvoir quitter cette odeur de mort qui flottait encore autour de lui. C'était dans de tels moments qu'il mesurait à quel point il était difficile d'être médecin.

Evan se dirigea d'un pas vif vers la pièce de repos commune aux deux services des urgences, adultes et pédiatriques. Il devait attendre Brian pour se faire relever, et il savait que ce dernier ne commençait jamais ses gardes sans une perfusion de caféine. L'effluve de café lui monta aux narines lorsqu'il pénétra dans la salle. Il salua deux infirmières et tapa amicalement sur l'épaule de Brian.

— À toi de prendre la relève !

— Salut, veinard ! Tu te barres au bon moment ! Il paraît qu'il vient de se produire un sacré carton et que ce n'est pas beau à voir.

— Des mômes ?

— Oui, mais je ne sais pas encore combien ni dans quel état.

— Tu veux que je reste au cas où ?

Spontanément, Evan avait offert son aide même s'il n'avait plus qu'une envie : se doucher et, peut-être, jouer un peu de musique. Pour ne plus penser à rien.

— Ne t'inquiète pas. Richard et Antony sont arrivés. Allez, je file en salle. Bye, mec ! Tu ne vas pas voir ton petit protégé ?

Le petit protégé en question était un enfant de six ans opéré cinq mois plus tôt par Evan.

—J'y suis déjà passé. L'évolution n'est pas très bonne.

Evan serra la main tendue et sourit. Il enviait cette capacité qu'avait Brian de toujours rester d'humeur égale, quelles que soient les circonstances. Evan se dirigea vers les vestiaires, et se changea.

Lorsqu'il rejoignit le couloir B, face au parking, le climat était extrêmement tendu. L'équipe de réa était sur le qui-vive, dans l'attente de l'arrivée imminente de blessés graves. Evan les salua et sortit. Il était tout simplement trop vanné.

Arrivé à sa voiture, une Corvette qu'il s'était offerte par caprice, il cliqua sur le bip pour déverrouiller les portières, puis se laissa tomber sur son siège. Mais au moment où il introduisit la clé dans le démarreur, la porte passager s'ouvrit. Surpris, Evan eut le réflexe de parer une éventuelle attaque. La vue du petit gabarit de son adversaire lui fit retenir le poing prêt à partir, et c'est avec stupéfaction qu'il vit s'asseoir le jeune garçon aperçu une demi-heure plus tôt dans le parc.

—Je suis désolé, monsieur, mais je crois qu'il faut qu'on parle.

Evan ne sut comment réagir. Ce môme était carrément gonflé. Était-ce un gamin échappé de l'aile D, réservée aux enfants suivis pour troubles psychiatriques ? Merde ! Il fallait que cela tombe sur lui !

—Écoute, petit... Je comprends que tu aies envie de parler, mais, là, je suis désolé, ça ne va pas être possible. Je viens d'avoir une rude journée et je t'avoue qu'il me tarde de pouvoir me reposer un peu.

— Oui, je comprends. Pourtant il faut qu'on discute, monsieur…

Evan sentit sa patience s'émousser. L'apparence chétive de l'enfant le poussa à répondre avec douceur :

— Tu sais, je crois qu'il y a plein de monde avec qui tu pourrais papoter maintenant. Y compris des docteurs. Je crois que tu devrais…

— Ce n'est pas avec un docteur que je veux parler. Mais avec vous. Et vous seul.

Et merde ! C'était bien l'aile D.

— Je vois.

— Non, vous ne voyez rien. Vous ne pouvez pas voir.

— Écoute, voilà ce que je te propose : je vais te raccompagner et nous discuterons en chemin. OK ? Tu vas me racont…

L'enfant le coupa :

— Je ne suis pas venu pour que vous me raccompagniez je ne sais où. Je suis venu vous parler de votre sœur.

Evan eut l'impression de se prendre un uppercut en plein épigastre. En fin de compte, c'était bien l'aile D, et plutôt au troisième étage, réservé aux cas… aigus !

— Vous me prenez pour un dingue, n'est-ce pas ?

— Bon, écoute, petit. Comment t'appelles-tu, déjà ? Je ne connais même pas ton prénom.

— Appelez-moi comme vous voulez.

— Non, mais tu as bien un prénom ? Un surnom ? Il est important que je puisse t'appeler ! Comment t'appelle-t-on habituellement ?

— On ne m'appelle pas.

Evan regarda aux alentours. L'équipe médicale sortait sur le parking. Les ambulances allaient arriver.

— OK. Tu vois, là, les gens en blouse ? Dans quelques instants, je ne pourrai plus sortir ma voiture, car tout l'espace sera bloqué pour au moins une demi-heure. Voilà donc ce que je te propose : tu vas gentiment rentrer dans ta chambre…

— Vous ne me croyez pas !

— … et demander à une infirmière de venir te tenir compagnie. Parce que…

L'enfant l'interrompit à nouveau :

— Votre sœur s'appelait Kelsie !

Evan s'arrêta net. Avait-il bien entendu ? Il se tourna vers le gamin et le regarda avec effarement.

— Je te demande pardon ?

— Kelsie. Elle s'appelait Kelsie.

— Sors immédiatement !

Evan ne souhaitait désormais qu'une seule chose : que ce gamin sorte de sa voiture, pour qu'il puisse lui-même rentrer chez lui et se réchauffer une bonne pizza pepperoni de chez Tony's au micro-ondes, s'affaler dans son fauteuil et regarder l'émission télé la plus débile du câble, le tout accompagné d'un bon verre de whisky douze ans d'âge.

— Je comprends que cela vous semble… bizarre. Cependant si j'avais trouvé une autre solution, je l'aurais choisie sans aucune hésitation.

À son tour, Evan lui coupa la parole :

— Écoute, petit, je ne sais pas d'où tu viens, ni comment tu t'appelles, et j'ignore comment tu t'es procuré certains renseignements à mon sujet, mais je trouve ta façon de faire parfaitement odieuse.

— Non, c'est juste qu'une personne est venue me voir pour me parler de votre sœur Kelsie. Et elle m'a conseillé de vous contacter avant qu'il ne lui arrive quelque chose.

— Ça suffit !

— Kelsie était petite, blonde et…

— Je t'ai demandé de sortir !

— Elle avait des nattes ce jour-là. Elle avait même…

— À 3, si tu n'es pas sorti, je te fous dehors !

— … une robe courte et elle était pieds n…

— 1… !

— …us parce qu'elle adorait laisser…

— … 2 !

— … ses pieds à même l'herbe. Elle portait aussi u…

— … 3 !

— …ne petite culotte blanche et rose…

Evan stoppa net son geste. Une culotte blanche et rose ? Comment pouvait-il savoir cela ? Certains détails n'avaient pas été communiqués à la presse. Et celui-ci en faisait partie. Alors comment le connaissait-il ? Le fils d'un flic ? Evan s'efforça de calmer les battements de son cœur qui frappaient sa poitrine, son thorax, à un rythme de plus en plus soutenu.

— Écoute, je ne sais comment tu as pu obtenir ce genre… d'informations. Pourtant, comme je te l'ai déjà expliqué, je viens d'avoir une journée très difficile et la seule chose à laquelle j'aspire maintenant, c'est me délasser. Tu comprends ? Alors, voici ce que je te propose : tu vas gentiment retrouver ta chambre, et, un jour, tu reviendras te balader par ici et nous discuterons. Mais là, il faut me laisser, petit. Allez, sois gentil, et sors !

— Vous ne me croyez toujours pas… En fait, je pense qu'il serait plus simple que je vous dise la vérité. Même si je crains qu'elle ne vous dérange et que vous ne soyez pas prêt à l'entendre.

Evan sentit monter en lui des sentiments contradictoires : l'hilarité, la colère et la pitié. L'agacement aussi.

Le petit garçon se tourna lentement vers Evan et murmura :

— En fait, je suis mort.

Incrédule, Evan ne put réprimer une expression de stupeur, et il se tourna bouche bée vers le garçon. L'enfant aurait exactement pris le même ton s'il lui avait dit : « Et si on allait se manger une bonne petite glace chez Ben & Jerry's ? » La colère prit d'un seul coup le dessus, et Evan explosa :

— Sors d'ici !

L'enfant ne s'était pas préparé à cette réaction. Il s'attendait bien à *quelque chose*, évidemment. Comme de l'incrédulité, par exemple. Mais pas à la colère. Pas à cette hargne-là.

— Écoutez, je comprends que cela puisse paraître… incroyable. Laissez-moi le temps de vous expliquer…

— Tu sors immédiatement !

Evan ne se sentait plus la patience d'écouter quoi que ce soit. Il avait juste envie de se délecter d'une cigarette longue comme le bras. Or le petit garçon fit front :

— Ce jour de l'enlèvement de votre sœur, il y avait un témoin que vous n'avez pas remarqué. Une autre gamine qui a assisté à toute la scène. Et qui m'a tout raconté…

Les paroles de l'enfant martelaient le cerveau d'Evan. Il avait enfoui l'enfer de cette journée dans un coin obscur de sa mémoire et avait bien refermé la porte. Et s'il lui arrivait de fureter autour, il ne s'aventurait plus à essayer de l'ouvrir. « Le souvenir du bonheur n'est plus du bonheur. Le souvenir de la douleur est de la douleur encore. » George Gordon résumait bien le prix à payer de la nostalgie.

— Vous savez, le témoin dont je vous parle n'a jamais pu vivre normalement. Comme vous, elle a grandi puis vieilli. Mais elle s'est toujours reproché de n'avoir rien fait pour vous aider.

Ce môme commençait à sérieusement l'emmerder.

Son visage était empreint d'une expression indéchiffrable.

— Votre sœur est encore vivante. Mais peut-être plus pour longtemps.

— Si tu ne sors pas dans les dix secondes, je te fous moi-même dehors.

Le garçon faisait de grands efforts pour ne pas pleurer.

— Écoutez, il faut absolument que vous m'aidiez.

Evan ricana.

— Je ne savais pas que les anges avaient besoin de nous, simples Terriens. Sors !

— Si vous ne m'aidez pas, moi, c'est quelqu'un d'autre qui va souffrir. Et vous ne pourrez plus aider votre sœur.

— Sors !

— Cela dit, une fois de plus, une fois de moins… Votre sœur n'en est plus à un abandon près.

Evan dut prendre sur lui de toutes ses forces pour ne pas lui coller une gifle.

— Tu es un monstre.

— Vous me traitez comme un animal de foire, alors que j'ai tout fait pour vous retrouver et vous prévenir dans les temps.

— Tu es malade, petit, tu comprends ? Malade !

— Évidemment... Vous, le médecin, le cartésien... Forcément, il n'y a pas de place pour les choses qui vous dépassent. Il est bien plus arrangeant de fermer les yeux.

— Eh bien, voilà, c'est parfait : maintenant tu rentres « chez toi ». Ciao, ciao !

L'enfant ne bougea pas d'un pouce.

— Laissez-moi une chance de vous convaincre que vous vous trompez.

— Aucune. C'est couru d'avance !

L'expression qui vint se peindre sur le visage de l'enfant s'apparenta à de la résignation.

— Très bien. Alors je vais vous quitter. Mais sachez que cette femme tente de se racheter. Par mon intermédiaire.

— Ah oui ? Et pourquoi ne vient-elle pas elle-même ?

— C'est compliqué.

— Tu m'étonnes ! rétorqua Evan en tambourinant ses ongles sur le volant.

— Cette femme, alors enfant, n'a vraiment rien pu faire pour vous aider ce jour-là.

La patience d'Evan était arrivée à bout : il sortit lui-même de son véhicule, le contourna, et vint ouvrir la portière côté passager.

— Voilà, c'est bon. Je t'ai écouté. Merci. Maintenant, tu peux y aller.

— Que puis-je donc faire pour vous convaincre ? Vous ne m'écoutez pas alors qu'il y a urgence !

— Je t'évite simplement de perdre plus de temps. Tu diras à celle qui souffre d'un sommeil perturbé de pouvoir se recoucher tranquille et de me foutre la paix.

— Elle est sincère.

— Bien sûr !

Evan avait déjà refait le tour pour revenir s'asseoir sur son propre siège. Et il balança à l'enfant, juste avant qu'il ne referme lentement sa porte :

— Alors tu m'expliqueras pourquoi elle ne s'est jamais manifestée !

Evan appuya sur l'accélérateur, le moteur vrombit.

Et la voix, fluette, lâcha :

— Tout simplement parce qu'elle a fait comme vous : elle a tenté d'oublier.

Evan fit comme s'il n'entendait pas et fit crisser ses pneus en appuyant plus encore sur la pédale. Il quitta l'enceinte de l'hôpital au moment où une ambulance arrivait tous feux allumés et le gyrophare hurlant. Il devait s'agir d'une des victimes de l'accident dont Brian avait parlé.

Il emporta son bolide dans une solide accélération sur la 19e Rue NW.

Éloigné de l'hôpital, Evan prononça à voix haute : « Allez, c'est terminé. Ça va aller mieux. »

Mais il se trompait.

Car ce n'était pas terminé.

Et cela n'irait pas mieux non plus.

*

* *

État de New York, Brooklyn, 18 h 08
Summer Mending

Summer se regarda furtivement dans le miroir.

Et maintenant, qu'est-ce que tu fais ?

Elle ne devait rien se reprocher. Il était allé trop loin : elle n'avait fait que se défendre.

Comme pour effacer l'horreur de son geste, elle s'essuya brutalement la joue. Pour laver le dégoût de ce qu'elle venait de faire. Elle se demanda un instant si elle ne vivait pas un cauchemar !

Je vais me réveiller. Le réveil va sonner dans un instant, je vais l'éteindre machinalement, me lever, et me marrer de toute cette histoire.

Elle rouvrit les yeux, souhaitant véritablement ne pas découvrir le même spectacle. Hélas, nul besoin d'allumer la lumière, car le jour pénétrait suffisamment pour lui confirmer qu'il n'était plus l'heure de dormir. Son regard glissa sur le visage de l'homme à terre, puis sur son cou. La flaque de sang sous laquelle la tête gisait s'agrandissait encore.

Depuis le lever du jour, elle avait senti que ce jour-là ne serait pas comme les autres. Qu'elle ne serait pas prête à accepter les ordres et encaisser les coups habituels. Mais l'échange verbal qu'elle avait eu avec son père avait rapidement dégénéré. Elle avait voulu lui faire peur avec le revolver qu'il cachait dans le tiroir de la cuisine, en pensant naïvement que la menace de l'arme le dissuaderait de la frapper. Or il s'était jeté sur elle et le coup était parti tout seul.

Et maintenant, qu'est-ce que tu fais ?

Une vague de dégoût l'envahit à nouveau. N'était-ce pas là l'occasion de se défaire de ce pardessus de convenances dont on l'avait écrasée toute sa vie ? Une opportunité pour vivre comme elle l'avait toujours souhaité : libre ?

Il faut fuir. Sauve-toi.

Elle attrapa le sac en tissu qui lui servait de sac à main, jeta encore un œil à son reflet. Elle imagina un bref instant la rancœur que sa mère nourrirait à son égard. Au fond, quelle importance ? Aurait-elle eu la moindre chance d'être heureuse, ici ? Sans un regret, elle se tourna une dernière fois sur ce qu'avait été sa vie durant tant d'années et, d'un soupir, claqua définitivement la porte sur son passé.

Lorsqu'elle sortit de l'immeuble délabré de Putnam Avenue, elle emplit ses poumons d'air frais. Elle devait parer à la première urgence, à savoir vider l'intégralité de son bien maigre compte en banque.

Sans perdre davantage de temps, elle longea la rue bordée par des junkies déjà complètement stone, qui n'eurent d'ailleurs pas un regard pour elle. Elle s'engouffra dans la station de métro de Koscinszko Street après avoir acheté un ticket pour Manhattan. Après quarante minutes de voyage sous une chaleur étouffante et un changement à Essex Street, elle quitta le métro. Elle déboula sur la 34e Rue sur Herald Square Station et se rendit sur la 33e.

Arrivée au Herald Center, elle se dirigea vers le guichet principal de la Bank of America où elle demanda à solder son compte. Elle marcha d'un pas rapide et s'arrêta au bout de vingt minutes dans un Starbucks. Elle trouverait forcément un étudiant qui accepterait de la laisser tapoter quelques instants sur son ordinateur. Vu l'état de son compte en banque, il lui fallait impérativement acheter un billet au rabais. Elle entra, et repéra aussitôt un grand roux, à l'air intellectuel, les yeux rivés sur son écran. Elle joua de son charme, sa trentaine passée n'ayant en rien altéré sa beauté.

— Excuse-moi de te déranger mais j'ai un gros problème : je viens d'apprendre le décès d'un parent proche et il faut que je me rende d'urgence en Floride. Or je n'ai pas de billet et j'ai peur d'aller directement à l'aéroport pour m'entendre dire qu'il n'y a plus de vol dispo avant demain... Est-ce que je peux t'emprunter ton ordi juste pour quelques minutes ?

L'étudiant la dévisagea. Ce n'était pas tous les jours qu'une aussi jolie nana lui demandait quelque chose. Il glissa donc sa grande carcasse sur la gauche, et l'invita à s'asseoir à côté de lui. Avec un joli sourire, elle saisit l'invitation et ouvrit très rapidement une nouvelle fenêtre Safari sur l'iBook.

En moins de quatre minutes, Summer obtint la réservation de son billet et quitta le jeune homme en le remerciant. Ce dernier n'eut pas le temps de saisir l'opportunité pour lui demander son nom et son numéro de téléphone. Elle s'était déjà évanouie. Mais Tim avait apprécié le visage de la jeune femme. Ainsi que ses immenses yeux clairs.

*

* *

Evan avait déjà parcouru quatre-vingt-dix kilomètres. La vitesse lui avait permis de s'oxygéner le cerveau. Il lui tardait de gratter un peu sa guitare, face à la mer. C'était là son meilleur remède contre les idées noires. Son arme contre les échecs, contre la tristesse et contre les sales gamins dérangés.

Oui, mais… si c'était vrai ?

Il venait de regagner Overseas Highway. La route était saturée. Mince ! Ce n'était pas le moment. Sachant qu'il n'y avait de toute manière qu'une seule voie pour rentrer chez lui, à moins d'y aller par bateau, il fit son deuil d'arriver rapidement. Il eût mieux fait d'aller passer un peu de temps à la Norman's Tavern se taper une bonne pinte de bière. Maintenant, il allait devoir se montrer patient. Il était encore un peu en colère contre le gamin. Comment ce môme avait-il pu savoir tout ça ?

Et alors, tu fais quoi ?

Il tenta de se concentrer sur la file de voitures devant lui.

Tu préfères faire comme si de rien n'était ?

Il n'était pas sorti de l'auberge. Encore agacé, il alluma la radio.

Lâche !

Le communiqué qu'il entendit le glaça instantanément :

« Nous apprenons à l'instant par notre reporter, Moira Mishton, qu'une petite fille, Kelsie, cinq ans, est toujours activement recherchée par la police. Kelsie a disparu il y a cinq heures, alors qu'elle était accompagnée de sa mère sur la plage de Miami Beach, à hauteur de la 17e Rue. Les recherches se poursuivent, mais l'espoir se fait mince… »

Evan crispa davantage ses mains sur le volant. Une petite fille, du même prénom que sa sœur, venait de disparaître. Un flash. Un coup de poing à l'estomac.

« ... et la maman de la petite Kelsie vient lancer un appel de détresse. Nous rappelons que la fillette est âgée de cinq ans, qu'elle a de longs cheveux blonds bouclés, les yeux bleus, et qu'elle a pour signe distinctif un grain de beauté sur le menton. Elle portait une jupe plissée rouge et un T-shirt blanc. Elle avait également... »

Evan ne put s'empêcher de compléter : une culotte blanche à fleurs roses ?

« ... une gourmette de baptême à son poignet droit. Nous vous rappelons le numéro que vous devez composer au cas où vous remarqueriez quoi que ce soit permettant d'aider la police à retrouver cette enfant. Madame Camerish, à vous de parler ! »

Un long silence, habillé de sanglots étouffés. Jusqu'à la voix claire mais abattue : « Bonjour. Je suis la maman de Kelsie. Ma fille n'a que cinq ans. Je vous en prie, aidez-moi à la retrouver... » Sanglots. « Et pour le cas où... »

Silence. Evan devinait les efforts surhumains de la femme qui se trouvait derrière le micro pour tenter d'aller au bout de son message.

« Je vous en supplie, ne lui faites pas de mal... »

Le supplice était insupportable. Evan serra les dents.

« Je vous en prie, aidez-moi... »

Evan entendit la prière muette de la femme, mère avant tout : « Pitié, mon Dieu, protégez ma fille. » Un silence ponctua ces derniers mots, et une voix masculine reprit derrière :

« Je suis le père de Kelsie. Je vous en supplie, vous tous qui m'écoutez, aidez-nous à retrouver notre enfant. » La voix vibrait elle aussi d'émotion. « Au nom de ce Dieu que j'ai prié hier et que j'implore aujourd'hui, si vous détenez ma fille, je vous promets de vous donner absolument tout ce que je possède aujourd'hui, mais, s'il vous plaît, je vous en conjure, ne lui faites pas de mal… »

La voix de l'envoyée spéciale reprit, professionnelle : « Nous ne manquerons pas de vous tenir informés de la suite des événements dès que possible. »

Une musique annonça la fin du flash info.

Evan tourna brutalement l'interrupteur. C'était plus qu'il n'en pouvait supporter. Allaient-ils retrouver cette gamine ? À l'époque de l'enlèvement de Kelsie, le dispositif d'alerte d'enlèvement Amber n'existait pas encore. Lui aurait-il permis de retrouver *sa* Kelsie ?

Evan avait maintenant le cerveau en compote. Il avait justement mis la radio au moment précis de ce communiqué. N'était-ce pas un signe de plus ?

Un signe de quoi ? D'une chance de revoir Kelsie ?

Y avait-il une probabilité pour que…

Pour que quoi ? Que ce môme soit un revenant ?

Evan serra un peu plus fort son volant.

Il se remémora les quelques articles qu'il avait lus au sujet de trucs incroyables, y compris sur des témoignages pour le moins stupéfiants de gens qui affirmaient avoir vécu hors de leur corps. Mais il ne fallait quand même pas pousser.

Perdu dans ses réflexions, Evan manqua d'emboutir le véhicule devant lui et eut juste le temps de piler. Le conducteur fit un geste de la main pour lui signifier qu'il était vraiment cinglé. Evan inspira un grand coup et se rangea sur le bas-côté. Il coupa le moteur, s'agrippa la tête de ses deux mains, comme pour mieux contrôler les injonctions paradoxales qui lui vrillaient le cerveau.

Bon sang, il était médecin, il ne *pouvait* croire en des sornettes pareilles !

Il tenta d'évaluer quelles probabilités il existait pour que la petite fille soit retrouvée en bonne santé. Pour qu'elle se soit perdue seule sans que quelqu'un ne l'enlève. À combien encore s'élevaient les chances de tomber sur une fillette portant justement le prénom de Kelsie. Oui, quelles étaient les statistiques ? Et une statistique pouvait-elle vraiment faire état de probabilités ?

Non, le sujet ne relevait pas d'un raisonnement mathématique mais d'une capacité à lire dans tous ces signes un espoir, même minime, de retrouver Kelsie.

Un rapide regard en direction de la file inverse lui indiqua une voie dégagée de tout véhicule. Sans réfléchir davantage, il braqua son volant à fond sur la gauche et fit demi-tour dans un bruit de pneus crissant sur l'asphalte.

*

* *

Miami, South Dixie Highway, Walgreens
Famille Burson : Susan, la mère

Susan s'empara prestement d'un paquet de popcorn Cracker Jack, marque préférée à l'unanimité par ses trois enfants. Elle avait bien le temps, car Richard était toujours en retard. Il avait promis 18 heures ? Elle pariait qu'il ne serait pas là avant 20 heures. Il fallait néanmoins qu'elle se dépêche : elle avait pour habitude de vivre à cent à l'heure. Son mari ne cessait de lui répéter de prendre davantage de temps, celui de vivre. Mais rien n'arrêtait Susan dans sa course folle : faire le repas, aider aux devoirs, ranger la maison... Tout était minutieusement orchestré, ce qui lui donnait l'impression de tout contrôler. La maladie était entrée dans sa vie à l'âge de seize ans. Avoir vu sa mère souffrir d'un cancer l'avait murée dans une recherche permanente de la maîtrise.

La journée avait mal commencé. Elle s'était tout d'abord éveillée avec une violente nausée, puis un mal de ventre l'avait empêchée d'aller au Seaquarium avec Richard et les enfants.

Il y avait du monde dans le magasin. Elle était presque certaine de s'en sortir avec au minimum vingt minutes de queue à la caisse.

Elle attrapa le dernier élément de sa liste : des Fruit Crisps Strawberry.

Si l'on avait interrogé Susan Burson à ce moment précis, elle aurait expliqué que ses enfants et son mari allaient bientôt rentrer et qu'il lui fallait impérativement préparer le repas. Elle aurait alors ajouté qu'elle était bien dans sa vie, même si parfois les choses n'étaient pas simples. Avoir trois enfants et poursuivre une activité professionnelle à temps plein, pour assurer du côté financier, ce n'était effectivement pas toujours facile. Mais elle faisait avec et ne se plaignait pas. Tout était sous contrôle.

Elle se faufila dans l'une des allées et rejoignit la caisse de droite, où une personne seule finissait d'installer quelques courses sur le tapis.

Génial. Dans dix minutes, je suis sortie !

Elle passa donc mentalement en revue la liste des choses à réaliser avant le retour des enfants.

Lorsqu'elle repenserait plus tard à ce moment, elle y assignerait les limites de sa première vie. Celle qui fut heureuse. Car, en cet instant précis, alors que Susan s'appliquait à maîtriser sa propre existence, seules quelques minutes l'éloignaient de ce qui allait la changer à jamais.

Et de cette obsession à vouloir constamment se projeter dans le futur, il ne resterait bientôt de Susan qu'une femme prête à tout pour revenir en arrière.

3

**État de New York, Manhattan,
Cinquième Avenue, 19 h 40
Summer Mending**

Summer jeta discrètement un œil sur la personne qui arrivait à sa hauteur, sur sa gauche. Les initiales gravées sur la pochette brune tenue en bandoulière étaient celles d'une marque de luxe. Rien d'étonnant pour la Cinquième Avenue. Cependant, pour Summer, qui n'avait pour sac qu'une pochette plastique de chez Whole Foods, cela ne pouvait que susciter sa convoitise, et elle essaya d'imaginer ce qu'un tel sac pouvait contenir. La femme la dépassa d'une démarche élégante, presque fière. Elle ne remarqua pas le regard appuyé de Summer qui n'avait pas encore bougé.

Elle traversa pour gagner le trottoir opposé, tourna à droite et descendit la rue en pente douce d'un pas rapide.

Allez, quoi, cela ne prendra que quelques instants.

Il devait y avoir un sacré fric dans ce sac. Et elle en avait besoin. Il ne lui fallut que trois ou quatre secondes pour se décider avant de suivre la femme. Deux rues plus loin, arrivée à un carrefour, celle-ci tourna sur sa gauche. Elle avait accéléré le pas jusqu'à la porte d'un immeuble en pierre de taille, et entrouvert son sac à main afin de s'emparer de son trousseau de clés. C'est ce moment précis que choisit Summer pour lui arracher son sac.

Un simple « Oh ! » sortit de sa bouche. Cela se produisit si vite qu'elle eut juste le temps de voir une longue queue-de-cheval châtain et une silhouette vêtue d'un jean et d'un T-shirt bleu remonter en courant la rue qu'elle venait d'emprunter.

Arrivée à la première intersection, Summer se tourna, essoufflée, pour vérifier qu'elle n'était pas poursuivie. Puis elle bifurqua sur sa gauche et reprit sa course.

*
* *

État de Floride, Miami, 20 heures
Angie

Angie referma la lourde porte blindée de son appartement. Aucun bruit. Mark n'était donc pas là.

Elle décida de profiter de son retard pour lui préparer une surprise. Car, ce soir, ils fêteraient leurs douze années de mariage.

Angie se souvint de sa rencontre avec Mark. Ils s'étaient connus à la fac, alors qu'ils cherchaient l'amphithéâtre où devait avoir lieu leur premier cours magistral de droit civique. Ils s'étaient assis l'un à côté de l'autre, un peu gauches et timides. Il leur avait fallu dix minutes pour réaliser qu'ils assistaient en fait à un cours portant sur la dystrophie de la grenouille, ce qui n'avait donc en rien présagé les brillantes carrières de juristes qui les attendraient tous deux quelques années plus tard. Le fou rire qui avait ponctué leur sortie, peu discrète, fut un heureux prétexte pour mieux faire connaissance, et échanger un premier baiser deux mois plus tard. Et ils ne s'étaient plus quittés.

Mark… Son premier amant. Et le seul.

Maintenant la vie d'Angie devenait de plus en plus monotone. Chaque matin, elle se réveillait, avalait rapidement un café bien fort, se lavait, s'habillait, allait travailler. Puis arrivait l'heure de rentrer, elle attendait ensuite que Mark vienne la retrouver, souvent sans succès ou très tard. Cette routine devenait insupportable, car cet enfant ne venait pas, et son désir de procréer était devenu obsessionnel.

Il y avait cinq ans, elle avait commencé à prendre la fâcheuse habitude de se servir un whisky *on the rocks* quand elle rentrait le soir. Les essais infructueux de fécondation l'avaient incitée à se servir désormais un second verre quotidien. Enfin Mark rentrant de plus en plus tard, elle avait encore augmenté sa consommation au point de ne plus être toujours capable de se souvenir de ses fins de soirée. Cela ne faisait pas pour autant d'elle une alcoolique.

Son gynécologue l'avait prévenue que l'alcool pouvait influer sur sa fertilité. Elle avait alors pris la ferme résolution de ne plus boire.

Elle attrapa une nappe beige pâle dans le buffet du salon. Ce soir, ce serait chandelles et séduction.

Elle dressa la table avec soin, sélectionna deux grands vins qui accompagneraient les plats raffinés préparés par le traiteur favori de son mari.

Ce soir serait peut-être le bon moment pour essayer de convaincre Mark de reprendre les FIV.

Elle se hâta de prendre une douche, eut du mal à faire glisser ses bas sur sa peau encore humide. Elle devait être prête lorsqu'il rentrerait. Elle jeta un regard au miroir encore embué : la chevelure brune était tirée et rassemblée dans un chignon, duquel s'échappaient quelques mèches : c'était parfait !

Lorsque la musique des Platters qui roucoulaient leur fameux « Only You » retentit, elle se rua sur son portable.

— Bonsoir, mon cœur !

— Bonsoir, Angie. Je suis désolé de ne te prévenir que maintenant, mais je ne vais pas pouvoir rentrer. Je t'ai parlé de mon client de L.A. : je dois le rejoindre en urgence là-bas pour un référé. Je n'ai pas le choix…

Elle ne put cacher son immense déception.

— Chéri, tu plaisantes ! On s'était promis de manger ensemble ce soir. Reste au moins cette nuit et prends le premier avion demain matin.

— Je te l'ai dit, Angie : je n'ai pas le choix. Nous sommes plusieurs associés à bosser sur ce dossier. Nous étions déjà sur les dents, et ce référé complique encore plus les choses. Tu sais que j'ai toujours une valise de prête au cas où, et il faut vraiment que j'y aille dès ce soir.

Angie avala péniblement sa salive. Il zappait leur anniversaire de mariage. Son regard glissa sur le cadeau posé sur une des deux assiettes.

— Je suis vraiment désolé, Angie, mais ce n'est pas très grave : on remettra ça à plus tard. Je t'embrasse.

Elle ne chercha même pas à le faire changer d'avis. Elle savait que c'était peine perdue. Et Mark avait déjà raccroché.

Tout ça pour rien…

Lasse, elle avança doucement jusqu'au canapé panoramique sur lequel elle s'affala. Un ricanement s'échappa de ses lèvres.

— Menu français pour vos papilles délicates : langouste en gelée, magret de canard rosé à l'orange et ciboulette, tartelette de pêche aux pistaches… Et bon anniversaire !

Mais qu'avait-elle donc fait de sa vie ?

Tout d'abord des études brillantes, avec un diplôme de la prestigieuse université de Preston qui lui avait ouvert en grand les portes de la magistrature. À quarante ans passés, elle était à la tête d'un service juridique important. Ensuite un grand mariage avec un ténor du barreau. Mais un mari toujours absent, même lorsqu'il était là. Toujours débordé. Toujours ailleurs.

Elle repensa à ses tentatives de grossesse. À la décision de Mark de tout arrêter, juste parce qu'il ne supportait plus d'avoir à se masturber à des jours et heures fixes pour récolter quelques gouttes de sperme qui ne « prenaient » pas ! Porter un enfant obsédait Angie. Et elle savait que Mark aurait également aimé en avoir un. L'horizon de la vie, n'était-ce pas d'avoir des enfants ?

Elle savait qu'elle aimerait de manière inconditionnelle. Et son espoir d'enfanter montait crescendo au rythme de ses menstruations qui lui rappelaient que son horloge biologique poursuivait inexorablement son processus de vieillissement.

Soudain très fatiguée, elle se leva et aperçut son reflet dans le miroir fixé face au salon. Plus rien ne lui imposait de rester sobre ce soir, son utérus restant désespérément vide.

Elle s'empara d'une bouteille de whisky et s'en versa une bonne rasade dans un verre, qu'elle but cul sec. Une douce chaleur l'envahit, immédiatement suivie d'une sensation de véritable plaisir. Elle ferma les yeux pour mieux savourer l'effet anesthésique sur sa tristesse. Elle sembla ensuite réfléchir un long moment avant de le remplir une autre fois encore, mais cette fois-ci à ras bord.

Mark ne s'apercevrait de rien, puisqu'il n'était pas là.

Elle revint au salon, et attrapa le cadeau emballé d'un ruban de satin mauve, qu'elle pensait lui offrir ce soir. Un bracelet Cartier. Très beau. Très raffiné. Un clin d'œil à celui de pacotille que Mark lui avait offert un soir de mai, il y avait maintenant une vingtaine d'années, et qui n'avait alors rien de cette prestigieuse marque de joaillerie.

C'était ce souvenir qu'elle avait voulu lui remémorer ce soir.

D'un pas décidé, elle se rendit dans le bureau de Mark. Il déposait tous les soirs son portefeuille dans le premier tiroir de son secrétaire : y découvrir ce paquet le ferait culpabiliser. Elle essaya de tirer le compartiment – sans succès. Le tiroir était fermé à clé…

C'était surprenant. Il savait qu'Angie ne venait jamais ici. Or, il avait pris la précaution de redoubler de vigilance en fermant à clé un tiroir… Qu'est-ce que cela voulait dire ? Avait-il des choses à lui cacher ?

Soudain prise d'un mauvais pressentiment, elle courut chercher l'aiguise-couteau dans la cuisine. Il lui servirait de pied-de-biche. Le tiroir céda rapidement. Des papiers en tout genre s'y trouvaient, mais rien qui méritait de retenir l'attention d'Angie. Jusqu'à ces lettres, toutes rassemblées dans une boîte. Avant même de prendre connaissance de leur contenu, elle comprit. *Elle sentit*. Et son corps se mit instinctivement à trembler de manière incontrôlable.

Ce n'était pas possible.

Elle s'empara de la première enveloppe, en entrouvrit le battant pour en sortir une feuille quadrillée où courait une écriture aux courbes et déliés indiscutablement féminins.

Mon amour,

Le souvenir de ta langue courant sur ma peau ne me quitte pas. J'ai encore ton odeur sur mes mains, ton parfum dont se sont imprégnés mes draps. Je voudrais…

Une sensation de vertige l'envahit, aussitôt chassée par une impression de dégoût. Elle se laissa tomber sur le sol et éparpilla toutes les lettres, comme pour mieux évaluer l'ampleur de sa découverte. Une cinquantaine de lettres s'étalaient maintenant sous ses yeux. Elle les contempla, l'œil hagard, avec l'impression d'être étrangère à la scène qu'elle était en train de vivre.

Ce n'était pas possible.

Pas possible.

Une même signature indiquait que cette « Liz » était l'auteure des courriers. Elle retourna machinalement l'enveloppe et mémorisa l'adresse mentionnée.

Elle ouvrit une autre lettre, lut quelques passages, rouvrit un autre pli… Chaque mot martelait son esprit comme si les lettres venaient taper une à une contre son cerveau, pour y laisser une trace d'encre indélébile.

... alors que moi, je pourrais te donner cet enfant que tu désires tant. N'est-ce pas toi qui me disais que son ventre à elle n'était qu'un cimetière ? Le mien n'attend que ton aval pour faire naître la vie en son sein...

« ... que son ventre à elle n'était qu'un cimetière » ?

Angie eut l'impression qu'on l'ouvrait en deux. De quel ventre cette femme osait-elle parler ?

Elle lâcha un gémissement tout en jetant la lettre le plus loin possible et courut s'affaler sur le canapé. Elle éclata en sanglots.

Ton ventre n'est qu'un cimetière...

*

* *

État de Floride, Miami,
parking d'un Walgreens, 20 h 15
Susan Burson

Un coup d'œil sur sa montre lui indiqua 20 heures passées de quinze minutes. Susan approcha le Caddie au plus près du coffre de la voiture. Elle attrapait le premier sac lorsque son portable vibra. Elle reposa les provisions et fouilla dans son sac à main. Comme le numéro lui était inconnu, elle hésita avant de prendre l'appel.

Lorsqu'elle raccrocha quarante secondes plus tard, elle dut s'appuyer sur sa voiture pour ne pas tomber.

Elle essaya de reprendre ses esprits. On venait de lui demander de se rendre au Jackson Memorial pour Richard et les enfants.

Ils avaient eu un accident.

Les jambes toutes tremblantes, Susan Burson jeta machinalement son sac à main dans le coffre, puis deux des sacs de provisions. Les fibres de son corps s'agitaient dorénavant de manière incontrôlable.

Pourquoi la personne qui venait de l'appeler n'avait-elle pu lui en dire plus sur la gravité de cet accident ? Peut-être ne lui avait-on pas donné davantage d'informations parce qu'il n'y avait aucune raison de s'inquiéter... Peut-être l'attendait-on juste pour vérifier que toute la famille bénéficiait bien d'une assurance médicale. Oui, bien sûr, c'était forcément cela.

Une voix pleine de commisération pour de simples papiers ? Tu sais que ton raisonnement ne tient pas. Et tu le sens du fond de ton ventre, n'est-ce pas ?

Elle agrippa le Caddie des deux mains comme pour mieux contrôler l'affolement qui la gagnait.

Que leur était-il arrivé ?

Susan ferma les yeux, inspira un grand coup. Du calme. « Ne parle jamais avant de savoir », lui répétait constamment sa grand-mère.

Les enfants. Richard. Un accident...

En proie à une violente terreur, elle repoussa de toutes ses forces le Caddie encore rempli, referma brutalement le coffre, s'engouffra dans l'habitacle et démarra en trombe.

*

* *

État de Floride, Miami, 20 h 24

Evan gara sa Corvette le long de la bordure d'urgence et activa ses warnings, puis regagna l'allée centrale du parc au pas de course. Aucun signe du gamin. Il se sentit ridicule. N'avait-il donc rien d'autre à faire que ces conneries ? Que faisait-il, *là* ? Oui, c'était complètement idiot. Mais, d'un autre côté, *comment* le gamin pouvait-il savoir tout ça ? En admettant que ce môme soit un passionné d'histoires glauques et qu'il ait passé un temps à analyser toutes les archives relatives aux enlèvements d'enfants, il y avait certains détails auxquels il ne *pouvait* avoir accès, puisque seul Evan les connaissait. Et la *couleur* de la culotte de sa sœur était l'un de ces détails-là.

C'est pour cette raison qu'il avait fait demi-tour.

— Je suis content de vous revoir.

Evan sursauta et se retourna sur la petite tête bouclée.

— J'ai un moment pensé que vous étiez vraiment parti…

— Stop ! Je t'arrête tout de suite : je *suis* parti.

— Eh bien alors, disons que vous êtes revenu.

Evan regarda le garçon avec plus d'attention. Quel âge pouvait-il bien avoir ? Un peu plus qu'il ne l'avait imaginé tout à l'heure. Dix ans ? Douze, peut-être ? Son regard, candide, augmentait le caractère surréaliste de la situation : les yeux rieurs transmettaient en même temps un « je-ne-sais-quoi » de tristesse rentrée. Les cheveux, châtain clair et bouclés, accentuaient ce côté enfantin rehaussé par deux pommettes bien roses.

— Écoute, petit, je ne nie rien du tout. Je pense juste que tu souffres de... quelque chose. En tant que médecin, je ne peux te laisser seul ici.

— Alors, ce sont les évidences que vous niez ?

— Là, les évidences, je ne les vois pas tout de suite.

— Alors, dites-moi pourquoi vous êtes revenu me chercher.

Evan éclata d'un rire forcé, empreint d'une certaine gêne.

— Tu te trompes. Je ne suis pas revenu te chercher. Simplement...

Il chercha ses mots. Des vagues successives d'émotions contradictoires l'assaillaient : la curiosité, la méfiance, la peur, la tristesse, la pitié aussi embrouillaient son cerveau. Mais l'espoir, même déraisonnable, l'emportait. Comme pour s'assurer que personne ne se moquerait de lui, il chuchota à l'enfant :

— Je ne sais pas comment tu as entendu parler de ma sœur. Je n'en ai aucune idée. Mais peu importe, car voilà ce que je te propose : je vais te demander de faire quelque chose. Quelque chose de franchement compliqué pour un petit garçon comme toi, mais de forcément simple pour l'ange que tu prétends être.

— Je vous arrête tout de suite : vous allez me demander un truc encore invraisemblable, du style voir le prochain résultat du quarté dans l'ordre ou je ne sais quoi d'autre.

— Pas du tout ! le coupa Evan.

L'enfant reprit :

— Je n'ai jamais dit que j'étais un ange, mais que j'étais mort. Je ne vis donc pas chez le Père Noël et ne viens pas de Fantasia. Je ne possède aucune baguette magique, et je suis incapable de vous prédire ce qu'afficheront les journaux de demain. Nous ne sommes pas dans un film, là !

— Si tu ne parviens pas à faire ce que je vais te demander, tu t'engages à te faire soigner et à ne plus jamais reprendre contact avec moi.

— Et si j'y parviens ? demanda l'enfant.

— Eh bien alors, je m'engage à t'écouter.

— Tant que je veux ?

— Tant que tu veux, oui.

L'enfant fronça les sourcils comme pour mieux se concentrer sur ce qu'allait lui dire Evan.

— Très bien, je suis d'accord. Je vous promets de vous écouter si jamais je n'arrive pas à faire ce que vous allez me demander, dans la limite du raisonnable s'entend. À votre tour maintenant de sceller notre pacte.

Evan fut déstabilisé par le caractère solennel de ce marché. Mais après tout il n'avait rien à perdre.

— Bien… Une enfant a été enlevée il y a quelques heures à Miami Beach. Fruit du hasard, cela se situe juste à quelques kilomètres de l'endroit où Kels… Où ma propre sœur a disparu il y a maintenant vingt-cinq ans. Elle porte de plus le même prénom qu'elle. Alors, voilà : si tu réussis à retrouver l'enfant et à la ramener à ses parents, je te promets que je suis ton homme. À défaut…

L'enfant observa un long silence, durant lequel il ne quitta pas Evan des yeux. Puis il baissa sa tête bouclée et murmura :

— C'est entendu. Je dispose de combien de temps ?

Evan jeta un œil sur son poignet.

— Tu as plus de trois heures. Il est 20 h 30, et tu as jusqu'à minuit. C'est généralement une heure appréciée par tes congénères… Bon courage !

Et Evan repartit vers le parking sans le moindre regard pour l'enfant.

En regagnant son véhicule, il songea un instant avec amusement que le môme n'avait même pas pensé à lui demander comment le joindre. Cette fois-ci, il sourit franchement, alors qu'il allumait le moteur dans un vrombissement sourd.

Il était vraiment temps qu'il aille se détendre. D'un geste rapide, il appuya sur la touche 3 de son portable, raccourci pour téléphoner à Brett.

*
* *

État de New York, Brooklyn,
appartement des Mending
Inspecteur Mac Clough

— Le coup semble avoir été tiré à bout portant, murmura James Mac Clough en s'écartant du corps, et en laissant le médecin légiste reprendre sa place.

— Exact ! Ou à un mètre tout au plus. Voici M. Mending, soixante et un ans, retrouvé il y a une bonne heure par son épouse. Tué d'une balle qui est venue perforer la carotide après avoir traversé la jugulaire. Mort sur-le-champ…

La victime, qui gisait contre le sol, était étendue en plein milieu d'un vieux tapis.

— Quoi d'autre ?

— Le corps n'a pas été traîné et, *a priori*, il n'y a pas eu vol. Aucun placard n'était ouvert et l'épouse a retrouvé intacte la vieille boîte en sucre chargée de conserver leurs maigres liquidités.

Du haut de son mètre quatre-vingt-dix, il tenta de garder une vue d'ensemble, dont il livra un court descriptif au dictaphone sorti de sa poche. Il ne manqua pas d'ajouter certains éléments matériels qui s'offraient à sa vue : vase renversé, table basse visiblement déplacée, mais aucun autre désordre. Si ce n'était du sang, abondant, à terre. Sur un buffet assez miteux, des photos d'une même personne, d'abord enfant, puis adolescente, avant de devenir femme.

— A-t-on interrogé l'épouse ? chuchota l'inspecteur.

— Votre adjoint a commencé. Mais elle est visiblement secouée et il a dû interrompre l'entretien, lui répondit l'expert scientifique, qui continuait à effectuer les prélèvements habituels.

— Où se trouve cette femme ?

— Dans la chambre, là, au fond à droite.

À plus de cinquante piges, après vingt-cinq ans de terrain, Mac Clough avait eu son lot de crimes crapuleux. Son métier ne l'excitait plus. Il passa sa main écartée dans les cheveux bruns qui se faisaient de plus en plus rares, puis avança vers la pièce désignée. Les premiers témoignages étaient capitaux. C'était souvent dans les tout premiers moments qu'il était parvenu à recueillir les meilleurs indices.

Lorsqu'il le vit dans l'encadrement de la porte, son adjoint se leva aussitôt pour le rejoindre. Mac Clough lui demanda immédiatement s'il était parvenu à faire un point avec celle qu'il désigna du menton.

— Je n'ai pas obtenu grand-chose : elle reste choquée.

Il tendit à son supérieur le rapport manuel qu'il avait commencé à rédiger. Mac Clough le lut rapidement.

— Ils ont une fille, Summer, une trentaine d'années, qui vit avec eux. Elle n'est toujours pas rentrée de son travail. Je doute, d'ailleurs, qu'elle le fasse un jour, car sa chambre est un bordel sans nom et je pense qu'elle a plié bagages. Voilà qui fait d'elle une première bonne suspecte.

— A-t-on réalisé un relevé d'empreintes dans cette chambre aussi ?

— C'est justement en cours.

L'inspecteur hocha lentement la tête avant d'entrer dans la chambre, tout en laissant son cerveau enregistrer d'autres détails du salon : la télévision encore allumée, le verre d'alcool entamé traînant sur la table basse...

Mme Mending avait l'air hébétée et lui parut bien plus âgée que la victime. Le visage toujours tourné vers la fenêtre, elle fixait d'un regard éteint les rideaux fatigués. Il activa son dictaphone et s'approcha.

— Madame, bonjour, inspecteur Mac Clough. Je suis désolé d'avoir à vous déranger maintenant, cependant il est indispensable de vous poser quelques questions, commença-t-il en s'asseyant sur le bord du lit.

La femme tourna lentement le visage vers lui. Aucune expression ne vint s'y dessiner.

— Lorsque vous êtes entrée, avez-vous entendu le moindre bruit, ou aperçu la moindre personne étrangère dans le hall ?

Un rictus vint s'imprimer sur la bouche crispée avant qu'elle ne s'entrouvre pour parler :

— Vous savez, je ne sais pas si vous l'avez remarqué, mais nous n'avons pas de réceptionniste ici. Tout juste un gardien qui distribue le courrier et qui fait parfois le ménage. Et le hall dont vous me parlez est davantage un couloir à courant d'air qu'une entrée digne de ce nom. Les gens y viennent généralement pour fumer un joint ou se faire un fix, alors les gens qui vivent ici ont pour habitude d'éviter de trop regarder ceux qui s'y trouvent.

Mac Clough ne s'attendait pas à cela. Il reprit :

— Vous n'avez rien remarqué d'anormal ? La porte n'est pas fracturée. Était-elle ouverte lorsque vous êtes rentrée ? Ou bien y avait-il une fenêtre qui n'était pas complètement fermée ? Vous êtes au premier étage, une personne aurait facilement pu passer par une fenêtre…

— Non. Tout était fermé.

— Votre mari ouvrait-il facilement la porte à des gens qu'il ne connaissait pas ?

— Je suis fatiguée.

— Nous savons combien cette situation doit être difficile, madame, mais c'est aussi dans votre intérêt que nous insistons.

La femme le toisa alors d'un regard de dégoût.

— Mon intérêt ? Vous n'imaginez pas à quel point vous êtes loin du compte… Laissez-moi, s'il vous plaît.

— Pourquoi me dites-vous que je suis loin du compte ? Pensez-vous que votre mari avait des ennemis ? Que ce meurtre pourrait ne pas être un hasard ?

La femme fixa intensément le maigre anneau piqué qui lui servait d'alliance.

— Vous avez raison. Ce que décide le destin ne peut être évité. Tout est écrit. Tout se paie. Tout…

Mac Clough scruta le visage de cette femme. Il était inutile d'insister davantage. Il stoppa l'enregistrement. Son adjoint prendrait la relève un peu plus tard.

*
* *

État de Floride, Miami,
Jackson Memorial Hospital, 21 h 17
Susan Burson

Après s'être précipitamment garée devant la première entrée de l'imposant bâtiment, Susan s'engouffra en toute hâte derrière les portes coulissantes.

D'une voix tremblante, et ne sachant plus quel était le service indiqué par téléphone, elle demanda à l'infirmière où se situaient les urgences pédiatriques. La jeune infirmière lui indiqua le chemin du service pédiatrique en essayant de placer dans sa voix ce qu'il fallait de réconfort et de gentillesse.

Susan la remercia d'un faible sourire et regagna alors rapidement le hall principal.

D'un geste mécanique…

Ne t'inquiète pas, ce n'est pas grave.

… elle appuya sur le bouton d'appel de l'un des ascenseurs, et s'engouffra dans le premier qui s'ouvrit. Un enfant s'y trouvait déjà. Elle sentit des larmes lui monter aux yeux, et chercha à se concentrer sur le bandeau lumineux où défilaient les étages : 5… 6… 7…

Les portes s'ouvrirent à nouveau : l'enfant sortit devant elle, elle lui emboîta le pas. Une femme, habillée d'une blouse blanc et rose, se tenait à l'accueil.

— Bonjour. Excusez-moi, je suis madame Burson, je viens d'être appelée pour mon mari et mes enfants. Pourriez-vous m'indiquer où je peux les trouver ?

Mag Moster, aide-soignante, scruta attentivement la femme visiblement paniquée qui lui faisait face. Encore un mauvais aiguillage, sans doute.

— Qui vous a appelée, madame ?

— Euh, je ne sais plus, la police, je crois. Mon mari et mes enfants auraient eu un accident…

— Je pense donc que vous les trouverez aux urgences, madame. Je vais vous indiquer le chemin.

Elle indiqua d'autres couloirs à suivre. Mag connaissait bien l'application du protocole : en cas d'accident bénin, un médecin donnait suffisamment d'indication à l'agent chargé de l'appel pour rassurer son interlocuteur, mais quand aucune indication n'était donnée… Elle termina en ajoutant chaleureusement :

— Ne vous inquiétez pas, tout ira bien.

Susan serra la mâchoire pour ne pas s'effondrer.

Oui, pourvu que tout aille bien.

Elle tourna sur ses jambes transformées en bâtons de guimauve et suivit le chemin indiqué par la soignante. Ses mains étaient littéralement moites de transpiration. Son corps avait donc décidé de se laisser déborder par cette peur panique.

Arrête, on te l'a dit : tout va bien se passer. Ils s'en sortiront avec un ou deux bras cassés, et tous se moqueront de toi lorsque tu parleras de ton pressentiment à la noix ! Tu engueuleras Richard pour avoir refusé une priorité ou pour avoir roulé trop vite. Et tu écoperas d'une bonne amende. Au final, vous en rigolerez bien, ce soir !

Susan bifurqua sur sa droite : elle retrouva des forces et s'élança dans le nouveau couloir.

Mon œil. Tu sais qu'il s'est passé quelque chose de grave. Tu le sens jusqu'au plus profond de tes entrailles, n'est-ce pas ?

Comme pour conjurer ces dernières pensées, elle accéléra encore.

Lorsqu'elle parvint enfin devant l'entrée des urgences, elle s'arrêta quelques instants pour reprendre son souffle. Elle prit une dernière grande inspiration avant de pousser la porte battante.

*

* *

État de New York, Manhattan
Summer Mending

Summer courait vite, très vite. Elle sentait son cœur cogner contre sa poitrine, et sa respiration se faisait de plus en plus saccadée. Si elle continuait ainsi, son cœur allait exploser.

Pourtant elle n'avait pas le choix. Il fallait qu'elle parte, et vite. Elle serra un peu plus fort encore au creux de sa main les quelques dollars qu'elle avait eu le temps d'attraper avant de s'enfuir.

Arrivée à l'angle de Biscayne Boulevard, elle se fraya un chemin dans la foule. Une fois parvenue à la fin du boulevard, elle s'engouffra sur la rue de droite. Elle sentit la sueur couler le long de sa nuque, et eut l'impression que tout le monde la regardait d'un œil accusateur. Il lui fallait impérativement fuir.

Au moment où elle s'apprêtait à traverser pour rejoindre la Dixième Avenue, une voiture de police déboula du *corner* sur sa gauche. Tous les sens en alerte, la jeune femme s'efforça de prendre un air détendu. Elle regarda discrètement vers le véhicule qui avançait vers elle, le cœur battant encore plus vite. Les flics allaient remarquer que quelque chose n'allait pas, c'était sûr !

En passant devant elle, l'un des deux flics scruta son visage, puis s'attarda sur sa silhouette. La voiture poursuivit son chemin.

Elle marcha aussi calmement que possible pendant trente secondes.

Et maintenant, tu vas où ?

Un taxi lui offrit la réponse en s'arrêtant précisément à sa hauteur. Summer s'engouffra dans le véhicule avec un sourire décontracté avant d'annoncer : Aéroport JFK, s'il vous plaît !

Elle s'enfonça discrètement au fond de son siège afin d'éviter d'être vue de l'extérieur. Lorsque enfin elle se risqua à regarder au travers de la vitre, ce fut pour constater qu'ils venaient d'emprunter la bretelle d'accès d'un des terminaux de JFK.

Elle ne sut dire quelle sensation était la plus difficile à réprimer : une joie immense ou une furieuse envie de pleurer à l'idée de quitter cette ville.

4

État de Floride, Miami

Ventre… Cimetière…

Angie sentait sa tête de plus en plus vaseuse. Seule l'envie d'en finir définitivement vint apaiser ce dégoût de ce qui la faisait aujourd'hui suffoquer.

Les yeux remplis de larmes, elle leva un dernier verre en direction du ciel et trinqua dans un premier temps à tous les enfants de la Terre.

Puis, dans un second, à tous ceux qu'elle n'avait pas eus.

*

* *

Evan éclata de rire à la vue de son ami s'étouffant avec la gorgée de bière qu'il venait d'avaler. Il fallait dire qu'avec du recul, sa rencontre avec ce gamin était pour le moins… renversante !

— Eh bien, mon pote, ta vie est pleine de rebondissements ! fit Brett avant de reposer son verre. C'est pas à moi que ça arriverait !

Evan lui sourit.

— Il n'empêche que je ne pige toujours pas comment ce gamin a obtenu ces infos au sujet de ma sœur. Certaines n'étaient connues de personne.

— Quelqu'un lui en a forcément parlé !

— Oui mais justement : je ne vois ni comment ni qui.

— Ah ben alors, c'est peut-être vrai : ton nouveau pote est un fantôme ! Allez, à Casper ! ajouta Brett en trinquant.

L'ambiance bruyante du café commençait à fatiguer Evan. Venir ici n'était peut-être pas une bonne idée. Il éprouva soudain l'envie de se retrouver seul et entouré de silence. Ce sale môme avait fait remonter des souvenirs bien difficiles.

Brett lut la tristesse dans les yeux d'Evan. Il comprit que cette histoire avait vraiment perturbé son ami.

— C'est bizarre… Je me disais justement hier que cela ferait bientôt vingt-cinq ans que Kelsie avait disparu, reprit Evan. C'est une sacrée coïncidence, non ?

— Ce n'est pas à toi que je vais apprendre qu'une coïncidence reste une coïncidence. Tu ne vas quand même pas me dire que tu crois à ces conneries ?

— Ce n'est pas ce que je veux dire. Je trouve juste cela… bizarre !

L'écran géant du café projetait le clip de « The Wall » des Pink Floyd.

— Qu'est-ce que tu as dit au gamin ?

— Qu'il lui fallait retourner chez les dingues.

— C'est plutôt direct de la part d'un médecin !

— Il faut croire que cela ne l'était pas assez, puisqu'il ne m'a pas lâché pour autant ! C'est après l'avoir quitté que j'ai entendu la disparition de la gosse à la radio.

Brett ne broncha pas. Il avait lui aussi été averti de cette alerte lancée dans toute la Floride.

— Je sais que c'est dur pour toi, Evan. Mais il existe effectivement des frappés un peu partout. Kelsie, la môme de ce matin, et beaucoup d'autres se sont trouvés au mauvais moment au mauvais endroit. C'est injuste. Pourtant on n'y peut rien.

Evan ne pipa mot. Il fixait son verre vide, tout en faisant inlassablement tourner son doigt sur le rebord dans le sens des aiguilles d'une montre, comme si ce geste allait lui apporter une réponse. Au bout d'un long moment, il leva enfin la tête, se racla la gorge et balança à Brett :

— J'étais tellement en colère après ce morveux que lorsque j'ai appris à la radio la disparition de la gamine, j'ai fait *illico* demi-tour pour retourner voir le môme. Je crois qu'au final, c'est lui qui s'est inquiété de ma santé mentale.

— Pourquoi ?

— Je lui ai dit que j'accepterais de l'écouter à la condition qu'il retrouve la gamine et la ramène saine et sauve à ses parents. Je ne comprends toujours pas pourquoi j'ai dit ça. Tu vois, c'est complètement stupide, mais...

— Mais ?

— Eh bien, un moment, j'ai presque espéré que ce soit vrai. Tu comprends, juste qu'il soit possible que ce gamin me permette de retrouver Kelsie.

Il regarda son ami droit dans les yeux.

— Je suis... ridicule. En fin de compte, je me demande à quoi toutes mes années de médecine m'ont servi.

— Nous sommes tous identiques devant la peine. Et sans doute enclins à croire ce qui peut nous redonner de l'espoir. Allez, viens, passons à autre chose : je vais te mettre une bonne raclée au billard !

Sans hésitation, Evan emboîta le pas de son ami vers l'arrière-salle où se trouvaient les tables. Brett déposa ses clés de voiture sur le bord de l'une d'elles, libre.

— Allez, mon pote, apprête-toi à te prendre une bonne trempe ! J'offre les deux premières tournées.

Il sortit de sa poche de jean un billet de dix dollars qu'il défripa sous le nez d'Evan.

— Ne bouge pas, je m'occupe des jetons ! ajouta Brett avant de repartir vers la salle principale, où se situait la caisse.

Evan sourit. Il était partant. Cette partie lui ferait oublier cette mauvaise journée ! Il inséra quelques dollars dans le billard, histoire de s'entraîner en attendant Brett. Les boules apparurent dans un bruit de roulement de tambour. Evan les disposa une à une sur le tapis vert.

Brett n'était toujours pas revenu. Que faisait-il ? Il en mettait un bout de temps… Il allait s'avancer pour le rejoindre quand il le vit réapparaître. Brett n'affichait plus du tout l'air jovial qu'il avait tout à l'heure. Il paraissait même pâle. Evan s'élança aussitôt vers lui, inquiet.

— Qu'est-ce que tu as ? Tu n'es pas bien ? Viens t'asseoir ! lui dit-il en tirant un siège vers lui.

— Non, ça va…, lui répondit Brett sur un ton monocorde.

— Mais qu'est-ce qui s'est passé ?

Brett ne répondit pas tout de suite, se contentant d'abord de dévisager son ami d'un air grave.

— Evan, ils viennent de retrouver la gamine.

Evan ne comprit pas immédiatement de qui il voulait parler.

— La gamine ?

— Oui…

Evan comprit enfin et sentit l'agacement monter devant son ami qui ne révélait rien d'autre.

— Bon, eh bien quoi ? Dis-moi ! Elle est morte, c'est ça ?

— Non, Evan. Elle va bien…

Evan entendait maintenant la musique des Black Eyed Peas, et les bruits sourds de la basse semblaient lui comprimer le cerveau. Il sentit au travers de la poche arrière de son jean son portable vibrer. Un SMS. Brett fixait maintenant ses chaussures comme pour y puiser une forme d'inspiration. Il respira alors un grand coup et se tourna vers son ami en lui annonçant d'une voix grave :

— Ils l'ont retrouvée en bonne santé. Mais… Je ne sais comment t'expliquer… Ce qui est curieux, c'est qu'ils l'ont retrouvée exactement au même endroit où Kelsie a été enlevée.

Instinctivement, Evan saisit son portable, et lut ce message : « Vous voici rassuré. Je vous attends donc où vous savez pour une vraie conversation, demain à 10 h 30. Inutile de répondre à ce SMS, portable emprunté à un passant. »

Brett n'eut pas le temps de poser la moindre question à Evan : celui-ci était déjà parti.

*

* *

État de Floride, Miami, appartement d'Angie et de Mark

La douleur lui vrillait maintenant les tempes, mais Angie s'enfila une autre bonne rasade de bourbon.

Puis avala une poignée de comprimés d'aspirine. Et encore une autre poignée de comprimés de couleur bleue.

Elle souleva la bouteille, l'inclina légèrement, et un long filet d'alcool vint lui dégouliner entre le creux des seins avant d'imprimer la soie de sa robe chinée. Les pulsations dans son crâne se faisaient plus fortes et plus nombreuses. Son cœur résonnait dans sa tête, avec des battements sourds : bam, bam, bam.

Son ventre n'était que cimetière…

Elle ricana et tenta à nouveau de remplir son verre. Or la bouteille était vide. Il lui fallut plusieurs tentatives avant d'atteindre le bar dont elle entrouvrit la porte coulissante. Elle attrapa la première bouteille, la déboucha et but le nectar à même le goulot. Se voir boire de cette manière lui procura un sentiment de honte qu'elle chassa en avalant une gorgée supplémentaire. La tête lui tourna violemment. Sa gorge lui brûlait, comme si ses cordes vocales avaient été poncées à l'émeri gros grain. Cette douleur la replongea dans son enfance, lorsqu'elle enchaînait angine sur angine, avec de fortes fièvres.

Tu avais alors des rêves. Et de quoi rêvais-tu ?

Une giclée d'alcool se répandit sur la moquette.

Je rêvais de l'odeur de l'eau de Cologne ambrée qui viendrait apaiser la terrible sensation de chaleur, j'attendais la main fraîche de ma mère dans mes cheveux, je devinais les mots apaisants qu'elle prononcerait tout près de mon oreille, et je m'imaginais alors invincible du fait de sa simple présence. Et je rêvais qu'un jour je serais à sa place et que j'accomplirais les mêmes gestes, avec ce même amour. Puis je croisais les doigts…

Angie éclata en sanglots, accompagnés de cris plaintifs semblables à ceux d'un chiot. Des jappements de désespoir.

Sur l'écran du téléviseur, une speakerine vêtue à quatre épingles affichait un immense sourire. Angie se mit à hurler : « Et ton utérus, salope ! Montre-nous ton utérus ! » L'écho de sa voix résonna. Elle s'entendit alors, ce qui lui donna une furieuse envie de se remettre à hurler. Le salaud... Toutes ces années, toutes ces attentes, tous ces espoirs...

Une fois que je serai clamsée, il pourra faire à sa pute autant de mômes que Blanche-Neige comptait de nains, je m'en taperai bien !

Son regard vaseux dansa sur les murs décorés de tableaux signés, tous témoins de souvenirs qu'elle partageait avec Mark, mais aussi porteurs d'une valeur financière que cette salope ne manquerait pas de faire estimer. Et elle se proposait de leur faciliter le travail ?

C'est ça que tu veux leur offrir ? Non seulement ton ventre n'est qu'un cimetière, mais tu as en plus le cerveau aussi mou qu'un caramel ?

Il l'avait trompée, elle se sentait salie... Par cette garce qui le savait pourtant marié. Elle avait sans doute bien ri en comparant le ventre de sa rivale, collectionneur de tombes, avec le sien à elle, promesse de vie ! De rage, Angie poussa un hurlement et se mit à frapper le mur à coups de poing, puis à coups de tête. Les médicaments faisaient leur effet : elle ne sentait pas la douleur. Ce qu'elle ressentait, c'était qu'elle était vraiment paumée. Elle renversa brutalement tout ce qui était disposé sur la table dressée pour le dîner. Et sa colère se mua en haine.

Elle ne *devait* pas crever maintenant. Si son ventre était cimetière, ces ordures devaient payer pour chaque tombe qu'elle y aurait laissée.

Keep your fingers crossed.

Titubant au point de devoir maintenant se cramponner aux meubles, elle parvint à se glisser jusqu'à la table basse du salon. Il lui restait deux mètres à franchir avant d'atteindre cette saloperie de téléphone. L'envie de dormir était maintenant tellement forte qu'elle comprit que ce n'était qu'une question de minutes. De secondes peut-être.

Keep your fingers crossed.

Elle se laissa choir sur la moquette et se traîna jusqu'au combiné posé sur le canapé. Au prix d'un effort surhumain, elle l'attrapa…

Putain, c'est quoi, le numéro ?

… appuya sur la touche verte qui lui ouvrit la ligne. Le sommeil l'assaillait par vagues successives, et ses yeux se fermaient à moitié. Elle s'efforça néanmoins de se concentrer. Elle tapa sur deux chiffres qu'elle fut incapable de reconnaître…

Keep your fingers crossed…

… et, dans un dernier effort dont elle serait absolument incapable de se souvenir par la suite, elle hurla : « Je vais mourir, aidez-moi ! »

Puis elle sombra dans un immense trou noir.

5

Dimanche 3 août 2014, 0 h 42
Miami, Jackson Memorial Hospital
Angie

Angie voulut ouvrir les yeux et voir ce qui se déroulait autour d'elle, mais cela lui était tout simplement impossible. Elle entendit une voix féminine crier « intoxication médicamenteuse aux benzodiazépines ! », tandis que la pression sur son poignet se resserrait. Aussitôt, un homme ordonna :

— On injecte l'Anexate à 0,1 mg !

Angie sentit qu'on la poussait sur un chariot. Elle fut éblouie par une lumière plus vive que celle du jour.

— Tenez bon, madame, ne dormez pas, parlez-moi !

Au prix d'un énorme effort, elle parvint à entrouvrir les yeux : de grands plafonniers se succédaient, et elle tourna un peu la tête, aveuglée par les lumières. Le chariot stoppa. Son regard fut attiré par le chemisier rouge d'une femme qui faisait des allers et retours en se tenant le visage. Son état de quasi-démence semblait inquiétant. Si Angie avait pu parler, elle aurait sans doute indiqué aux deux personnes qui hurlaient dans ses oreilles que l'urgence était de s'occuper de ce cas-là. Mais aucun son ne parvenait à sortir de sa bouche. Elle éprouvait la sensation désagréable de ne plus rien maîtriser.

— Hypoxie, détresse respiratoire !

Angie sentit une aiguille se frayer un chemin dans l'une des veines de son bras droit mais ne bougea pas, tandis qu'on lui plaquait brusquement un masque sur la bouche et le nez. Les pupilles toujours rivées sur la femme, elle vit un homme en blouse blanche s'en approcher. Ce dernier posa délicatement la main sur son épaule gauche et la dirigea doucement vers son brancard.

Lorsqu'elle passa près d'elle, leurs regards se croisèrent : chacune capta la détresse de l'autre. Mais l'intensité de la terreur exprimée dans le regard de l'inconnue glaça Angie. Une infirmière sur sa gauche hurla :

— Hypothermie : on couvre, on couvre !

Et alors qu'elle tentait toujours vainement de bouger, elle sentit un petit quelque chose d'indéfinissable en elle, comme si quelqu'un venait de baisser un interrupteur, de couper l'alimentation qui lui permettait d'être consciente. Au moment où un hurlement de bête…

C'est la femme au chemisier !

… déchirait le silence ouaté, un immense trou noir l'avala tout entière. Pendant sa chute dans ce puits sans fond…

— On la perd, on la perd !

… le hurlement féminin l'accompagna dans sa descente infinie…

— Coma !

… le long d'un interminable tunnel, aussi rouge sombre que le chemisier de celle à qui ce cri appartenait.

*

* *

New York, aéroport JFK, 7 h 50

La salle d'attente du terminal était bondée : de jeunes enfants surexcités couraient dans tous les sens, des femmes et hommes d'affaires se concentraient sur l'écran de leur ordinateur, pendant que d'autres cherchaient à dissimuler leur angoisse à l'idée de s'envoler dans quelques minutes.

Summer se faufila entre deux sièges occupés et s'assit. Contre toute attente, elle était passée sans difficulté au contrôle des passeports. Que risquait-elle au fond ? Le corps n'était peut-être même pas encore découvert à cette heure. Elle observa davantage les gens qui l'entouraient. Vers où partaient-ils tous ? Certains cherchaient-ils comme elle à fuir quelque chose ? À redémarrer une nouvelle vie ?

Les haut-parleurs annoncèrent un départ pour Washington. Ses deux voisins de droite se levèrent. Cet appel fut suivi d'un autre pour un embarquement immédiat pour Miami. Elle attendit quelques instants et se dirigea à son tour vers le guichet.

Miami, enfin…

Elle rêvait d'aller en Floride depuis qu'elle était enfant. Elle n'éprouvait à présent qu'une seule envie : courir sur l'une de ses plages avant de se jeter à l'eau, et tenter de tout oublier. Mais il lui fallait rester pragmatique et dénicher dès son arrivée un endroit pour dormir. Travailler à se construire une nouvelle identité viendrait plus tard.

Elle tendit son passeport à la jeune hôtesse avec l'air le plus décontracté possible. Cette dernière le lui rendit en indiquant d'un geste le couloir à emprunter pour rejoindre l'avion. Summer bafouilla un remerciement et engouffra prestement ses papiers dans la poche intérieure de sa veste.

En traînant son maigre sac sur la moquette lisse, elle réfléchit au nom qu'il lui faudrait désormais prendre. Nouvelle vie, nouvelle identité. Elle se fixa pour objectif de se l'inventer lors du vol New York-Miami, qui ferait d'elle une autre…

*

* *

Floride, Miami,
Jackson Memorial Hospital, 10 h 30
Evan

Evan gara sa voiture à l'extérieur de l'hôpital, traversa le parc à pied, et rejoignit le banc sur lequel il avait fait connaissance de l'enfant.

Ce dernier y était assis, comme la première fois. Evan aurait presque pu reprendre mot à mot leur discussion de la veille. Il se laissa tomber sur le banc et entra dans le vif du sujet sans un regard pour l'enfant :

— Je ne suis pas là pour palabrer : je veux que tu m'expliques comment tu as entendu parler de ma sœur !

Le jeune garçon se tourna vers lui et murmura :

— Une personne a assisté à toute la scène de son enlèvement, ce jour-là. Elle était juste à côté de vous.

Cette nouvelle révélation ébranla Evan et eut pour effet de le projeter plus de vingt ans en arrière. Il se revit paralysé devant Kelsie qui se débattait et il éprouva encore la terrifiante sensation de solitude qui l'avait alors envahi.

Et on lui annonçait maintenant qu'il y avait en fait un témoin ?

— C'était une enfant à l'époque. Et elle s'appelait Brenda. Elle m'a décrit la scène avec beaucoup de détails, car elle s'en souvenait très bien.

L'enfant retraça le déroulement précis du kidnapping, raconta les cris de Kelsie, dépeignit l'homme… Les souvenirs enfouis par Evan rejaillirent d'un seul coup. Ce récit détaillé augmentait de manière exponentielle la crédibilité du gamin qui se tenait devant lui. Evan se passa les deux mains dans les cheveux pour reprendre ses esprits.

L'enfant enchaîna :

— Brenda a grandi avec le souvenir permanent du regard de votre sœur, qui n'a cessé de hanter les jours et nuits de son enfance. La culpabilité la rongeait. Cela s'est un peu tassé avec le temps. Elle est parvenue à faire de brillantes études de mathématiques, s'est mariée, puis a emménagé à New York. Rapidement, une petite fille est arrivée. Un jour, dans un grand magasin de Manhattan, une démonstratrice lui a tendu un échantillon de parfum. Sur son poignet apparaissait une cicatrice en forme d'étoile, et lorsque leurs yeux se sont croisés, Brenda a immédiatement reconnu la petite Kelsie. Brenda s'est enfuie, choquée.

Evan savait qu'il ne s'agissait en fait pas d'une cicatrice mais d'un angiome congénital.

— Brenda s'est alors remise à penser tous les jours à votre sœur. Obsédée par l'idée que cela pourrait arriver à sa propre fille, Brenda s'est arrêtée de travailler pour surveiller la petite de façon permanente, ce qui devint vite étouffant pour tout le monde. Elle est tombée en dépression, son mari a demandé le divorce, et elle est revenue à Miami. C'est là que je l'ai rencontrée, et qu'elle m'a confié son secret.

Evan sentait son cœur battre de plus en plus vite, comme s'il allait entrer dans une salle de dix mille personnes pour y faire un concert.

— Combien de personnes vivent à Manhattan, Evan ? Combien existait-il de chances pour que ces deux femmes-là se rencontrent à nouveau ? D'après mes calculs, je pense que Brenda aurait eu vingt fois plus de chances de gagner au loto.

L'enfant savoura l'instant de silence. Evan, lui, calcula qu'il aurait eu trente fois plus de probabilités de gagner au loto que de retrouver Kelsie vivante. Et il n'allait pas laisser passer cette opportunité-là.

— Où est-elle ?

— Non, Evan. C'est encore trop tôt.

Evan hésita entre une crise de fou rire et une autre de furie. La seconde option l'emporta et il explosa :

— Maintenant ça suffit. Je ne suis pas prêt à tout gober, le « tout » visant plus particulièrement le fait que je m'adresse à un mort. Néanmoins j'ai entendu une chose très factuelle : ma sœur vit à New York. Dis-m'en davantage.

— C'est un peu plus compliqué que ça, Evan. Et je ne suis pas certain que vous soyez prêt à entendre la suite.

— Oh si !... Je t'écoute même avec la plus grande attention.

Pour la première fois depuis qu'Evan était arrivé, l'enfant se tourna vers lui et le regarda avec douceur.

— Il y a peu de temps encore, j'étais comme vous : vivant et convaincu que je pouvais sauver le monde. Jusqu'à cet accident, où j'ai pensé mourir. Et où j'ai découvert qu'il y avait pire…

L'intonation de la voix de l'enfant glaça Evan, mais ce dernier le coupa d'un ton brusque :

— Qui es-tu exactement ?

L'enfant le scruta un long moment avant de démarrer d'une voix presque inaudible :

— Je sais combien cela va vous sembler difficile, cependant…

Il se tut quelques secondes, puis reprit plus assuré :

— Je crois que le mieux est de commencer par la fin de mon existence : j'avais une quarantaine d'années lorsque mon véhicule a glissé sur une autoroute. L'événement fit la première page du *Miami Herald*. L'issue de ce long dérapage m'a été plutôt… fatale. Ma voiture a terminé sa course folle sous un trente-huit tonnes. Difficile de faire le poids… Tout le haut de l'habitacle a été catapulté et arraché en un dixième de seconde. Mon épouse, qui était à mes côtés, a été décapitée sur-le-champ. Je crois qu'elle n'a pas eu le temps de souffrir. Pour moi, ce fut une autre histoire. Ai-je eu le temps d'apercevoir le camion ? Je ne m'en souviens pas. Toujours est-il que je m'en suis sorti vivant : un miracle pour mes enfants, un vrai calvaire pour moi.

Evan le vit déglutir avant de reprendre :

— Après un long trou noir, j'ai en fait découvert que je m'étais comme dédoublé alors que les gens me pensaient dans un coma « normal ». Ce n'est pas à vous que je vais apprendre qu'il existe plusieurs degrés de conscience dans le coma. Celui dans lequel je me situe permet la décorporation, et je me suis ainsi retrouvé dans ma propre enveloppe charnelle correspondant à une époque antérieure de ma vie. Il m'a fallu quelques jours pour comprendre que j'étais revenu sous une autre forme, et plus précisément encore celle de moi, gamin. Pourquoi cette époque-ci ? Sans doute parce qu'il s'agit là de la plus belle période de ma vie, à laquelle je songeais souvent avant mon accident. J'ai aimé être cet enfant, il était peut-être naturel que je le retrouve.

— D'accord. Donc, si j'ai bien compris, tu as aujourd'hui la tête et le corps que tu avais à... ?

— À dix ans.

Il se tut un instant et murmura :

— Et je suis donc dans une sorte de... transit, en attendant un départ plus définitif.

Il risqua un œil sur Evan. Ce dernier ne pipait mot.

— Vous m'écoutez toujours ?

Evan se contenta d'approuver de la tête. L'enfant poursuivit :

— Je me suis alors éloigné de mon vrai corps, et j'ai quitté l'hôpital pour partir à la rencontre des gens. Ma vie est simple : je dors à la belle étoile, mange pour le plaisir quand on me le propose. Je ne peux pas tomber malade, et je ne risque rien, en fait. Mes besoins vitaux sont assurés par les perfusions administrées à l'hôpital.

L'enfant se racla la gorge avant de poursuivre :

— J'ai passé beaucoup de temps à observer les gens, qui m'accueillaient comme l'enfant que je suis, avec bienveillance. Pourtant je les trouvais tous centrés sur leur petite personne et j'en ai beaucoup ri. Jusqu'au jour où j'ai réalisé que j'avais été comme eux. Depuis, j'essaie de me racheter en aidant les autres du mieux que je peux.

Evan garda le silence. Il contempla peut-être un peu plus intensément le ciel bleu qui surplombait le parc. Il avait l'impression d'être le héros d'un épisode de « Medium », dernière saison. Tout simplement… inimaginable !

— Et pourquoi ne pas en profiter pour aider ceux que tu connais et que tu aimes ? rétorqua Evan.

— Pour les faire passer pour des dingues ? C'est un choix dont je ne tiens pas à discuter avec vous.

— Donc, une fois que « vous autres » êtes dans le coma, vous choisissez la destination de la balade, c'est bien ça ?

— Vous schématisez, mais c'est à peu près cela. Certains restent parmi les vivants et tâchent d'aider des inconnus. D'autres préfèrent explorer l'au-delà et revoir des personnes disparues qui leur étaient chères. Parfois les deux aussi.

Le cerveau d'Evan bouillonnait maintenant. En même temps, il se souvenait de propos tenus par plusieurs de ses patients sortis du coma : des halos de lumière, des échanges confus avec des êtres chers décédés depuis longtemps. Il se promit de creuser davantage ces témoignages une fois qu'il en aurait fini avec le gamin.

Celui-ci reprit :

— Bien sûr, je comprends votre scepticisme. Dans mon autre vie, j'étais ingénieur. Je n'étais pas non plus « conçu » pour croire en ce genre de truc. Et puis j'ai fini par me rendre à l'évidence et reconnaître que mon éducation m'avait éloigné de ces questions et que mon esprit cartésien les réfutait. Il existait pourtant des témoignages qui auraient pu me faire penser qu'il existait *quelque chose* après la mort. Cependant, tout comme vous, je n'y ai apporté qu'une crédibilité relative. À tort.

Lorsqu'il s'interrompit, Evan ne pipa mot. Il n'avait jamais entendu un enfant s'exprimer de la sorte. Ce que lui disait ce petit bout d'une dizaine d'années dépassait son imagination.

— Je vis une expérience extraordinaire qui me permet de vraiment comprendre l'importance de ce qu'est la vie, et comment chacun la gaspille en restant convaincu d'en jouir pleinement. J'ai pu aider certaines personnes en leur permettant d'en profiter avant qu'il ne soit définitivement trop tard. Et parmi ces personnes-là figure la femme dont je vous ai parlé. Celle qui a été témoin de l'enlèvement de votre sœur.

L'enfant s'interrompit quelques instants avant de poursuivre :

— Maintenant que vous avez entendu tout ça, je vous dois l'entière vérité : je vous ai dit que Brenda était tombée en dépression. Un soir, Brenda a trouvé le revolver familial et elle s'est tiré une balle dans la tête. Elle n'est pas immédiatement décédée et a sombré dans un coma transitoire. Elle n'avait plus grand monde autour d'elle et personne n'a pu lui porter secours à temps.

L'enfant stoppa son monologue avant de reprendre :

— Elle est restée deux jours à agoniser. C'est ce qui m'a permis d'entrer en contact avec elle. Elle ne supportait pas l'idée de n'avoir pu se racheter auprès de cette gamine qu'elle était certaine d'avoir reconnue adulte sur Manhattan. Je l'ai doucement accompagnée jusqu'à sa dernière destination en lui promettant de retrouver cette jeune vendeuse.

Il jeta un œil sur Evan : celui-ci le regardait d'un air horrifié. Calmement, l'enfant se leva et chassa la poussière imaginaire sur son bermuda avant de se rasseoir.

— Sachez que j'apprécierais énormément que vous cessiez de me regarder comme un Martien.

— Non, je te regarde juste comme un mort. Un mort qui parle !

— Je ne suis pas mort mais dans le coma. En tant que médecin, vous devriez saisir la nuance !

— Ben voyons ! Je vais te l'expliquer, moi, la différence : le deuxième est couché dans un lit, le premier sur une planche de bois à six pieds sous terre. Saisis-tu l'anomalie à ton tour ? ajouta Evan en détaillant l'enfant des pieds à la tête.

Le gamin, toujours aussi calme, scruta le visage d'Evan. Il imaginait sans peine toute l'incrédulité qui devait secouer l'esprit scientifique de son interlocuteur. Il reprit doucement :

— Je pense que nous perdons chacun notre temps : vous n'êtes pas prêt…

— Et en plus, fin psychologue, avec ça ! Je ne pouvais pas mieux tomber pour mon instruction spirituelle !

Un ballon en mousse vint s'échouer au pied du banc sur lequel ils s'étaient assis. Un homme âgé d'une quarantaine d'années s'approcha en courant pour le récupérer. Un tatouage représentant une batte de base-ball recouvrait son avant-bras. Il leur adressa un sourire d'excuse avant de repartir vers son enfant, la balle sous le bras.

— Je comprends que tout cela vous paraisse complètement délirant. Vous autres, médecins, prétendez connaître l'humain grâce à la seule science. Pourquoi ne pas y ajouter d'autres références, comme les études dédiées aux phénomènes paranormaux, la Bible… ?

— Je ne suis pas croyant. Ou plutôt, je ne crois qu'en ce qui est vérifiable et reproductible. D'un point de vue scientifique, bien entendu.

— C'est bien ce que je vous dis : vous expliquez ce qui se voit et ignorez ce qui demeure inexplicable.

— Non, je pense juste que la science est un moyen fiable de faire le tri entre ce qui paraît et ce qui est. C'est tout.

— Mais, dites-moi, avec votre jugement très sûr, comment expliquez-vous les différences d'évolution que connaissent deux personnes face à un même facteur de risque ?

Sidéré par la richesse de vocabulaire du gamin, Evan se tourna pour observer l'enfant. Ce dernier pointa soudainement de son index l'homme tatoué qui s'amusait toujours à lancer une balle en mousse à son petit garçon.

— Vous voyez cet homme ?

Evan acquiesça d'un grognement.

— Il ne fume pas, ne boit pas, joue au sacro-saint base-ball deux fois par semaine et vient dans ce parc chaque dimanche pour inspirer du bon air frais. Les poumons ! ajouta-t-il d'un œil complice à Evan et en se touchant le thorax du bout des doigts.

Maintenant, regardez cet autre bonhomme, là, assis sur notre droite.

Ce disant, il indiqua sa cible du menton : un jeune homme, obèse, engloutissait une gaufre géante recouverte d'une effarante couche de chantilly.

— Si je vous demandais lequel de ces deux hommes devrait dépasser l'autre en longévité, en faveur de qui pencheraient vos statistiques ?

— Ce serait évidemment en faveur du père !

L'enfant se tapota doucement le bout du nez et resta méditatif. Agacé, Evan ajouta :

— Bien entendu, si cet homme se fait renverser par un bus, son sort sera réglé avant ! Sinon, c'est logique !

L'enfant s'était arrêté de réfléchir. Il se tourna lentement vers Evan.

— Soyez bien attentif sur ce que je souhaite vous faire admettre : si vos causes produisent souvent le même effet, les mêmes effets peuvent hélas se produire sans les causes. Je vais emprunter votre vocabulaire : Monsieur Lipide de droite a eu une prise de sang le mois dernier. Son taux de cholestérol était de cinq grammes quarante. Autant dire que cet homme est une vraie plaquette de beurre. C'est même une crise cardiaque ambulante, et il risque sans doute une ischémie à chaque systole. Je ne vois d'ailleurs pas comment une seule de ses coronaires n'est pas bouchée avec le tas de bouffe qu'il ingurgite ! Mais il ne s'inquiète pas, car la douceur de la chantilly lui permet d'oublier les limites de ses artères…

Il se tut un instant avant de reprendre, plus doucement :

— En revanche, dans peu de temps, notre jeune papa en bonne santé va devenir subitement aphasique. Il n'aura probablement pas le temps de se rendre compte de ce qui lui arrive, car un AVC massif va le plonger dans un bref coma irréversible. Avant de l'engloutir dans les ténèbres que nous redoutons tous. C'est son destin.

Muet, Evan regarda l'enfant avec effroi. Plaisantait-il ?

— Je ne crois pas du tout aux trucs de ce genre !

— Vous avez tort. Vous ne savez pas combien d'années, voire de jours, il vous reste à vivre. Pour certains, le solde est de quelques heures, mais ils l'ignorent. Cela vaut mieux ainsi, d'ailleurs. Et pour ceux qui ont encore beaucoup à vivre, ils ne devraient pas perdre de vue que ce n'est qu'une question de temps.

— Se prémunir de certains risques permet de retarder cette fin.

— Pas forcément. Nul ne sait à quel moment notre vie basculera. Cela préserve notre tranquillité d'esprit. Si je vous ai parlé de ces deux hommes, c'est pour vous montrer les lacunes de cette science que vous vénérez tant. Elle a ses limites. Il serait bon que vous ne les oubliiez pas.

L'enfant enchaîna :

— Regardez les gens autour de vous. Nous ne nous attachons qu'au concret. Vous le savez bien, vous, en tant que médecin. Les gros fumeurs sont plus qu'avertis des risques qu'ils courent lorsqu'ils allument une cigarette. Et pourtant, ils continuent… Ils se disent que le crabe passera par les autres, ou qu'il faut bien mourir de quelque chose. Mais lorsque le cancer du poumon est déclaré et qu'on leur enlève lobe après lobe, là ils comprennent véritablement ce que signifie jouer avec le feu. C'est là qu'ils voudraient pouvoir revenir en arrière : une fois qu'il est trop tard... Tout cela parce qu'il leur aurait fallu voir avant, *de leurs yeux voir*, les ravages de la nicotine sur leurs propres poumons.

Il laissa volontairement une pause de silence avant de reprendre :

— C'est pareil pour vous, Evan. Vous passez votre temps à courir, mais après quoi ? Peut-être qu'au moment où je vous parle vos propres artères sont en train de s'encrasser de cholestérol. Et qui vous dit que vos globules blancs ne sont pas en train de se multiplier à vitesse grand V à cause d'une foutue moelle défaillante ne donnant pourtant aucun symptôme clinique ? Le temps nous rattrape toujours, Evan. Le vôtre vous rattrapera également.

— Je dépense le mien à essayer de sauver des vies. C'est plutôt valorisant, tu ne crois pas ?

— Ça dépend. Vous êtes-vous déjà demandé si les patients que vous charcutiez ne préféreraient pas que tout s'arrête ?

Evan fut interloqué.

— Je n'ai pas pour habitude de travailler avec une hache, j'essaie tout de même de faire dans la finesse...

— Mouais... Mais cela vous laisse-t-il le temps de réaliser vos rêves ?

Evan eut une pensée pour Miss Breakle, sa chère psychologue scolaire. Décidément, il aurait beaucoup songé à elle, ces derniers temps.

— Les rêves, c'est pour les mômes de ton âge.

L'enfant hocha lentement la tête tout en l'observant tristement.

— Il est regrettable de voir comme les rêves vieillissent plus vite que les rêveurs. Vous serez surpris de voir avec quelle force ils viennent vous hanter lorsque vous parvenez à l'automne de votre vie. À ce moment-là, on serait prêt à donner n'importe quoi pour avoir une dernière chance de les réaliser. Mais les rêves sont comme le bonheur : ils ne se remettent pas à plus tard. Au moins, êtes-vous heureux, Evan ?

Evan laissa son regard se perdre au loin. La vie lui avait donc appris que le bonheur n'était que relatif. Et qu'il se volatilisait dès qu'un être aimé disparaissait.

— Je suppose qu'il s'agit d'un bonheur sans doute marginal, mais il me convient.

— Oui, j'ai remarqué combien ce bonheur-là était l'apanage de bien des personnes. Certaines le provoquent même en passant des jours ou des nuits à déambuler de bar en bar en ayant le sentiment d'être entourées d'amis.

Il prit une profonde respiration tout en repliant les genoux sous son menton.

— Evan, je voudrais vous proposer un marché.

Evan ne pipait mot, et l'enfant poursuivit donc doucement :

— Comme je vous l'ai expliqué, tant que je suis « ici », je m'efforce de faire tout ce qui est en mon pouvoir pour racheter mes propres erreurs.

Evan le coupa ironiquement :

— Oui, comme Charles Ingalls dans « Les Routes du paradis », quoi…

— Charles Ingalls, c'était plutôt « La Petite Maison dans la prairie »...

Evan répondit par un grognement sourd que le gamin préféra interpréter comme un acquiescement.

Il reprit :

— Comme je le disais donc, j'essaie d'apporter quelque chose aux gens. Et il se trouve que je peux aider aujourd'hui des personnes qui ne se connaissent pas.

Le père au tatouage s'amusait maintenant à lancer la balle sur celle que l'on imaginait être son épouse. Evan observa attentivement cet homme qui paraissait en excellente santé, et ne semblait présenter aucun trouble moteur. Pourquoi ce gamin avait-il parlé d'AVC ?

L'enfant poursuivit :

— Je vous propose de vous aider à retrouver Kelsie, et en échange vous me rendez un service à votre tour. Donnant-donnant. Gagnant-gagnant.

L'enfant était parvenu à capter à nouveau l'attention d'Evan.

— Voici le deal : je connais une jeune fille de dix-sept ans qui est atteinte de leucémie. Elle n'en a plus que pour quelques années. Elle souhaiterait pouvoir en finir maintenant. Mais sa religion l'interdit. Je voudrais que vous l'aidiez à partir.

Evan se tourna vers lui avec un visage rempli de stupeur.

— Tu plaisantes ?

— En ai-je l'air ?

— C'est hors de question ! Et je te le dis tout de suite : c'est non négociable !

Un long silence s'installa entre eux.

— Évidemment… Je n'aurais pas dû vous proposer ce cas-là. Il est peut-être un peu trop… compliqué pour un médecin confiant dans les progrès à venir. Je vais donc vous en exposer un autre. À Miami, j'ai rencontré un homme de trente-cinq ans, Luca, qui est actuellement dans un coma profond. Cela fait maintenant deux ans qu'il y est plongé. Son histoire m'a beaucoup touché. Les souffrances qu'il endure au quotidien également. Ce qui m'a plus ému encore, c'est le lien, aussi profond qu'unique, qui le lie à sa sœur, dont il reste la seule famille. Les médecins ont expliqué à cette femme l'état désespéré de son frère, mais elle s'accroche à un vain espoir. Vous devez la convaincre de débrancher Luca.

— Tu es dingue ?

— Non. Vous êtes médecin et pouvez la guider dans sa prise de décision. Si vous ne le faites pas, cet homme va souffrir inutilement pendant des années ! Ce n'est pas encore plus dingue, ça ?

— Pourquoi moi ? Et comment veux-tu que j'intervienne ? « Bonjour, madame, un esprit du nom de Casper est venu me demander de vous persuader de débrancher votre frère » ?

L'enfant haussa les épaules tout en fusillant Evan du regard.

— Non, je ne suis pas complètement stupide. Et j'ai déjà réfléchi à la manière dont nous pourrions procéder.

— Il te faudra convaincre quelqu'un d'autre ! Parce que si cet homme n'est pas encore mort, c'est qu'il s'accroche. Donc, il y a un espoir !

L'enfant serra les dents et se tourna brutalement vers Evan.

— Je vous l'ai dit tout à l'heure : vous devriez davantage penser à ce que voudraient ceux sur lesquels vous vous acharnez, docteur. Quoi qu'il en soit, si vous voulez retrouver votre sœur, il faudra que vous fassiez le nécessaire pour Luca. C'est à prendre ou à laisser.

L'enfant avait parlé fort et Evan constata avec gêne qu'on les observait. Le tableau devait être pour le moins curieux : un adulte en train de se faire passer un savon par un gamin…

— Ce n'est pas un marché, c'est un chantage qui me répugne. Qu'attends-tu exactement de moi ?

L'enfant examina attentivement Evan. Il était prêt.

— Je souhaiterais que vous preniez dès demain contact avec la sœur de Luca. Son nom est Lena Troyd. Et vous pourrez la rencontrer à la galerie d'art dont l'adresse est la suivante…

Ce disant, il sortit un papier de sa poche sur lequel il griffonna quelques mots.

— Elle travaille actuellement là-bas, mais il faudrait impérativement que vous y alliez dès demain après-midi. Arrangez-vous pour faire sa connaissance et la mettre en confiance. Pendant que vous avancerez dans cette voie, je vous accompagnerai de la même manière dans la recherche de votre sœur. Nous partirons après à New York. Je sais où Kelsie travaille. Acceptez-vous ce marché ?

Il fallut quelques secondes à Evan pour répondre :

— Je vais devoir m'organiser du côté de mon boulot.

—Rien ne vous empêcherait de retourner travailler de temps en temps s'il y avait urgence.

Evan pensa brièvement à Brett. Les jours qui lui auraient permis de bosser sur sa musique s'envolaient. Mais cela lui importait peu désormais : il allait retrouver Kelsie. Il inspira donc une grande bouffée d'air et se tourna ironique vers l'enfant, alors que la balle de mousse échouait de nouveau à leurs pieds.

—Ton deal me paraît vraiment douteux, cependant je n'ai pas l'impression d'avoir le choix. Je vais donc l'accepter à condition que l'état de l'homme dont tu me parles soit aussi désespéré que celui que tu me décris. Est-ce clair ?

L'enfant approuva d'un hochement de tête. Evan reprit :

—Bien ! Outre le fait que le prénom de Casper te sied à merveille, je vais maintenant te démontrer que la médecine a sans doute ses limites, et pas celles que tu imagines !

L'enfant n'eut pas le temps de répondre, car Evan s'était déjà jeté sur la balle pour la ramasser. Il la tendit ensuite au père, et au moment où l'homme la saisit en remerciant Evan, le médecin lui attrapa le bras en lui demandant gentiment :

—Excusez-moi, monsieur, vous ne vous sentez pas bien ?

—Je vous demande pardon ?

—Je viens de vous voir vaciller et vos yeux sont remontés en arrière… Vous permettez ?

Ce faisant, il lui tourna prestement l'avant-bras : le dessin de la batte disparut pour révéler des veines saillantes à hauteur du poignet.

— Monsieur, je suis médecin. Je ne voudrais pas vous apeurer inutilement mais vos veines sont bizarrement gonflées. Je crains que vous n'ayez un problème.

— Un problème de quoi, voyons ? Je vais très bien !

Evan fouilla l'intérieur de sa veste et en sortit une carte du Memorial Hospital.

— Je suis urgentiste. Je vous propose de venir avec moi pour une simple batterie d'examens. Sans frais, puisque c'est moi qui vous y invite aujourd'hui...

La jeune maman s'était maintenant rapprochée avec l'enfant, curieuse de voir ce que cet homme voulait à son mari.

— Que se passe-t-il, chéri ?

— Rien, ne t'inquiète pas, monsi...

— Madame, je cherche simplement à alerter votre mari sur des symptômes alarmants que je viens de remarquer. J'ai peur qu'il ne s'agisse de signes annonciateurs d'un problème vasculaire.

La jeune femme scrutait maintenant la carte officielle du Memorial. Son inquiétude était visible.

— Ben, je ne sais pas... Tu devrais peut-être suivre les conseils de ce monsieur...

Evan vit son « jeune acolyte » descendre du banc et se rapprocher d'eux. Il l'ignora délibérément, devinant déjà son regard désapprobateur. Il ne quitta donc pas l'homme des yeux, qu'il sentit devenir indécis. Il assena un dernier coup décisif :

— Je ne voudrais pas vous faire peur, mais il pourrait en aller de votre vie.

— Écoute, chéri, ne réfléchissons pas davantage ! Monsieur est médecin dans un établissement prestigieux, écoutons-le...

La jeune femme termina en se tournant vers Evan :

— Nous acceptons votre proposition, monsieur. Merci.

Evan se tourna alors d'un air triomphal vers l'enfant blond.

— L'un des adages préférés des médecins est de prévenir plutôt que guérir. Allons-y !

Il fit semblant de ne pas entendre l'enfant qui lui répondit dans un murmure :

— *Errare humanum est…*

*

* *

**Vol American Airlines 1141,
New York-Miami**

Summer entendit au travers des oreillettes remises par l'hôtesse de l'air : « Mesdames et messieurs, nous volons actuellement à une altitude de deux mille six cents mètres. Nous avons amorcé notre descente et serons… »

Elle appuya sur la touche arrêt du film qu'elle visualisait sur le mini-écran fixé au siège. Le film lui avait beaucoup plu. Et Jennifer Aniston y était touchante. Jennifer… Cela sonnait plutôt bien pour un nouveau prénom. Elle releva le store de son hublot. Les nuages, toujours…

Elle attrapa son MP3 et se détendit en écoutant « Your Song », sa chanson préférée d'Elton John. Il lui tardait de toucher la terre ferme. Quatre chansons plus tard, elle enleva ses écouteurs et se concentra à nouveau sur son hublot. La mer à perte de vue sur la gauche et, à droite, enfin, des tours se découpaient dans le bleu azur du ciel. Tandis qu'elle entendait le train d'atterrissage s'ouvrir, elle contempla longuement la vue qui s'offrait à elle. Une envie furieuse de courir dans l'eau l'envahit. Le Boeing vint soudain frapper le sol avant de freiner dans un bruit étourdissant créé par les turbines déployées à pleine puissance. L'avion roula ensuite lentement sur le tarmac, et se rangea non loin d'un camion où était peint en rouge le nom « Grimberg ». Grimberg…

Lorsque l'appareil s'immobilisa enfin, c'est avec une joie infinie que Summer détacha sa ceinture. Une nouvelle vie commençait. Celle d'une nouvelle femme aussi : Jennifer Grimberg.

6

Floride, Miami,
Jackson Memorial Hospital
Evan

Au centre des archives, Evan présenta sa carte de l'Ordre à la jeune femme qui tenait le guichet.

Il choisit un ordinateur isolé pour ne pas se retrouver assis entre deux groupes d'étudiants piailleurs. Il commença ses recherches sur le *Miami Herald*.

Un nombre incalculable d'accidents commentés par le journal défilèrent sur l'écran. Evan resserra sa recherche sur les accidents avec poids lourds. Il ajouta « 2014 » à ses critères de recherche. Quatre titres d'articles apparurent.

Le premier concernait une certaine femme, Linda Breman, qui avait été percutée par un trente-huit tonnes dans la nuit du 20 au 21 mars 2014. Elle était seule dans le véhicule. Evan passa immédiatement à l'accident suivant.

Le second cas concernait un couple revenant de vacances. Le choc s'était produit vers 16 heures un dimanche. Le mari était décédé sur le coup, mais sa femme avait miraculeusement survécu après avoir été projetée à travers le pare-brise.

Le suivant intrigua immédiatement Evan. On y citait en effet un accident survenu en date du

5 janvier 2014, avec trois victimes. La passagère avait été décapitée par le poids lourd. D'un geste sec, il double-cliqua sur le lien afin de prendre connaissance des circonstances exactes de l'accident :

« Dimanche dernier, deux personnes ont tragiquement péri lors d'une violente collision entre une voiture et un camion. Une troisième victime est toujours dans un état très grave. Il semblerait qu'un des conducteurs se soit endormi et qu'il ait tenté trop tard de manœuvrer son véhicule pour éviter le choc quasi frontal.

Les passagers du premier véhicule revenaient d'un dîner entre amis et roulaient sur la 31e Rue NW en direction de l'Interstate 95. Le conducteur du poids lourd effectuait une livraison au nord de Miami. L'impact a eu lieu un kilomètre et demi avant Biscayne Boulevard.

Le conducteur du camion est décédé dix minutes après son arrivée à l'hôpital. Il était impossible de faire quoi que ce soit pour l'épouse du deuxième conducteur, qui a été décapitée sur le coup par la remorque du camion. Quant au conducteur, M. Belnet, un ingénieur de quarante et un ans qui a eu le réflexe de se plier sous le volant juste avant l'impact, de graves blessures mettent toujours en jeu son pronostic vital. Transféré au JMH, il reste plongé dans le coma. Les médecins refusent de se prononcer sur le moindre pronostic. »

Cela s'était produit tel que l'avait décrit Casper. Il devenait de plus en plus difficile à Evan de réfléchir avec cette saloperie de migraine.

C'était tout simplement… délirant ! Qui savait si ce môme n'avait pas pris ses informations à la même source que lui ? Certes, il avait livré certains détails que ne mentionnait pas l'article, mais rien ne l'aurait empêché de broder là-dessus ! D'un autre côté, la maturité évidente du gamin n'était pas naturelle. Quand bien même celui-ci aurait affiché un QI digne d'Einstein, ce n'était pas « normal ».

Evan se redirigea vers les documentations de source médicale, puis saisit le terme « NDE ». Il trouva un nombre impressionnant de témoignages de personnes pour qui la vie avait un jour basculé, et qui étaient revenues d'un coma plus ou moins long. Il cliqua sur un compte rendu de colloque provenant d'une université américaine très réputée qui faisait état de stades communs fréquemment décrits par ces patients, comme la lévitation, l'introduction, puis l'immersion dans un tunnel, le retour douloureux dans le corps.

Plusieurs scientifiques participaient à cette table ronde. L'un d'entre eux affirmait que l'explication était à rechercher du côté du cerveau, qui produirait des phénomènes hallucinatoires. Argument aussitôt contesté par un autre scientifique, Albert Coyle. Evan cliqua pour prendre aussitôt connaissance de son interprétation : on citait une jeune Anglaise, Angela Dunn, opérée du cerveau et dont l'électroencéphalogramme était soudainement devenu plat, mais qui, ramenée à la vie, avait été capable de décrire avec précision les propos tenus par les infirmières qui l'avaient entourée.

D'autres éminences médicales citaient des témoignages similaires à ce que rapportait le gamin. Mais rien de scientifique n'en corroborait la véracité.

Et toi, si tu témoignais, penses-tu qu'on te croirait ?

Malgré les centaines de témoignages de décorporation qui défilaient sous les yeux d'Evan, il restait entendu qu'une grande part d'obscurité régnait sur ces cas de NDE. Il existait cependant une différence de taille : car en ce qui concernait Evan, ce n'était plus le malade qui se voyait, mais bien un tiers, *lui*, qui observait le patient comateux !

Il poursuivit ses recherches sur la téléportation.

Certains articles, davantage axés sur la physique quantique, expliquaient par des formules savantes la possibilité de transmuter des particules. En 1997, des physiciens étaient parvenus à téléporter l'état quantique d'un grain de lumière, un photon.

En juin 2004, un nouveau pas était encore franchi : deux équipes réussissaient à téléporter l'état quantique d'un atome, une particule massive. On restait cependant loin du souvenir de la téléportation vue par Star Trek, qui transportait un homme d'un point A à un point B. Mais Evan découvrit que le seul frein, plutôt de taille, à la téléportation humaine, était de résoudre le problème de la question d'énergie. Car il fallait trouver une source d'énergie capable d'égaler celle consommée en un mois sur toute la Terre…

À moins que la solution ne repose sur la théorie défendue par Rovelli, « physicien quantique, pour qui le temps pourrait ne pas exister ». « En physique quantique, les quantas constitueraient les briques de l'espace et du temps. »

Le fait que ce Ron Belnet se retrouve version môme au propre chevet de son écorce originelle adulte ne devenait-il pas concevable si l'on considérait justement l'abolition de l'espace-temps auquel l'article faisait référence ?

Evan passa nerveusement sa main dans les cheveux. Lui qui avait toujours refusé d'avoir recours à certaines drogues très prisées par certains de ses confrères, il était bien servi côté hallucinatoire ! Il jeta un œil sur sa montre : 15 h 18.

Il tapa rapidement dans une nouvelle fenêtre « distance centre des archives » et « Hôpital Miami » et valida. L'écran afficha aussitôt le parcours et la durée : à peine une demi-heure.

Cela faisait sept mois que l'accident s'était produit. Il n'avait qu'à vérifier si ce fameux Ron Belnet était toujours dans le coma. En se dépêchant, il pourrait au moins clarifier ce point avant d'accepter le jeu délirant que l'enfant lui proposait.

Il éteignit l'ordinateur et partit.

Il mit pile vingt-cinq minutes pour rejoindre l'UMH[1]. Arrivé à l'accueil, il demanda où se trouvait M. Belnet, mais on lui répondit que ce patient n'était visible que par sa famille. Evan présenta alors sa carte en précisant que son fils l'avait mandaté pour s'enquérir de l'état du malade. Une infirmière fut alors appelée. Celle-ci s'excusa en expliquant que le docteur Cohen venait de partir.

— Écoutez, je crois que vous pouvez quand même vous rendre dans sa chambre quelques instants. Mais je ne vous fournirai aucune donnée médicale, vous le comprenez bien. Le docteur Cohen sera là dans une petite heure au plus, si vous souhaitez patienter.

Evan accepta assez sèchement, comme si l'idée de devoir attendre l'agaçait, alors qu'il remerciait

1. University of Miami Hospital.

intérieurement le médecin de s'être absenté. Lorsqu'il pénétra dans la chambre, il éprouva le désagréable sentiment de s'immiscer dans l'intimité de quelqu'un contre son gré. Pourtant, son métier impliquait qu'il exécutât ce geste des dizaines de fois par jour. Mais là, ce n'était pas pareil. L'infirmière le salua en silence avant de refermer la porte. Il lui aurait presque demandé de rester.

Il s'approcha du lit, sur lequel reposait un homme placé sous assistance respiratoire.

De nombreuses tubulures lui masquaient le visage. L'aspect ictérique de la peau n'évoqua rien de bon à Evan. Cet homme était de toute évidence en fin de vie. Pourquoi ne le disait-on pas clairement à la famille ? Evan trouvait regrettable de laisser les gens dans l'ignorance. À quoi lui servait-il d'être venu ? Rien ne lui permettait de reconnaître Casper qu'il venait de quitter, en ce Ron Belnet qu'il regardait. Et quand bien même aurait-il pu reconnaître l'enfant dans ce corps d'adulte, qu'est-ce que cela lui aurait apporté ? Le rythme de la machine lui sembla oppressant. Il avait l'impression dégradante de commettre un acte de voyeurisme. Il n'eut plus qu'une seule envie : s'enfuir, ce qu'il fit immédiatement.

*

* *

16 h 48, Art Gallery, 29e Rue NE, Miami
Evan

Lorsque Evan poussa la porte de la galerie, il faillit faire demi-tour : comment allait-il pouvoir retrouver

Lena Troyd dans cette foule ? Il s'imagina deux minutes en train de faire un petit discours au micro dans l'ambiance feutrée de la galerie : « Messieurs-dames, bonjour ! Excusez-moi d'interrompre votre petite promenade de santé, mais un mort revenu parmi nous m'invite à rencontrer une certaine Lena Troyd. Quelqu'un aurait-il la gentillesse de bien vouloir m'indiquer où elle se trouve ? »

Cette brève évocation eut au moins le mérite de lui rendre le sourire et il s'efforça de scanner rapidement du regard toutes les personnes de sexe féminin. Casper n'avait même pas jugé utile de lui dire à quoi cette femme ressemblait. Dans cette foule à grande majorité féminine, Evan dut se faire violence pour ne pas jeter l'éponge : sans aucun autre indice que le nom, allait-il vraiment devoir le hurler à la cantonade ?

Il se dirigea vers la pièce centrale. Un nombre impressionnant de photos étaient accrochées. Evan s'approcha de la première sur sa droite. Immense, elle représentait un bébé d'environ six mois, qui tendait le bras pour attraper une mèche de cheveux tombant d'un visage que l'on devinait à peine. Le photographe avait parfaitement su capter le sentiment d'amour dans le regard du bébé. Une autre, plus petite, montrait un vieillard assis au pied d'un escalier. Le contraste entre son sourire et son regard était saisissant. Car la jovialité le disputait à la tristesse de cet homme. Le cliché était également très réussi.

Evan se ressaisit brusquement : il n'était pas venu pour visiter une expo ! Il lui fallait reprendre sa recherche sur la fameuse Lena Troyd.

Il avança davantage vers le bout de la salle, où se trouvait un superbe hall marbré. Un homme se tenait droit comme un i devant un guéridon sur lequel reposait un téléphone à l'ancienne, doté d'un cadran rond.

Une idée lumineuse surgit aussitôt dans l'esprit échauffé d'Evan. Il attrapa son portable, chercha le numéro de la galerie et se tourna vers le mur avant de lancer l'appel. Le téléphone sonna une seule fois avant d'être décroché.

— Art Gallery, à votre service…

— Bonjour, je me permets de vous appeler, car mon épouse est actuellement en train de découvrir les photos que vous exposez et j'ai besoin de la joindre en urgence. Pourriez-vous la faire appeler ?

Evan se tordit le cou pour regarder discrètement l'homme avec qui il parlait, tout en se promettant de fumer une Marlboro dès qu'il aurait un pied dehors.

— Je comprends, monsieur, mais cela n'est malheureusement pas possible. Si je puis me permettre, nous sommes dans une galerie, monsieur, pas dans un supermarché et je n'ai pas de micro à disposition.

Evan serra les mâchoires. Cet abruti ne l'aidait guère. Il lui fallait vite imaginer autre chose.

— Écoutez…

Son regard tomba sur la photographie qui lui faisait face. Un carton blanc de cinq centimètres sur trois, très discret, annonçait « la couleur » de l'acquisition de l'œuvre : 3 500 dollars. Evan, qui ne s'attendait pas à un tel montant, enchaîna :

— Je me suis mal exprimé : j'ai été totalement séduit par l'une des œuvres et je refuse de la quitter de peur qu'un autre acheteur ne mette une option dessus. Il me faut donc absolument trouver ma femme pour qu'elle me donne son avis avant acquisition. Je ne voudrais, vous le comprendrez aisément, m'engager sur un choix onéreux qui ne conviendrait pas à mon épouse...

Tout en s'efforçant de réprimer le fou rire qu'il sentait monter, Evan se tordit à nouveau pour reluquer le majordome. Ce dernier lui répondit:

— Cela change considérablement les choses, monsieur. Puis-je m'enquérir du nom de votre épouse?

— Mais absolument: Troyd. Lena Troyd...

Evan le regardait toujours. Le bonhomme resta droit comme un i et mit quelques secondes avant de répéter à son interlocuteur:

— Pardonnez-moi, je vous demandais le nom de votre épouse...

Evan comprit qu'il lui fallait changer de tactique.

— En fait, je la vois! Est-il donc possible de voir Mme Troyd?

— Devant quelle photo se trouve monsieur?

Evan chercha furtivement le numéro demandé, qu'il découvrit au bas à droite du tableau: 27.

— 27, monsieur. Il s'agit du numéro 27, renchérit Evan qui s'amusait maintenant de la situation.

— Je vous envoie donc Mme Troyd, si elle est disponible.

— Je vous remercie, très cher monsieur, et portez-vous bien! lança Evan avant de mettre fin à la communication, puis de rire comme un gamin.

Le majordome raccrocha avant de repasser un appel. Une femme opulente âgée d'une cinquantaine d'années vint à la rencontre de l'homme. Ils échangèrent quelques mots, avant qu'elle ne se dirige tout droit vers la photo 27. Evan n'avait plus qu'à la ferrer.

Il attendit le bon moment pour la bousculer légèrement. Il se confondit aussitôt en excuses. Il lui adressa alors ce fameux sourire que les femmes jugeaient toujours craquant. La créature plus qu'enrobée y sembla elle aussi sensible et pardonna le maladroit. Evan enchaîna aussitôt :

— Je suis vraiment désolé, mais j'étais tellement absorbé par les photos que je n'ai pas fait attention.

— Ce n'est pas grave, monsieur, vous êtes pardonné. Je cherchais moi-même quelqu'un et je me suis montrée distraite. Je me présente : Abigail Loe. Je suis l'assistante de l'artiste qui expose aujourd'hui. Appréciez-vous l'exposition ?

Evan nota, dépité, qu'elle n'était pas celle qu'il cherchait. Il saisit la perche qui lui était tendue.

— Et comment ! Toutes ces émotions capturées en un clic, c'est... renversant. Renversant et touchant !

— Oui, c'est vrai. Ces clichés renferment une force intérieure impressionnante. Et encore, vous n'avez pas tout vu, car il est convenu d'exposer sept autres chefs-d'œuvre en représentation privée ce soir. Y participerez-vous ?

— Hélas, je n'ai pas été invité. Vous me mettez là l'eau à la bouche et je me sens frustré à l'idée de ne pouvoir assister à cette petite fête ! ajouta malicieusement Evan.

Charmée, la femme éclata d'un rire retentissant.

— Je n'ai donc pas d'autre choix que de vous ajouter à notre liste de privilégiés, monsieur... ?

Evan hésita un instant. Quel nom devait-il donner ? Un faux ? Mais il décida rapidement qu'il était en droit de visiter une galerie sans jouer les James Bond et déclina donc son identité :

— Monsieur Kester. Evan Kes...

— Que nous vaut un tel rire ?

Evan se retourna précipitamment sur la voix qui venait de l'interrompre.

Il eut le souffle coupé devant la femme qui se faufilait doucement vers eux. Son visage lumineux, ses longs cheveux simplement retenus par une tige de bois, ses grands yeux verts en amande, son élégance naturelle, tout en elle attirait le regard. Celle-ci l'observait maintenant, un éclat malicieux dans les yeux, comme amusée de l'effet que sa plastique exerçait sur lui.

Evan décréta aussitôt que le simple regard de cette femme devait suffire à harceler de mille coups d'épingle les hommes pris dans sa toile, et s'efforça donc de reprendre ses esprits. Ce n'était certes pas le moment de relâcher son attention : il fallait absolument se rapprocher de cette « Walkyrie ». Avec un air presque dédaigneux, il se tourna donc à nouveau vers la grassouillette au chignon.

— Où en étions-nous donc ? Ah oui, je venais d'accepter votre invitation...

— Oh, formidable ! s'exclama son interlocutrice en tapant deux fois dans ses mains boudinées. Nous serons ravies de vous compter parmi nous.

Et, se tournant vers la femme sculpturale, elle ajouta :

— Lena, je te présente monsieur Kester, qui nous fera l'honneur de nous rejoindre ce soir.

Monsieur Kester, je vous présente Lena Troyd, l'artiste que nous célébrons aujourd'hui.

Ce faisant, la fameuse Lena Troyd inclina légèrement la tête pour le saluer.

Bouche bée, Evan la regarda fixement. Il lui fallait dire quelque chose et vite enlever cet air débile qui devait s'imprimer sur tout son visage ! Mais sa gorge était littéralement nouée. Il lui tendit la main en ajoutant :

— Vos clichés sont remarquables. Toutes mes félicitations !

Une moue espiègle et boudeuse vint habiller les traits de la jeune femme. Cette femme pouvait envoûter n'importe quel homme.

Il scruta les expressions délicates de son interlocutrice, glissa sur la longue chevelure châtain dont quelques mèches s'abattaient négligemment sur les épaules, la lumière qui semblait émaner de ce regard, les yeux soulignés par de longs cils recourbés, la ligne parfaite du nez retroussé, les lèvres ourlées.

Il se dégageait de cette femme une tranquillité, une sérénité qui le troublaient. Appelée par quelqu'un, elle s'éloigna en souriant, mais revint quelques instants plus tard. Elle avait un appareil accroché autour de son cou. Elle était vraiment jolie. Evan ne put s'empêcher de jeter un œil furtif sur ses jambes, pendant qu'elle penchait la tête pour décrocher l'appareil de son cou. Il considéra que le galbe parfait justifiait à lui seul d'avoir eu à patienter si longuement.

Elle passa près de lui, laissant un effluve de parfum sucré enivrer le reste de ses sens, et lui remit un badge.

— Tenez, cher monsieur… ?

— Kester.

— Cher monsieur Kester, voici votre passe pour ce soir.

Evan la remercia. Il lui fallait impérativement trouver quelque chose pour la retenir.

— Dites-moi, si je puis me permettre, j'aurais aimé que vous m'expliquiez l'une de vos photos.

— Je suis votre hôte. Quelle est-elle ?

Au hasard, Evan lui montra un grand panneau intitulé 6. Son centre était d'un blanc très vif, le pourtour auréolé d'un nombre incalculable de couleurs que l'on ne voyait absolument pas de loin mais uniquement de près.

— Toutes ces lumières, ces couleurs qui finissent par se confondre avec du blanc… Je suppose que vous avez voulu représenter la vie ?

— Ou la mort, c'est selon chacun…

— C'est curieux ! Les gens ont plutôt pour habitude de s'imaginer la mort sous un jour obscur, non ?

— Vous savez ce qui différencie la vie et la mort ? Je trouve pour ma part que les deux sont à ce point intimement liées qu'elles sont unies dans une même lumière, ou un même chaos.

— À qui le dites-vous…

Son rire cristallin acheva définitivement de conquérir Evan.

— Seriez-vous prêtre, ou un truc de ce genre ?

— Euh, non, encore que… Je suis médecin.

Lena ne s'attendait pas à cette réponse. Et elle semblait gênée. Evan reprit :

— En fait, je soigne les âmes. Les fous en quelque sorte. Ceux qui, dans votre cliché, verraient une chauve-souris ou un hamburger !

Le rire reprit son chemin dans les yeux malicieux de Lena. Ouf… Il ne savait pas bien pourquoi il avait sorti ce mensonge, mais cela avait eu le mérite de la faire rester. C'était tout ce qui comptait.

— Alors, je me disais que peut-être, si vous aviez un problème d'ordre analytique… Vous savez un problème d'évaluation qui consisterait à ne pas bien comprendre la différence entre une chose ou une autre…

— Êtes-vous en train de m'offrir une consultation, docteur ?

— Ah non ! ne vous méprenez pas : aucune consultation gratuite ! C'est la base de toute bonne thérapie.

— Oh ! oui, j'avais oublié. Et vous faites toujours une analyse lors de la première rencontre ?

— Seulement pour les sujets critiques, cela va de soi.

Evan se mordit la lèvre inférieure. Elle allait se vexer.

— Non, ce n'est pas du tout ce que je voul…

Abigail Loe surgit à nouveau.

— Lena, ma chérie, tu as beaucoup de personnes qui attendent de te voir.

La jeune femme se tourna vers Evan et lui serra la main en le regardant droit dans les yeux.

— Je vous dis à ce soir. Nous serons sans doute plus au calme pour refaire votre éducation, docteur !

Et elle prit congé.

Lorsque Evan sortit de la galerie, il se sentait profondément troublé. Comme il ne l'avait pas été depuis bien longtemps.

7

**Lundi 4 août 2014, Floride,
Miami, 11 heures**

Summer s'éveilla d'un violent sursaut. Elle venait encore de faire le même cauchemar : elle se tenait debout sur une plage. Un enfant lui criait quelque chose de loin, mais il y avait trop de vent pour qu'elle l'entende. Elle ne percevait qu'une mélodie, quelques notes de musique. Une flûte, peut-être, ou un violon… Cet air lui paraissait familier. Puis la mélodie s'arrêtait brusquement. Des nuages gris venaient recouvrir le soleil et elle frissonnait avant que la peur ne s'abatte sur elle.

Elle quitta son lit et passa devant une glace dépolie qui lui renvoya l'image d'un visage encore enfantin sur un corps de femme. Elle se considéra un instant, silencieuse. Qui était-elle ? Qu'était-elle devenue ? Une minuscule tache attira particulièrement son attention. Elle s'approcha du vieux miroir : un infime point rouge maculait le lobe de son oreille. Du sang. *Son* sang à lui. Comment avait-elle pu prendre l'avion avec *ça* ? Sa répulsion se mua aussitôt en une terreur coupable : elle ouvrit le robinet à fond et passa son visage sous le robinet. Et elle frotta, frotta. Mais toute cette eau semblait prendre l'odeur de ce sang figé. Une odeur aussi lourde que fade et écœurante, avec une note de vin cuivré.

L'image de son père lui souleva une dernière fois le cœur et une violente nausée la saisit. Elle eut à peine le temps de lever la lunette des toilettes pour rendre la totalité du hamburger qu'elle s'était offert en arrivant à Miami.

Quel taudis ! se dit-elle en scrutant les fissures qui zébraient le plafond, et les auréoles qui parsemaient les quelques rares endroits où la peinture n'était pas tombée.

Summer s'assit sur l'édredon jauni en soupirant. La vision du linoléum usagé ne la réconforta pas. Le plus important était d'avoir de quoi vivre. Le sac qu'elle avait volé n'y remédierait que pour un temps.

Le premier achat fut pour un réveil bon marché. Puis elle s'était rendue dans un Walgreens pour y acheter une teinture pour cheveux. Couleur noir jais. Cela faisait ressortir ses yeux, et le côté très « femme » sur lequel elle allait devoir compter.

Une fois qu'elle aurait coupé ses cheveux et changé de couleur, elle se rendrait dans un outlet où elle paierait cash les tenues qui sauraient mettre ses attributs le plus en valeur.

Alors elle pourrait commencer à exercer le seul métier qui n'impliquerait pas de dévoiler sa véritable identité, celui qu'on ne déclarait pas et qui restait le plus vieux du monde.

Elle était décidément tombée bien bas… En même temps, quelle avait été sa vie jusqu'à présent ? Rester debout des heures durant pour vendre des parfums dans des conditions épuisantes contre un salaire horaire ridicule était-il plus valorisant que de gagner beaucoup d'argent en écartant juste les jambes ? À la nausée qui la gagna, elle comprit qu'il était inutile d'essayer de se mentir : ce qu'elle s'apprêtait à faire la dégoûtait. Mais elle n'avait guère le choix. Un mandat d'arrêt à son nom devait avoir été lancé dans tous les États américains, à l'heure qu'il était. Elle ne pourrait plus trouver de travail digne de ce nom.

Abattue, elle se rua sur un livret épais recouvert d'une croûte de papier bordeaux assez souple qu'elle venait d'acheter pour y consigner ses pensées. Elle avait dû laisser derrière elle ses journaux intimes. Elle aimait pourtant feuilleter les nombreux tomes accumulés depuis ses douze ans, en redécouvrir les dessins. Aujourd'hui, elle n'avait plus rien.

Elle rabattit la première page du cahier qu'elle venait d'acheter, se rassit sur son lit et commença à écrire : « Jennifer – Un nouveau départ – Août 2014. » Elle souffla doucement pour sécher l'encre fraîche, tourna une autre page. Elle savait que seule cette activité la calmerait, apaiserait le poids de cette culpabilité et de ce dégoût…

Mon très cher Ami,

Nouveau départ, nouvelle vie. Moi qui t'avais promis de décrocher un jour les étoiles, me voici maintenant contrainte de faire le trottoir. Tu parles d'une réussite…

Plein de choses se sont produites ces dernières vingt-quatre heures. La plus importante étant celle qui me permet d'être là où je suis : j'ai fini par me délivrer de l'emprise de mon père. Il est enfin mort. Ma joie pourrait paraître choquante, mais combien d'années de tyrannie et de frustrations, de rêves étouffés et avortés ai-je eu à subir ?

Que s'est-il passé ? J'ai juste pris mon courage à deux mains pour lui annoncer mon départ pour la Floride. L'assurance et la fermeté que j'ai su garder face à ses menaces l'ont rendu ivre de fureur. Il m'a giflée. Mais je n'ai pas plié. Pas cette fois-ci. J'ai continué à braver sa colère. Jusqu'au moment où il a hurlé qu'il préférerait me tuer plutôt que de me laisser partir : j'ai voulu lui faire peur avec le revolver qu'il cachait, mais il s'est jeté sur moi et j'ai tiré.

Je ne sais si je suis aujourd'hui plus libre que perdue, ou le contraire, pourtant j'ai l'impression que je pourrais mourir maintenant avec la sensation d'être allée au bout de quelque chose.

Tu sais, cet endroit est tel que je l'avais imaginé, et tel que ce client de Bloomingdale's me l'avait décrit ! Bien sûr, j'ai honte de ce que j'ai dû faire pour arriver en Floride. Y compris d'avoir eu à voler un sac. Mais j'ai noté l'adresse de la personne à qui il appartenait, et je me suis promis de la rembourser un jour.

Il fallait vraiment que je parte. Et entendre cet homme dont je t'ai parlé me dépeindre la Floride m'y a encouragée. J'espérais tellement le revoir, il me regardait différemment, avec respect. Je lui en veux de ne pas avoir tenu sa promesse et de n'être jamais revenu. Au fond, y croyais-je vraiment ?

Peu importe désormais : j'ai enfin devant mes yeux la route que je rêvais d'emprunter. Il me faut simplement apprendre maintenant à refermer le lourd portail du jardin sans vie que je ne supportais plus, et lui tourner le dos de manière définitive. Crois-tu que je pourrai un jour tout à fait l'oublier ? Mes premiers pas seront sans doute hésitants, j'ai tellement peur… Cependant je sais que tu seras auprès de moi pour me guider. Je me sens remplie de doutes mais aussi pleine de courage…

J'ai l'impression de commencer à vivre…

Elle referma le cahier et ferma les yeux. Pour la première fois, elle se sentit vraiment libre.

Elle goûtait à ce sentiment pour la première fois de sa vie. Un soulagement mêlé d'une joie triomphante, presque animale, l'envahit tout entière. Elle s'endormit d'un sommeil profond et apaisé comme elle n'en avait plus connu depuis des années.

*
* *

Miami, Aéroport international, 11 h 20

Evan et Casper avaient enfin fini par se frayer un chemin au travers de la foule, et patientaient maintenant dans la longue file constituée face au premier portail de sécurité.

— Bon, je crois que je vais vous laisser faire la queue ici, et aller me balader un peu, annonça le gamin sur un ton nonchalant.

— Tu devrais plutôt t'employer à trouver un moyen pour passer l'enregistrement ! s'exclama Evan.

Un sourire radieux vint éclairer le visage de l'enfant qui tendit aussitôt un passeport sous les yeux d'Evan.

— Heureusement que je suis plus prévoyant que vous !

— Qu'est-ce que c'est que ça ? fit Evan en saisissant le document.

— Stephen Coyle, pour vous servir ! Je l'ai piqué hier.

Evan en resta interloqué.

— Stephen ? Tu as volé le passeport de Stephen ?

Stephen était le petit patient dont il s'occupait depuis déjà quelque temps au Jackson Memorial Hospital. À l'idée qu'on ait pu lui dérober ses papiers, Evan explosa de colère. Casper s'approcha alors de son oreille pour lui chuchoter :

— Pas d'excitation, l'ami, je n'ai pas dépouillé de tombe !

— C'est pareil : tu es un monstre ! Ce môme est entre la vie et la mort, et toi, tu…

— Et moi, je suis où, là ? Mon cas est quand même aussi inquiétant que le sien, croyez-moi !

Evan n'eut pas le loisir de répondre, que l'enfant sortait déjà de la file.

— Il faut peut-être que tu passes avec moi ! Tu es censé n'être qu'un mineur !

Mais Casper continuait à s'éloigner, alors il ajouta un peu plus fort :

— Et je fais comment pour te prévenir qu'on avance ?

L'enfant se retourna alors en lui lançant joyeusement :

— Vous n'aurez qu'à laisser un message sur poltergeist.com !

Evan maugréa en son for intérieur sur l'humour plutôt douteux de son compagnon de voyage. Il lui aurait volontiers collé un bon coup de pied au cul s'il n'y avait eu autant de monde. L'enfant le rejoignit juste avant son tour, l'air détendu. Sans même un regard, il lui balança :

— Il va sans dire que pour ne pas nous rendre suspects, je vais devoir vous tutoyer à mon tour…

Et, sans un mot de plus, il adressa un sourire craquant à l'agent qui l'invitait à le rejoindre pour une fouille en règle.

Evan fut lui-même appelé par l'agent d'à côté.

Au bout d'interminables obtempérations (« Veuillez enlever vos chaussures ! Vous avez oublié d'ôter votre montre ! Repassez sous le portique, s'il vous plaît ! »), de trois passages assortis d'une sonnerie à chaque coup sous le fameux portique, puis au bord de finir en caleçon devant les gens qui l'observaient, Evan reprit sur le tapis l'ensemble des objets qui lui appartenaient. Il n'osait regarder Casper et serrait les dents à s'en décrocher les mâchoires, priant Dieu pour que toutes les alarmes ne s'affolent pas au passage de l'enfant. Alors qu'il fermait son ceinturon, il s'autorisa à le chercher du regard. À sa grande stupéfaction, et à son soulagement aussi, ce dernier l'attendait déjà, appuyé contre un mur, le regard amusé. Le jeune garçon était passé avec succès du premier coup sous le portique, les mains dans les poches. Le sourire qu'il affichait maintenant était plus large encore.

— Incroyable, n'est-ce pas ? Je ne suis pas radioactif, et je ne me suis pas désintégré sous le portique ! C'est beau la science, tu ne trouves pas ?

Evan choisit d'ignorer ses remarques et opta pour un air condescendant. Il se sentait infiniment soulagé d'avoir passé la sécurité. Désormais, ils ne pouvaient plus revenir en arrière. Il ne lui restait rien d'autre à faire que d'attendre l'avion.

Le terminal était bondé. Ils durent patienter encore avant de passer l'enregistrement. Ce qui n'avait rien d'étonnant en plein mois d'août.

Evan laissa tomber son sac de sport sur le sol avant de s'asseoir sur l'un des rares sièges laissés vacants dans l'une des zones d'attente.

— Eh bien, dis donc, tu aurais pu me le proposer, lui lança Casper.

Evan rétorqua à l'enfant malicieux :

— À ton âge, on laisse la place aux plus vieux !

Le voisin de Casper abaissa son journal et lui jeta un regard désapprobateur. Le gamin lui tira effrontément la langue, et le visage consterné disparut entièrement derrière les feuillets froissés.

Sans se consulter, Evan et Casper éclatèrent de rire.

Une fois calmé, l'enfant décala légèrement le sac d'Evan et s'installa en tailleur face à lui.

— Bon, trois heures et demie de vol et nous serons arrivés à destination.

Evan ne répondit rien. Il ne parvenait ni à réaliser qu'il partait à la recherche de sa sœur, ni à se sortir de la tête sa soirée de la veille. Une soirée de rêve, où il avait pu faire plus ample connaissance avec Lena Troyd. Il n'avait eu de cesse de la questionner sur ses œuvres exposées. Il ne l'avait quittée qu'à regret, et il avait cru déceler le même sentiment chez son interlocutrice. Décidé à lui acheter une photo, mais ne sachant laquelle, il lui avait demandé si elle pourrait le guider dans son choix.

Lena lui avait tendu, en le saluant, une carte de visite avec un numéro de téléphone. Elle avait ajouté qu'elle se tenait à sa disposition.

Evan était alors rentré chez lui comme un automate, avait rempli son sac de sport à la va-vite, puis s'était allongé afin de trouver le sommeil. Sans succès. Les photos, cette femme, sa sœur... Autant d'événements qui l'avaient empêché de tomber dans les bras de Morphée.

— Allô ! Mars appelle la planète Terre ! Il y a quelqu'un ?

Evan s'arracha de ses pensées.

— Comment ?

— Je te demande depuis dix minutes si tu as dormi. Tu as une tête à faire peur ! Tu n'es même pas rasé. Je te rappelle qu'il va quand même falloir rester discrets.

Il marqua une pause et fixa Evan. Toute expression rieuse avait disparu de son visage devenu grave.

— Nous allons tenter de rencontrer Kelsie sur son lieu de travail. Elle exerce comme vendeuse dans un des rayons parfumerie au Bloomingdale's, à Manhattan.

Evan accusa le coup. Il ne parvenait pas à réaliser qu'il allait peut-être bientôt retrouver sa sœur. Qui était-elle devenue ? Saurait-il la reconnaître ? Avait-elle conservé la malice qui abondait jadis dans ses immenses yeux verts ?

— Quand nous l'aurons retrouvée, il faudra inventer un stratagème pour faire connaissance. Il faudra vraiment agir en douceur, Evan. Elle pourrait te prendre pour un dingue...

Evan ne répondit rien. Il savait que le gamin avait parfaitement raison. Il se contenta de noter avec quelle facilité Casper était passé du vouvoiement au tutoiement. Comme s'ils se connaissaient depuis toujours.

— Après, tu pourras avancer sans moi.

— Dis donc, pour une fois, tu m'accordes une sacrée confiance. Je pourrais très bien arrêter juste après New York et te laisser tomber !

— Non. J'ai le pressentiment qu'il va y avoir une complication et que tu ne pourras pas te passer de moi. J'espère me tromper.

Evan n'eut pas le temps de répondre, car une voix suave annonçait dans les micros : « Le vol à destination de New York, embarquement à la porte D. » De nombreuses personnes se levèrent en même temps.

— Par contre, pour ce qui est du paiement, tu ne m'as pas encore demandé, mais il va quand même falloir y venir…

— Du paiement de quoi ?

— Des billets, pardi ! Tu crois que je les ai eus comment ?

— Très drôle. Ne me dis pas que tu as volé de l'argent ?

— Je ne suis pas un voleur !

Il agita le passeport de Stephen devant Evan et ajouta :

— Certes, j'emprunte. Mais je rends ce que je prends. Or, je suis parfaitement conscient du fait que je ne te rembourserai jamais cet argent-là.

Il laissa passer quelques secondes, puis reprit :

— J'ai donné tes références Amex.

— Tu as fait quoi ?

— Oh, tu ne vas pas en faire une montagne ! C'est quand même pour toi qu'on va là-bas, non ? Personnellement, je serais plutôt resté au soleil…

— Génial ! S'il te suffit de visualiser mentalement mes papiers pour deviner le numéro de mes cartes bancaires, je vais être parfaitement détendu.

— Non, n'exagère pas, je n'ai pas ce... talent ! En revanche, pendant que tu étais en train de jouer au bon Samaritain au parc et que tu tentais de convaincre la jeune épouse de te confier son mari, je t'ai discrètement subtilisé ton portefeuille, que j'ai remis en place après avoir retenu les numéros. Tu vois, rien de surnaturel. Il fallait bien que je trouve le moyen de payer les billets. Tu es drôle, toi... Ah, au fait, j'ai réservé au Waldorf !

— Ben, voyons ! J'espère au moins que tu n'as pas réservé la suite nuptiale !

— J'ai longuement hésité, mais je ne voulais pas que l'on t'arrête pour pédophilie. Notre programme est suffisamment chargé comme ça !

— Côté humour, on peut dire que tu n'es jamais à court d'imagination.

L'enfant prit un air songeur et se passa la main sur le menton, comme s'il caressait une barbe virtuelle.

— Tu as raison. J'aurais dû ne rien réserver du tout et laisser s'accomplir tes talents d'improvisation : notre petite escapade n'aurait ainsi pas manqué de fantaisie, ce qui nous fait aujourd'hui cruellement défaut !

Pour seule réponse, Evan leva les yeux vers le ciel.

Leur tour d'embarquer arriva rapidement : la jeune hôtesse tendit la main pour obtenir leurs billets. La présence de Casper à ses côtés rendait Evan nerveux. Il s'agissait heureusement d'un simple vol intérieur et il n'aurait pas à justifier d'un lien de parenté quelconque avec l'enfant. Il reprit donc les documents tendus par l'hôtesse avec un sourire crispé.

Lorsqu'ils atteignirent la passerelle couverte, Evan dévisagea le petit garçon :

— Dis-moi, tu as dit tout à l'heure que ton cas était aussi grave que celui de Stephen. Qu'entendais-tu par là ?

La réponse fusa :

— Nous savons tous deux que je n'ai aucune chance de m'en sortir…

Et il termina en passant devant Evan en le fixant droit dans les yeux :

— N'est-ce pas ?

Casper savait. Il savait qu'Evan s'était rendu à l'UMH. Evan dut répondre :

— Je pense effectivement que c'est une question de jours… Mais tu crois vraiment que Stephen…

— Je t'ai déjà dit de ne pas me poser de questions de ce genre !

— Oui, excuse-moi. Cependant le cas de ce gamin est quasi désespéré, et… l'idée qu'il souffre ainsi me semble profondément injuste. Viens, avançons.

Il fit quelques pas en essayant de cacher son désarroi et s'arrêta de nouveau. L'enfant revint à sa hauteur.

Evan tenta d'amorcer une conversation, mais la file avança. Evan reprit son sac.

— Regarde comme le ciel est maussade. La météo ne s'est pas plantée, des averses étaient prévues.

Casper lui répondit doucement :

— La météo n'est pas infaillible. Il suffirait effectivement que tout s'arrête pour que cela aille mieux.

Et lorsqu'il passa devant lui, il ajouta dans un murmure :

— Je pense que c'est une question d'heures.

Lorsqu'ils franchirent la porte de l'avion, Evan pressa doucement l'épaule du garçon. L'enfant n'en sut jamais rien, mais, à cet instant précis, Evan eut une envie folle de le serrer dans ses bras : pour la première fois, Evan éprouva une sincère reconnaissance à son encontre.

*

* *

Floride, Miami,
Jackson Memorial Hospital, 13 h 45

Angie savait qu'il ne s'agissait que d'un rêve.

Ou plutôt, elle le *sentait* bien.

Parce que, dans cette vie-là, son ventre n'était pas un cimetière. Il lui avait au contraire permis de porter un fœtus, qui était devenu un petit garçon adorable. Elle le voyait, elle l'entendait. Elle aimait son visage et le caressait d'une main tremblante. Elle n'aspirait plus qu'à une chose : rester ici.

Hélas, elle se sentait inexorablement remonter vers une lumière…

Elle cria à son tour : « Mon fils ! Ne me laisse pas ! Pas maintenant ! J'ai besoin de toi ! » Mais l'obscurité se fit totale et l'enfant disparut.

Elle prit peur et tâtonna autour d'elle. Cet endroit ne lui plaisait pas et elle entreprit de le quitter en courant. Or l'issue était bloquée. Impossible de revenir en arrière. La panique s'empara d'elle. Elle ne parvenait plus à respirer, comme si son visage était plongé dans l'eau à cent mètres de profondeur. Et, alors qu'elle cherchait à transpercer ce mur qui la séparait maintenant de la voix de l'enfant qu'elle entendait et qui l'appelait, d'un seul coup, elle sentit son être entier être tiré (aspiré ?) vers le haut.

Terrorisée, et incapable de lutter davantage contre la force qui la propulsait comme une poupée vers le haut de ce puits sans fond, elle ferma les yeux et pensa très fort au visage de cet enfant qui lui manquait déjà.

*

* *

New York, Manhattan,
NYPD[1] Headquarters[2]

Mac Clough posa délicatement le dix-septième cahier à la couverture recouverte de très beaux dessins. Un journal intime en dix-sept tomes. Dont le dernier inachevé.

Il jeta un œil sur le cadran mural de son bureau : il indiquait 14 h 03.

Il avait passé une douzaine d'heures à lire d'un trait les confidences sur vingt ans d'une gamine devenue femme. Au-delà de tous les indices recueillis, il avait compris qu'elle était l'auteure du coup de feu sur son père. Il n'avait plus aucun doute sur sa culpabilité. Il ne restait qu'à découvrir les preuves. Il soupira.

---

1. New York City Police Department.

2. Quartier général.

C'était curieux… Il avait pénétré dans la vie de cette inconnue comme on entre dans un film. Il avait assisté curieux à ses premiers rêves, ses premiers désirs, ses premières peines de cœur. Il avait même remarqué au détour de certaines pages l'empreinte de quelques larmes.

Non, cette enquête ne ressemblait à aucune autre. Son boulot consistait habituellement à trouver et interpréter des indices, puis interpeller des suspects. Et ce qui changeait aujourd'hui, c'est que les choses se présentaient à l'envers. Pour une fois, il avait commencé par découvrir la vie simple de son principal suspect, au travers du ressenti de celui-ci. Tout ce qu'il avait lu n'était qu'émotions : de la tristesse à la joie, de la résignation à l'espoir, toute une palette de couleurs qui avaient profondément touché l'inspecteur. Il éprouvait maintenant la sensation de connaître cette jeune femme comme si elle avait fait partie de ses proches. En savait-il autant de l'enfance, puis de l'adolescence de sa propre fille ? Sûrement pas.

Il avait été frappé par la justesse des mots, la beauté de ses dessins, et par la candeur de son rêve le plus fou : rejoindre un jour la Floride. De nombreuses photos de Miami jalonnaient ses cahiers. Pourquoi son cœur s'était-il arrêté sur la Floride et nulle part ailleurs ? Ce rêve était apparu dans le second tome : Summer n'avait alors que dix ans. Et, depuis, cette idée était devenue un leitmotiv. Et pas pour Orlando, destination que 90 % des mômes de cet âge auraient choisie pour ses parcs d'attractions. Non, juste pour les plages. Pour ses maisons et ses ports.

L'inspecteur caressa doucement la tranche du dernier cahier qu'il venait de lire. La vie de cette fille n'avait pas été facile. Ses parents l'avaient éduquée à la dure : pas de sortie, ni famille ni ami, aucun loisir extrascolaire. Un isolement total, une vie sociale inexistante... Juste l'école et la télé. Summer avait été conditionnée pour ne jamais s'éloigner de ses parents.

Et ces cahiers...

L'enfant avait compensé ce vide en se créant un monde bien à elle. Ses livrets étaient ses seuls confidents. Elle s'inventait parfois une vie plus heureuse qu'elle s'empressait de retrouver en rentrant de l'école, puis du travail quelques années plus tard.

Mac Clough fut traversé par un frisson. Pour s'évader, cette gamine s'était construit une vie imaginaire autour d'un ami virtuel, un frère. Elle lui avait parlé de tout, lui avait même demandé son avis sur les décisions à prendre.

Il contempla en silence l'amas formé par l'ensemble des cahiers. Aussi dérangeant cela fût-il, ce type avait largement mérité le sort que sa fille lui avait réservé. Il ne s'était certes pas rendu coupable de maltraitance physique à proprement parler, les quelques gifles administrées prenant des allures de caresses comparées à celles que l'on collait régulièrement dans ce quartier de Brooklyn. Mais un tel isolement s'assimilait à un véritable emprisonnement.

Et le manque de rencontre avait sournoisement privé la petite de toute envie de lien social. Elle n'avait vécu que pour son livre, son « frère de cœur », comme elle l'appelait.

Avec un peu plus de fric, cette môme aurait pu faire les Beaux-Arts. Mais cette gamine n'était pas née au bon endroit.

Que devait-il faire maintenant ? Sa raison lui dictait de refiler l'affaire à un collègue plus neutre que lui.

Mac Clough caressa le carton rempli de cahiers qui contenaient tant d'heures de vie soigneusement racontées.

Que risquait-il à garder cette enquête ? De manquer d'objectivité ? Non, puisqu'il connaissait déjà l'auteure du crime. Mais de neutralité certainement. Parce qu'il se sentait inexplicablement attaché à la personne qu'il devrait coffrer. Et alors ? N'était-ce justement pas l'occasion de changer des histoires glauques et pathétiques qui avaient jalonné toute sa carrière de flic ? Garder la main sur cette affaire ne lui permettrait-il pas d'aider cette femme en donnant une couleur plus humaine au dossier d'accusation ?

Promptement, il referma le carton, fit le tour de son bureau pour attraper le téléphone.

— Donna, il faudrait me réserver un vol pour demain, à destination de Miami.

*

* *

Floride, Miami,
Jackson Memorial Hospital, 16 heures

Angie se concentra de toutes ses forces. Il fallait qu'elle parvienne à soulever ses paupières. Son rêve était terminé. Et elle savait à présent ce qui lui restait à accomplir avant d'y retourner pour toujours.

Elle se sentait si lasse. Si inutile aussi.

Elle avait eu chaud dans ce tunnel rouge sombre. Rouge. Aussi rouge que le chemisier de cette femme aperçue un peu plus tôt.

Tel un détonateur, ce souvenir eut l'effet de lui faire ouvrir brutalement les yeux. La luminosité agressa ses pupilles, et elle dut les cligner plusieurs fois avant de parvenir à distinguer ce qui l'entourait : un plafonnier allumé, une pièce de couleur froide, un homme affairé à noter quelque chose sur un panneau accroché au bout de son lit. Elle entendait maintenant un bip. Elle réalisa alors où elle se trouvait. Angie se souvenait avoir glissé dans une sorte de tunnel en se demandant à qui appartenait ce cri strident, manifestation évidente d'une épouvantable détresse.

Angie tenta d'émerger davantage : elle voulait en savoir plus. Ce n'était pas là de la curiosité malsaine : elle avait réellement *partagé* quelque chose d'intense avec cette femme à ce moment-là. Et son regard l'avait suivie tout le long de sa chute infernale.

— Eh bien, vous nous avez fait une belle peur, ma p'tite dame !

Elle tourna son visage. Un grand gaillard se tenait à son côté : la blancheur de sa blouse d'infirmier tranchait avec le noir foncé de sa peau. Son regard, d'une grande douceur, se posait sur elle avec bienveillance. Angie tenta de s'extraire de son état vaseux et répondit :

— Et encore, je ne vous dis pas : je me suis gardé le meilleur. Incontestablement !

L'infirmier éclata d'un rire franc.

— Je suis... désolée. En fait, je crois même que j'ai honte.

— Je crains, hélas ! que la honte ne soit pas un argument suffisant pour ne plus recommencer. Il va falloir vous faire aider, madame…

— Vous avez raison, je vais me faire aider, concéda-t-elle.

En son for intérieur, elle songea que si cet homme avait eu la possibilité d'entrer à ce moment précis dans son cerveau pour voir ce qu'elle envisageait de faire, il l'aurait tout simplement fait enfermer sur-le-champ. Elle prit donc grand soin d'arborer un air paisible sur son visage et d'ajouter un sourire gêné en direction de son interlocuteur, qui prit cela comme la manifestation d'un sincère regret.

— Monsieur, je voulais vous demander… Enfin, comment dire ? Avant de… m'endormir, j'ai vu une femme. Elle portait un chemisier rouge. Je ne sais pas quand c'était : il y a quelques heures, je pense. Vous n'étiez peut-être pas là…

L'infirmier la dévisagea, toujours silencieux, et décrocha la feuille de suivi médical pour y noter les chiffres indiqués sur le cadran.

— Des femmes, il y en a des dizaines par soirée. Des patientes. De la famille de patients. Et je vous avouerai ne pas m'attarder sur les critères vestimentaires. J'étais néanmoins bien présent à votre arrivée. Et pour information, c'était avant-hier soir.

Stupéfaite de réaliser que tant d'heures s'étaient écoulées depuis son admission, elle enchaîna quand même :

— Je comprends… Évidemment, avec tant de monde… Mais… Enfin, cette femme… Elle est restée près de moi quelque temps.

Devant l'absence de réaction de son interlocuteur, elle ajouta :

— Je l'ai vue partir et entrer dans une pièce. Il y avait un S sur la porte.

Encore émue au souvenir de son cri, elle se ressaisit quelques instants avant de reprendre :

— Peu de temps après, je l'ai entendue hurler. Un hurlement terrible. J'aurais voulu l'aider, mais je suis tombée dans les pommes, je crois… Pourtant ce cri… me hante encore.

Un long silence s'écoula encore avant que l'homme ne prît la parole à son tour :

— Je vois de quelle femme vous voulez parler. Certains drames nous marquent plus que d'autres. Vous ne reverrez pas cette femme. Mais compte tenu du motif de votre séjour ici, son histoire vous fera peut-être réfléchir sur votre tentative échouée et vous permettra de relativiser les choses.

Elle se tourna vers lui pour le fixer, une remarque sarcastique au bord des lèvres, mais elle s'abstint quand elle découvrit que le visage de l'infirmier s'était assombri.

— La vie est une chose bien curieuse, madame. Nous avons ici des personnes qui arrivent dans des états proches de la mort parce que présents au mauvais endroit et au mauvais moment. D'autres parce que leur santé leur a joué un vilain tour. D'autres encore parce qu'ils ont essayé de mettre fin à leurs jours. Personne ne sait à l'avance combien il lui reste à vivre, et je peux comprendre qu'à certains moments on puisse être tenté de baisser les bras. Chaque jour demeure une surprise, chaque jour reste unique. Saisissez cette seconde chance qui vous a été donnée de vivre. C'est ce que je peux vous souhaiter de mieux. Laissez le destin choisir pour vous. Le moment crucial viendra bien assez tôt.

Tout en finissant sa phrase, il se dirigea vers la porte. C'était tout ? Il allait la planter là, sans plus d'explications que cette leçon de morale ?

— Attendez, c'est facile de partir en me disant cela ! Que connaissez-vous de ma vie, monsieur ? Vous imaginez-vous que j'ai choisi de me foutre en l'air pour des raisons qui n'en valaient pas la peine ?

Il se tourna vers elle, le regard triste et grave.

— Aucun motif ne justifie le geste que vous avez commis, madame.

— Je souffrais, monsieur. De solitude, de déception, d'inutilité… Le désespoir, ce n'est pas suffisant ?

Les larmes coulaient maintenant le long de ses joues, bien malgré elle.

— Il ne faut pas vous énerver. Reposez-vous…

— Je ne suis pas énervée. Et pleurer me fait du bien. Pourtant je n'apprécie pas votre façon de me juger. Mon geste était bien un acte de désespoir. Le seul être pour qui j'ai toujours vécu m'a trahie et s'apprête à me jeter comme un vieux torchon. Je n'ai pas d'enfant, plus de famille, et ma vie se résume à mon travail.

L'homme soupira.

— Je comprends…

— Non, vous ne pouvez pas comprendre ! La souffrance, c'est un ressenti très personnel… Qui s'exprime différemment d'une personne à l'autre. En tant que soignant, vous devriez le savoir, même si vous n'êtes pas psy. Regardez la femme dont je vous parle : elle a exprimé sa douleur en criant. Moi, je n'ai pas fait de bruit, mais j'ai préféré me détruire en silence.

Elle avait maintenant le souffle court, et le rythme saccadé de sa respiration soulevait, à chaque inspiration, le fin tissu qui recouvrait sa poitrine. L'infirmier n'avait pas bougé, et il ajouta après un long moment de silence :

— Oui, il faut souvent du courage pour affronter la vie...

Il abaissa la poignée de porte, qu'il ouvrit lentement.

— Alors, effectivement, je ne connais rien de votre vie et encore moins ce qui a pu vous pousser à commettre ce terrible geste. Mais sachez que la femme dont vous me parlez est une mère de trois enfants qui vient de voir sa vie basculer en un instant. Elle a appris qu'un terrible accident de la route venait de coûter la vie à son mari et deux de ses enfants, et que le troisième était plongé dans un profond coma. Elle est actuellement reçue par un officier qui va sans doute lui annoncer qu'il s'agit, hélas ! d'un banal accident, que le conducteur d'en face avait peut-être bu, ou fumé un petit truc illicite, ou encore qu'il était en train de converser avec sa copine au téléphone et qu'il « n'a pas fait attention ». Eh bien, voyez-vous, en ce qui me concerne, la question que je me pose dans de telles circonstances est : « Comment cette femme fait-elle pour tenir le coup ? » Et cela reste pour moi un vrai mystère. Bonne fin de journée, madame !

Et il sortit en refermant lentement la porte derrière lui.

8

Waldorf Astoria Hotel,
New York, 18 h 35

Evan poussa la porte du célèbre hôtel, réputé pour ses expositions d'art. Il contempla la superbe pendule non moins connue située au centre du hall de réception.

New York. Ils étaient enfin arrivés…

*
*   *

Floride, Jackson Memorial Hospital,
18 h 57

Le sergent Brisben fit signe à l'interne qui l'accompagnait qu'il avait terminé, et qu'ils pouvaient donc laisser cette mère de famille affronter le tsunami qui venait de s'abattre sur sa vie.

Il avait ainsi expliqué à cette femme que la mort de son mari et de deux de ses enfants était due à l'inconscience d'un jeune con sous l'emprise d'ecstasy, qui s'abrutissait de heavy metal à plein volume en conduisant sa caisse. Le chef de service de l'hôpital avait jugé plus prudent de le faire accompagner par un interne, au cas où Susan Burson fasse une crise de nerfs.

Avait-il su choisir les bons mots ? La juste intonation ? Comment annoncer une telle horreur ?

Il se leva lentement, un peu gauche. Pour rien au monde, il n'aurait voulu endurer ce que vivait cette femme.

Trois morts d'un coup pour une même famille, presque quatre, c'était vraiment dur. Il avait parlé sans faillir, mais il n'eut pas le courage de croiser le regard bleu délavé de la mère, qui fixait désespérément le mur d'en face.

Il lui serra maladroitement l'épaule en murmurant un faible « Courage, madame… ». Et il sortit, suivi de l'interne.

Lorsqu'il ferma la porte, il inspira la plus grande quantité d'air possible. La pendule centrale suspendue dans le hall indiquait 19 h 14. Perdu dans ses songes, il heurta légèrement une femme qui s'était effacée pour le laisser passer et s'excusa.

Angie répondit au sergent que ce n'était pas grave, et s'approcha de la pièce que l'officier venait de quitter en traînant derrière elle son pied de perfusion.

À peine était-elle arrivée devant la porte que celle-ci s'ouvrit avec lenteur sur le visage de la femme au chemisier rouge. La fixité de ses traits et sa pâleur glacèrent Angie.

Susan ne sembla pas entendre le médecin qui l'appelait doucement (« madame Burson ? »). Angie jeta discrètement un œil en direction de l'interne qui semblait hésiter à la rejoindre. Qu'aurait-il pu faire de plus ? Au bout de quelques secondes, il entra à son tour dans la pièce et en ferma la porte.

Le regard d'Angie revint donc sur la femme dont elle connaissait désormais l'identité : Mme Burson.

Cette dernière marchait comme un automate. D'une pâleur cadavérique, un terrifiant masque de douleur figeait son visage. Angie sentit une onde d'effroi descendre tout le long de sa colonne vertébrale pour finir par la glacer tout entière.

Elle avança vers la femme, et lorsqu'elle arriva à sa hauteur, elle entendit un gémissement. C'était une plainte horrible, sourde, comme sortie d'une caverne, et elle pensa immédiatement que seul un mort-vivant pouvait être capable d'émettre un tel son. À bien regarder le teint sépulcral de cette femme, Angie se demanda si elle n'était pas finalement plus morte que vivante.

De son côté, Susan s'efforçait de coordonner ses pas : elle voulait se rendre auprès de la seule personne rescapée de l'accident, son fils Nathan. Il fallait absolument qu'elle y parvienne. Pour le veiller. Et ne plus l'abandonner. Jamais.

Elle réprima une immense envie de hurler, de lâcher la colère, la haine, la douleur qui enserraient chacune de ses entrailles. La sensation était aussi insoutenable qu'indescriptible. Elle n'aurait jamais soupçonné qu'une telle souffrance puisse exister.

Mais, pour Nathan, il lui fallait tenir.

Lui était là. *Lui* avait besoin d'elle.

Son enfant. Le seul survivant.

Au prix d'un effort surhumain, elle parvint jusqu'à l'ascenseur, appuya sur le bouton de l'étage des soins intensifs, longea un couloir sans fin avant de rejoindre la chambre n° 18. Elle n'aurait su dire combien de temps cela lui avait pris.

Elle ne remarqua pas Angie qui la suivait toujours à distance.

Livide, Susan resta le nez collé à la porte de la chambre où se livrait actuellement un combat entre le dernier être auquel elle tenait et l'Ombre qui lui avait retiré tous les autres êtres aimés. Au bout de longues secondes, elle refoula les spasmes qui lui secouaient l'œsophage, poussa la porte, tira la chaise vers le lit pour s'y asseoir. Le dos bien droit, les mains serrées au point d'en faire blanchir ses phalanges, elle attendit.

Et attendit.

Et attendit.

*

* *

Floride, appartement de Lena

Lena se laissa tomber dans son canapé et enleva en douceur ses escarpins avant de ramener ses pieds sous elle. L'exposition avait été un vrai succès, mais elle se sentait lasse et fatiguée.

Au fond, elle savait bien que c'était davantage la visite qu'elle venait de rendre à son frère qui l'avait vraiment abattue : voir Luca dans cet état lui faisait de plus en plus mal. Qu'avait-elle donc espéré ? Le découvrir en meilleure forme que la dernière fois ? Pourquoi s'accrochait-elle donc à un miracle qui n'avait aucune chance de se produire ?

Cent fois, elle avait failli donner son accord pour le débrancher. Pourtant le souvenir d'un sourire, l'ombre d'un espoir ou la douleur sournoise de la culpabilité lui avaient ôté le courage nécessaire de prendre cette décision.

Elle ne pouvait tout simplement pas.

C'était son frère, celui qui l'avait aidée à grandir lorsque leurs parents étaient décédés dans un accident de voiture, alors qu'elle-même n'avait que treize ans. Celui qui avait partagé tous ses secrets, ses peines, ses peurs. Celui qui l'avait encouragée à aller au bout de ses passions, y compris celle de la photo pour en faire carrière. Plus qu'un frère, c'était tout simplement la seule racine qui lui restait.

À l'abri de tout regard, Lena éclata en sanglots.

Elle devait également veiller à appliquer sa volonté à lui, car Luca militait ardemment contre l'euthanasie. Elle se souvint de sa réaction, tandis qu'ils venaient de regarder avec quelques amis un reportage sur CNN. La chaîne accueillait une certaine Rachel Pexington. Dès que cette femme avait achevé d'expliquer que son fils était miraculeusement sorti du coma après sept longues années, et qu'elle se félicitait de s'être battue pour maintenir son fils branché, Luca s'était tourné vers Lena et lui avait demandé sur un ton grave : « Lena, je veux que tu me promettes devant témoins que jamais tu ne donnerais ton feu vert pour me débrancher. Même si tu dois veiller au pied de mon lit pour qu'ils ne le fassent pas en douce ! » Elle avait acquiescé en riant, puis l'avait invité à changer de sujet.

Si elle s'était alors doutée de ce qui arriverait quelques mois plus tard…

Elle se remémora l'appel fatidique de Michelle, la compagne de son frère, quand elle lui avait annoncé l'accident. Michelle et Luca étaient partis explorer le Nord canadien, et profitaient de leur voyage pour faire du ski. Elle-même se trouvait alors à Los Angeles pour sa première exposition californienne. Elle était à la galerie, une heure avant l'ouverture, où il régnait une ambiance survoltée. C'est à ce moment-là que Michelle l'avait appelée. Elle lui avait appris que Luca était entré en collision à une vitesse vertigineuse avec un snow-boarder. Ce dernier avait eu la moelle épinière sectionnée, avec une paraplégie irréversible, Luca quant à lui souffrait d'un sévère traumatisme crânio-cérébral. Le fait d'être éloigné des systèmes d'alerte et de secours avait contribué à l'aggravation de son état.

À l'hôpital, on avait expliqué à Lena que Luca souffrait d'une dysfonction du tissu cérébral suite à un choc entre le cerveau et la boîte crânienne. Trois mois plus tard, une seconde IRM avait permis de déceler la présence d'un « hématome sous-dural ». Des symptômes neurologiques étaient apparus. Il avait alors fallu que Lena autorise une chirurgie de décompression de toute urgence. Si le pire semblait avoir été évité pour Luca, son état était ensuite demeuré stable. Mais au bout de six mois, le docteur Parcell lui avait annoncé qu'il n'y avait plus aucun espoir pour qu'il reprenne conscience.

Il avait ensuite ajouté que le Glasgow Outcome Scale, échelle qui déterminait la gravité séquellaire du traumatisme, stagnait à deux pour Luca, ce qui correspondait à un état végétatif. C'est le moment qu'avait choisi Michelle pour prendre de la distance, afin de « mieux se protéger », avait-elle tenté de justifier.

Désormais seule, Lena avait potassé des centaines d'ouvrages médicaux : tous abondaient dans le sens de Parcell.

Seulement voilà… Sur mille cas recensés, il existait toujours quelques miracles. Ici, un accidenté de la route ressuscité après sept ans de coma profond. Là, une autre femme déclarée perdue après une chute de cinq étages. Des cas qui venaient précisément contredire les neuf cent quatre-vingt-dix-neuf autres. Une poussière pour le corps médical, un espoir pour Lena.

Pourtant, il était indéniable que l'état physique de Luca se détériorait : les muscles et la graisse avaient suffisamment fondu pour laisser apparaître les côtes de la cage thoracique, le « gril costal », lui avait précisé le médecin. Impensable quinze mois plus tôt lorsqu'elle repensait au corps athlétique de son frère.

Le docteur Parcell avait progressivement contraint Lena à admettre l'inexorable altération de son frère : raccourcissements ligamentaires, escarres, sclérose des veines due aux nombreuses perfusions, atrophie des muscles, du nerf optique… Voilà où on en était.

Le regard de Lena s'arrêta sur l'une de ses œuvres, ramenée de la galerie. L'une de celles dont elle avait toujours refusé de se séparer : la *6*. Seuls Luca et elle connaissaient le sens de ce titre.

Elle repensa à sa rencontre avec cet Evan Kester.

Grand, bien bâti, le regard franc, des cheveux indisciplinés, de grands yeux verts avec de longs cils, et un sourire aussi sincère que craquant. Elle percevait chez cet homme une sensibilité hors du commun, et une intelligence affûtée.

Un petit rire lui échappa. Si Luca avait été là, il se serait bien moqué d'elle : un psy ! S'il lui fallait se cogner une thérapie chaque fois qu'elle irait dîner en tête à tête avec ce type, autant s'abstenir tout de suite. Les aventures qu'elle s'autorisait parfois devaient lui permettre de passer du bon temps et relever de l'insouciance. Elle devait cependant reconnaître qu'elle ne se sentait pas indifférente au charme de ce Kester.

Elle se leva, essuya ses joues mouillées d'un revers de main. Elle n'avait plus qu'une envie : faire couler à profusion de l'eau brûlante sur ses trapèzes douloureux.

Elle se déshabilla rapidement, jeta ses vêtements à même le sol de la salle de bains et sauta sous la douche. L'eau chaude vint ruisseler sur son visage, ses épaules, avant de dévaler sur sa colonne vertébrale. Elle commençait à savourer l'effet coton que lui procurait cette chaleur lorsque son portable se fit entendre.

Partagée entre agacement et inquiétude, elle sortit brusquement de la cabine et se rua nue vers le salon, laissant des petites flaques d'eau dans son sillage. Elle parvint à attraper son mobile juste avant que l'appel bascule sur sa messagerie. Le numéro affiché lui était inconnu. Elle fit prestement coulisser son pouce sur la barre inférieure de son iPhone.

— Oui ?

Quelques secondes passèrent avant qu'elle ne reconnaisse la voix grave :

— Bonjour… Evan Kester à l'appareil. Je vous dérange ?

9

Mardi 5 août 2014, 11 h 03
New York, Bloomingdale's Store

Mac Clough arriva devant le stand Christian Dior. Ce monde tranchait avec celui dans lequel Summer évoluait. Deux jeunes femmes y travaillaient, l'une d'elles s'affairant à terminer un paquet cadeau pour une cliente.

Il s'approcha donc naturellement de la seconde, lui montra discrètement sa carte professionnelle. Celle-ci haussa les sourcils en découvrant l'insigne de l'homme de loi et interrogea :

— Bonjour, monsieur. Il y a un problème ?

— Bonjour. Non, je recherche simplement des informations sur l'une de vos collègues. Votre responsable de secteur, avec qui je me suis entretenu, m'a conseillé de venir à cette heure-ci pour avoir le temps de vous questionner.

— Vous permettez ?

L'inspecteur hocha brièvement la tête. La vendeuse partit discuter un instant avec sa collègue avant de se diriger vers un téléphone. Mac Clough imagina qu'elle prévenait son supérieur. Après avoir raccroché, elle adressa quelques mots à l'autre vendeuse qui prit un air horrifié, s'empara d'un dossier dans un tiroir et revint vers l'inspecteur.

— Je viens d'obtenir confirmation du caractère officiel de votre enquête. J'avais justement rapporté le dossier de Summer, car elle n'a donné aucune nouvelle malgré nos appels. Si vous souhaitez le consulter... Je vais vous laisser avec Jenny, qui connaît bien mieux Summer que moi : elles étaient amies, toutes les deux.

James Mac Clough la remercia et attendit que son homologue puisse se libérer, tout en consultant le dossier.

Ce dernier contenait les coordonnées administratives de Summer ainsi que de nombreuses lettres de remerciements de certains clients. Une employée modèle.

Lorsque la jeune femme vint vers lui, il nota tout de suite que la nouvelle l'avait véritablement ébranlée. Il l'emmena à l'écart et Jenny le suivit sans ajouter le moindre mot.

Dans un salon réservé aux VIP, il la questionna doucement sur les rapports qu'elle entretenait avec Summer. Jenny Gortman lui expliqua qu'elles se connaissaient depuis quatre ans, depuis qu'elle-même avait rejoint le point de vente.

De nature réservée, elles avaient de suite sympathisé. Au fil du temps, elles s'étaient confiées l'une à l'autre au point de devenir plus complices.

Summer avait révélé avoir eu parfois l'envie d'en finir. Elle n'aspirait qu'à une chose : démarrer une nouvelle vie... en Floride.

11 h 27

Lorsqu'ils pénétrèrent dans l'immense hall dédié aux cosmétiques, Evan se sentit mal. L'angoisse de ne pas être à la hauteur, ou encore la crainte de nourrir un vain espoir, le tenaillait. Il se contenta donc de suivre mécaniquement Casper en arpentant le labyrinthe dans lequel son coéquipier semblait parfaitement à l'aise. Une ou deux fois, l'enfant demanda un renseignement à des employés, puis s'arrêta à un angle où se tenait une démonstratrice pour Revlon. À la manière dont Casper le regarda, Evan comprit immédiatement qu'ils étaient arrivés.

Le moment était donc venu. Il inspira une grande bouffée d'air, ou plutôt de parfums en tout genre, et murmura simplement:

— Ainsi, nous y voilà…

Du menton, Casper indiqua un stand où se tenait une jeune personne. Evan la détailla aussitôt: était-ce elle? Impossible de le savoir de là où il était.

Il s'empressa de se rapprocher, mais l'espoir d'Evan tourna court: cette femme avait certes la trentaine, sauf que ses petits yeux bruns n'avaient rien de commun avec ceux de Kelsie. Il tenta donc de ravaler sa déception et s'adressa à la grande brune:

— Excusez-moi… Je cherche une jeune femme qui travaille ici.

— Vous avez son nom?

Casper lui lança un regard courroucé qui signifiait clairement: «Bravo, imbécile! Et maintenant, on fait quoi?»

L'enfant intervint aussitôt. Il afficha son visage le plus candide et dit de sa voix la plus craquante:

— Ce n'est pas cette dame, papa.

Puis, se tournant vers la vendeuse:

— Je suis venu la semaine dernière pour acheter un parfum à ma mère. La dame m'a donné des échantillons et m'a fait promettre de revenir pour lui dire si ma mère les avait appréciés. Elle était certaine qu'un parfum du nom de… « Hypnotic Poison », je crois, lui plairait et elle a gagné ! Je tiens vraiment à la remercier.

La vendeuse retrouva un sourire qui se voulut commercial, mais qui ressemblait davantage à celui de *Jaws*.

— Je comprends, petit. Tu peux me la décrire ? ajouta-t-elle.

Evan ne put réprimer un regard tout aussi expressif adressé quelques secondes plus tôt par l'enfant : *Bien joué, gros malin !*

Casper se concentra, et ses yeux s'illuminèrent.

— Je me souviens d'un truc bizarre qu'elle avait là ! affirma-t-il tout en désignant son avant-bras du doigt.

La jeune femme demeura quelques instants silencieuse avant de lui répondre :

— Cette dame n'est pas là, aujourd'hui. Mais je lui transmettrai ton message. Elle sera contente.

Puis elle se tourna pour attraper un flacon de démonstration d'un nouveau parfum : le sujet était clos.

Avec un talent qu'Evan ne soupçonnait pas, les yeux du gamin se remplirent alors de larmes.

— Je viens de loin et je vais bientôt repartir. Je voulais absolument la voir avant.

La brune réprima un soupir. D'abord cet inspecteur qui lui enlevait Jenny et maintenant ce gamin qui allait lui coller aux basques jusqu'à la fermeture.

— Je comprends que tu sois déçu, petit, mais Summer n'est pas là et je ne peux donc rien pour toi. Désolée.

À l'annonce du prénom de Summer, une violente émotion traversa Evan. Kelsie était devenue Summer… Il revit le visage de Kelsie enfant, et prononça doucement son nouveau prénom. Le regard courroucé de Casper le ramena à la réalité. L'enfant s'éloigna tout en lui faisant signe d'intervenir. Evan déglutit et attaqua à son tour :

— Écoutez, mademoiselle, je suis navré d'insister, mais je vous assure qu'il est très important que nous puissions contacter cette personne.

La jeune femme lui adressa un regard peu aimable.

— Monsieur, je vais être plus directe : la vendeuse que vous cherchez ne viendra plus ici.

— Pourriez-vous juste me dire à quel endroit je pourrais la trouver ? Travaille-t-elle ailleurs ?

Le ton de son interlocutrice se fit cinglant :

— Bien. Je vois que le fils a de qui tenir, alors je vais vous indiquer quelqu'un qui pourra vous aider. Un inspecteur est actuellement en train de s'entretenir avec mon unique vendeuse, puisque la seconde, après qui tout le monde court ce matin, est recherchée par la police.

Inquiet, Evan ajouta :

— Attendez, une dernière question et c'est promis, je vous fiche la paix : ce qui lui est reproché est grave ?

La femme, agacée, lui lança :

— Elle est juste soupçonnée de meurtre. Au revoir, monsieur.

Et elle le planta là.

Instinctivement, Evan comprit qu'il fallait vite déguerpir. Il s'empressa donc d'attraper le coude de Casper, qu'il souleva presque de terre en le tirant.

— T'es malade ou quoi ? Tu vas me péter le bras !

— Vite, il faut se tirer d'ici. Il y a un flic qui enquête ici pour les mêmes raisons que nous. Enfin presque...

— Je peux avoir une explication de texte ou c'est trop demander ?

— Un inspecteur la cherche. Je ne tiens pas à avoir des ennuis.

— Mais tu n'as rien fait de mal. Tu te renseignes sur une vendeuse.

— Une vendeuse qui est apparemment accusée de meurtre !

— De meurtre ? Sur qui ?

— Je n'en ai pas la moindre idée.

Ils arrivaient maintenant à hauteur de l'escalator central. Casper soupira :

— On ne sait même pas où la chercher.

— Oui, mais on sait au moins *qui* on cherche. Elle s'appelle Summer.

Evan regarda l'enfant : une expression bizarre figeait son visage.

— Merde ! Bien sûr : Summer ! s'exclama Casper, une main devant la bouche.

Effaré, Evan le regarda remonter à contre-courant la longue file de l'escalator. Il lui fallut quelques secondes pour oser faire de même à son tour, devant une foule jurant presque sur son passage.

Enfin parvenu au niveau de Casper, et désormais l'objet de toutes les attentions, Evan lui balança :

— Génial, ton plan, côté discrétion. C'est vraiment du sur-mesure !

— J'ai vu un dossier posé sur le plan de verre. Il y avait écrit « Summer Mending » dessus. Il faut absolument le récupérer. Nous aurons son adresse.

— Quelle idée lumineuse ! Et tu comptes t'y prendre comment ?

— Tout simplement : en me servant ! Attends-moi ici et ne bouge pas.

11 h 41

Ce que Mac Clough entendait collait parfaitement avec ce qu'il avait lu du journal de Summer. Lorsque Jenny eut terminé, il lui demanda :

— Saviez-vous qu'elle tenait un journal intime ?

— Naturellement. Elle le considérait comme un ami à part entière. Elle s'accrochait à lui depuis son plus jeune âge. Elle me disait souvent que c'était même son seul confident avant de me connaître.

— Ce qui est curieux, c'est que votre nom n'y apparaisse jamais.

La jeune femme eut un petit sourire triste avant de répondre :

— C'est normal. Je comprends ça. Elle faisait la même chose avec les flirts qu'elle avait. Elle ne s'attachait jamais. Il faut avouer qu'elle ne les voyait pas beaucoup. Uniquement sur ses jours de congés. Elle avait beau avoir trente ans, elle ne pouvait pas sortir de chez elle. Son père avait une emprise terrible. Il la fliquait constamment. Au moindre dérapage, sa mère trinquait, et Summer ne supportait pas qu'il soit violent avec elle. Elle préférait lui rester soumise pour avoir la paix. C'est pour ça qu'elle n'a jamais parlé du garçon qui passait la voir ici de temps en temps. Il était soi-disant originaire de Miami et la faisait rêver avec des photos. Très honnêtement, j'ai toujours pensé que Summer s'était imaginé des trucs à son sujet. Je ne les ai jamais vus ensemble en dehors du stand. Franchement, il n'avait pas l'air de la regarder différemment de nous lorsqu'il venait. Mais Summer avait tellement besoin de rêver !

— Vous ne connaissez pas l'identité de cet homme ?

— Non, vous savez, il s'agissait d'un client, plutôt beau gosse. Cela fait un sacré bout de temps qu'il n'est pas revenu ici…

— Savez-vous où Summer se trouve aujourd'hui ?

Il avait posé la question tout en observant attentivement le visage de la jeune femme. Celle-ci ne répondit pas immédiatement.

— Summer a été malheureuse toute sa vie. Elle a droit à un peu de repos, vous savez.

— Mademoiselle, nous pensons que Summer a tué son père. À ce titre, sa liberté devient toute relative !

— Je crois au contraire qu'elle est en prison depuis toujours et qu'elle vient enfin de s'échapper.

— Quelles que soient vos convictions, vous ne pouvez faire obstruction à la justice. Si vous savez où elle se trouve, vous devez m'en informer. Et je crois que vous êtes au courant.

— Je suis surtout étonnée qu'elle ait oublié ses journaux intimes. Cela conforte surtout le fait que son acte n'a pas été prémédité. Combien de fois m'a-t-elle confié son ras-le-bol des coups reçus, des tortures mentales qu'elle encaissait ? Elle m'a quittée il y a trois jours comme les autres fois. Elle m'aurait dit au revoir, je vous assure… Je n'en sais pas plus.

L'inspecteur ouvrit son portefeuille, en sortit une carte qu'il tendit à la jeune femme.

— Appelez-moi si vous avez la moindre nouvelle.

Et il prit congé. Il devait maintenant retourner à l'appartement pour chercher d'autres indices.

11 h 56

L'immense pendule murale voyait sa grande aiguille filer allégrement. Sa course n'en finissait plus. Mais que faisait Casper ? S'était-il fait griller ?

Evan s'écarta en s'excusant pour laisser passer un homme vêtu d'un long pardessus noir et une jeune femme visiblement employée ici.

La trotteuse terminait un tour supplémentaire lorsque l'enfant surgit, rouge et transpirant.

— Vite, on se casse !

Il brandissait une feuille avec fierté. Evan empoigna Casper et le poussa vers l'escalator.

Il leur fallut trente-sept secondes pour sortir du magasin.

11 h 58

Mac Clough longeait rapidement le stand Dior quand la première vendeuse lui fit signe d'approcher.

— Inspecteur, je ne sais si cela est important, mais… Un homme vient de passer : il semblait insistant pour retrouver Summer.

L'esprit en alerte, Mac Clough remit les clés de sa voiture au fond de sa poche.

— Racontez-moi, madame… Racontez-moi.

*

* *

Floride, Jackson Memorial Hospital,
chambre n° 18, 12 h 07

Le regard de Susan ne quittait plus son fils Nathan. Comme si le simple fait de détacher ses yeux de lui risquait de rompre le fil ténu qui maintenait encore en vie son dernier enfant. Et pendant qu'elle s'attelait à cette tâche, son cerveau ne cessait de ressasser : *Pourquoi nous ? Pourquoi ?*

Le choc de l'annonce de cette terrible nouvelle avait laissé place à une douleur effrayante et à un vide incommensurable. Elle contemplait maintenant son enfant, l'unique raison qui la poussait encore à respirer, à manger, à boire. À vivre tout simplement. Mais combien de temps tiendrait-elle à son tour ? Même les fonctions basiques et instinctives ne l'étaient plus pour son corps. Inspirer, expirer. Avaler. Penser. Tout n'était que vide. Tout était devenu néant.

Presque.

Car il restait ce souffle qui soulevait à peine la poitrine de Nathan. Ce souffle qui signifiait qu'il était encore vivant, prisonnier immobile d'un univers de souffrance…

Son fils semblait frêle et fragile, seul et petit dans ce grand lit blanc et froid. Un oisillon tombé du nid et qui devait aujourd'hui lutter contre quelque chose qu'elle ne connaissait pas et contre lequel elle ne pouvait strictement rien. Combien de fois avait-elle murmuré à l'oreille de son enfant qu'elle serait toujours là pour le protéger ? Cent fois ? Mille, peut-être ? Combien de genoux écorchés, de chagrins consolés, de peurs apaisées ?

Certes, elle était là aujourd'hui. À quoi servait-elle cependant ? Elle ne pouvait même pas protéger Nathan de ces ténèbres.

Elle avait lu un jour que Dieu poursuivait un dessein caché dans chaque événement. Quel plan divin pouvait justifier d'avoir ainsi repris la vie de deux jeunes enfants et de maintenir entre les deux rives celle d'un troisième ? Comment donner une explication juste à tout cela ?

Elle se demanda un instant si arracher ces tuyaux ne les délivrerait pas tous deux de cet horrible cauchemar, mais elle chassa cette pensée de son esprit.

Dieu, que cela faisait mal !… Tout en elle n'était plus que douleur. Elle aurait aimé ne serait-ce que ressentir de la colère. Pourtant, c'était impossible. Elle était devenue une plaie ambulante.

Une plaie que la folie menaçait d'engloutir.

La gorge serrée, elle se concentra sur le bip du moniteur cardiaque. Son rythme régulier la raccrochait au peu de raison qui lui restait.

Elle se remémora quelques phrases qu'elle avait lues cette nuit :

De vos conseils que la Lumière
Toujours brille devant nos yeux ;
Qu'elle nous guide et nous éclaire,
Sur le chemin qui mène aux cieux.

La simple évocation de ces cieux lui fit horreur, et elle serra un peu plus fort la main chaude de son enfant. L'intensité de la douleur qui la dévorait sans relâche avait annihilé en elle la capacité à pleurer. Elle se sentait vidée de toute essence, était devenue une torche vivante, une flamme unique tendue vers un seul espoir : ramener Nathan à la vie. Elle espérait avoir encore assez de forces pour cela. Elle desserra son étreinte et caressa la main de son fils.

— Nathan, ne t'envole pas, mon bébé…

Elle avait murmuré ces mots en regardant le ciel par la fenêtre. Pourquoi ? Elle n'avait jamais prié de sa vie.

Parce que tu sais au fond de toi que seul un miracle peut ramener Nathan de l'autre rive.

Et parce que tu ne crois justement plus en rien.

Elle devait se ressaisir.

Peut-être est-ce au contraire le moment de t'en remettre à la puissance de ce Dieu que tu ne connais pas ?

Susan sentit son corps secoué par des spasmes – des sanglots ? –, mais ses yeux restèrent désespérément secs.

Elle déplaça la chaise sur sa gauche, se laissant tomber à genoux auprès du lit, enserra entre ses deux mains les doigts diaphanes de Nathan. Des mots lui vinrent sans réfléchir et elle les proféra d'une voix basse et tremblante. D'abord lent, le débit devint plus rythmé pour terminer sur un flot de paroles continu. Elle laissa libre cours à ce besoin de Lui demander pardon pour tout ce qu'elle avait fait, et plus encore pour ce qu'elle n'avait jamais fait. Elle Lui cria sa terreur de voir partir Nathan, Le supplia de lui rendre son fils. Les mots coulaient désormais avec la fluidité de l'eau. Son visage était tout entier tendu vers la lumière.

Elle, la non-croyante, implora Sa lumière et Le conjura de venir sur son chemin.

Elle n'aurait su dire à quel Dieu elle adressait toutes ces prières.

Mais ce qu'elle sentait au plus profond de ses tripes, c'était qu'une flamme plus puissante que l'espoir venait de s'allumer en elle : celle de l'Espérance.

*
* *

13 h 04, New York, Brooklyn

Ce quartier ne disait rien qui vaille à Evan. Instinctivement, il se rapprocha du gamin lorsqu'ils atteignirent une ruelle dans laquelle un groupe de jeunes Portoricains se disputait avec deux grands Blacks.

Evan et Casper se firent aussi discrets que possible.

Trois policiers en faction surveillaient les entrées du bâtiment. Evan et l'enfant ne s'y attendaient pas.

Le premier agent s'adressa à Evan dès que ce dernier fit mine d'entrer :

— Bonjour, monsieur. Vous habitez ici ? interrogea-t-il en songeant que le look de cet homme tranchait avec les codes vestimentaires locaux.

— Bonjour ! Non, nous rendons visite à une amie.

— Puis-je avoir son nom, s'il vous plaît ?

Le flic avait sorti son calepin et s'apprêtait à le noter.

— Nous rendons visite à une jeune femme qui habite ici, mais nous ne connaissons pas son étage.

— J'ai bien compris, mais je vous demande son nom, s'il vous plaît. Nous avons pour consigne de filtrer toutes les entrées et de mentionner l'identité de tout visiteur.

— En fait, cela vous paraîtra sans doute bizarre, nous ne connaissons pas son nom non plus…

Les yeux de l'agent se plissèrent.

— Bien ! Nous allons donc commencer par le début : vos papiers, s'il vous plaît !

Evan sortit docilement son portefeuille et feignit d'ignorer les mimiques expressives de Casper. Il finit par tendre son passeport à l'officier, qui s'en saisit avant de s'éloigner dans le hall de l'immeuble.

— Non mais tu es malade ?! tempêta aussitôt le gamin dès que le policier fut hors de leur vue.

— Tu vois une meilleure solution ? Un flic me demande mes papiers ! Que me suggères-tu ? Que je lui casse la gueule ?

— Eh bien, franchement, je crois que tu aurais été mieux inspiré de le faire. Ils vont avoir ton nom maintenant !

— Je ne suis pas un bandit de grand chemin : si je leur explique les choses, ils m'aideront. Je n'ai rien à me reprocher, moi !

— Bien sûr ! Sauf que lorsqu'ils vont te demander mes papiers, tu vas leur répondre quoi ? Que je suis en instance de transit pour l'au-delà ? Tu es vraiment complètement givré !

— Eh bien, tu n'as qu'à te sauver. Je dirai que je venais de te rencontrer.

— Et que vas-tu leur expliquer ? Que tu rends visite à ta frangine disparue il y a vingt ans ?

Evan serra les dents et rétorqua un peu trop fort :

— Ce sera toujours plus crédible que de leur faire avaler qu'ils ont affaire à un ectoplasme !

Le deuxième agent en faction les regarda avec suspicion, Evan et Casper lui adressèrent dans un même élan un sourire qui se voulut rassurant. Le premier flic revint à cet instant, sans les papiers d'Evan.

— Je vous demanderai de bien vouloir me suivre, monsieur, s'il vous plaît.

Evan tenta de masquer la panique qui commençait à le gagner.

— Toi aussi, petit !

Casper lança un regard noir à Evan, regard qui signifiait clairement : « Tu vois, abruti, je te l'avais bien dit ! »

Ils montèrent un escalier à moitié vermoulu avant de parvenir à un hall d'étage tout aussi délabré. Ils s'arrêtèrent à hauteur d'une porte d'appartement laissée grande ouverte.

— Restez ici, je vous prie.

Il régnait un sacré brouhaha dans l'appartement. Evan jeta discrètement un œil sur l'étiquette apposée sur la sonnette : *Mending*.

Un homme, grand et robuste, passa sa tête dans l'encadrement. Il tenait le passeport d'Evan dans l'une de ses mains, ouvert à la page où se trouvait son billet d'avion Miami-New York.

— Bonjour, monsieur Kester. Lieutenant Cohan. Pourriez-vous expliquer plus clairement les raisons de votre visite en ces lieux ?

L'embarras d'Evan transpira dans sa réponse.

— Écoutez, c'est un peu stupide... J'ai croisé une femme ravissante il y a quelque temps, en Floride. Nous... Nous avons eu une courte relation et celle-ci m'a donné cette adresse, en me précisant qu'il s'agissait d'un pavillon. Vous comprendrez mon étonnement...

Un long silence s'installa, durant lequel l'inspecteur dévisagea de la tête au pied le chirurgien.

— Pourriez-vous me décrire cette… créature ?

— Oui, bien sûr : grande, brune, les cheveux longs et bouclés, de grands yeux verts…

— Je vois… Un peu comme on en trouve dans les magazines, c'est bien ça ?

Une jeune fille qui montait l'escalier en traînant ses sabots compensés les interrompit. Des dreadlocks pendaient autour de son visage émacié, visiblement ravagé par la drogue. Evan avala sa salive en réalisant qu'il avait autant de chances de croiser ici une belle brune qu'il en avait de découvrir une mallette remplie de billets verts par terre. Il poursuivit sur un ton qu'il voulut plaisantin :

— En fait, je crois qu'elle m'a pris pour un con…

Devant l'énormité de la scène, Casper ne put s'empêcher un début de gloussement, vite stoppé par le regard de l'inspecteur. Ce dernier évalua la tenue vestimentaire de l'homme qui le fixait droit dans les yeux. La carte d'embarquement à l'intérieur du passeport indiquait une entrée sur le territoire new-yorkais la veille. Cela ne pouvait donc en aucun cas faire de lui un suspect. Et sa condition sociale n'avait absolument rien à voir avec celle des gens vivant par ici. Son attention s'arrêta sur l'enfant.

Avec un soupir, il tendit les papiers à Evan.

— Sortez d'ici. Vous êtes sur une zone surveillée.

— Qu'est-ce qui s'est passé, monsieur ?

La voix fluette du chérubin semblait parfaitement innocente.

— Une méchante histoire, petit. Un meurtre. Vous imaginez donc, monsieur, que vous auriez pu vous retrouver dans de bien sales draps ? Ce n'est pas un endroit pour vous, ici.

Pour le coup, Casper et Evan étaient tous deux devenus blancs comme linge.

— Oh, effectivement ! Et… c'est un règlement de compte ?

— Non, juste une histoire de famille ! Mais cette fois-ci, c'est le père qui a écopé ! Du coup, nous recherchons nous aussi une jeune femme. Ce n'est heureusement pas la même que vous ! Allez, rentrez chez vous, messieurs !

Evan et Casper redescendirent l'escalier, sonnés par la nouvelle qu'ils venaient d'entendre.

Ils croisèrent un homme qui gravissait lentement les marches et les salua. Ce visage et cet imper n'étaient pas inconnus à Evan, qui se pétrifia lorsqu'il reconnut le type du magasin. Il s'efforça de ne pas se retourner, sentant le regard de ce type peser lourdement dans son dos.

L'homme s'empressa de se rendre à l'une des fenêtres de l'appartement pour voir les deux visiteurs quitter l'immeuble. Le lieutenant Cohan voulut lui expliquer qui ils étaient, mais l'inspecteur Mac Clough l'invita à patienter quelques instants : il tenait à observer par la fenêtre l'attitude de ces deux personnages.

*
* *

Evan inspira et expira à grands coups. L'émotion avait eu raison de son self-control. Casper sentit qu'il paniquait.

Sans un mot, l'enfant l'avait conduit vers la bouche de métro la plus proche. Ils allaient s'engouffrer dans l'escalier souterrain lorsque l'iPhone d'Evan vibra dans sa poche. C'était l'hôpital, et il prit immédiatement l'appel.

— Evan ?

Il reconnut la voix de Brian, son confrère du Memorial.

— Oui, Brian. Il y a un problème ?

— Non, pas du tout. Au contraire ! Je t'appelle au sujet du type au tatouage que tu m'as amené, et pour lequel tu suspectais un AVC. Vu ton insistance, je me suis dit que cela devait être important pour toi, et j'ai préféré t'appeler pour te rassurer. Ce monsieur a passé toute une batterie de tests et rien à l'horizon, pas même l'ombre d'un doute !

— Tu es sûr qu'il n'y avait rien de rien ?

— Rien, je te dis. Un cerveau sain dans un corps sain et sportif. Il peut retourner à sa batte de base-ball !

Evan le remercia et raccrocha, songeur. Son regard glissa d'un air suspicieux sur Casper, qui l'observa à son tour avec attention.

— Que se passe-t-il ? demanda l'enfant.

— Dis-moi, tu ne m'aurais pas mené en bateau, par hasard, au sujet du père de famille qu'on a rencontré dans le parc, et que tu présentais comme un bon candidat à une rupture d'anévrisme ? Ce type se porte comme un charme. Je suis certain que tu as voulu me manipuler ! Tu savais que j'allais réagir ainsi.

L'enfant le scrutait toujours et, tout en se retournant pour dévaler l'escalier, il marmonna :

—Qui sait ? Les voies du Seigneur sont impénétrables...

*
* *

14 h 08, New York, Manhattan

Evan, enfoncé dans un fauteuil au Pelican Cafe, relisait pour la centième fois la feuille de papier dérobée par Casper. Une fenêtre s'ouvrait enfin sur la nouvelle identité de sa sœur.

Il contempla encore et encore la photo petit format apposée sur le dossier. Les grands yeux verts, même dépourvus de la fraîcheur de l'enfance, et sans la joie permanente qu'ils affichaient lorsqu'elle était gosse, restaient parfaitement identifiables. Il caressa la surface glacée de la photo. Combien d'années à imaginer ce qu'avaient pu devenir ce regard, ce sourire ? Ses doigts parcoururent l'ovale du visage, glissèrent sur les cheveux qu'elle avait gardés longs, se fixèrent sur ce sourire qu'il trouva magnifique. Se pouvait-il que ce ne soit pas elle ? Evan se pencha pour mieux scruter encore la photo : non, les yeux ne laissaient place à aucun doute. Il était bien en train de contempler le visage de sa petite sœur devenue adulte... C'était incroyable.

Le temps s'était chargé de dessiner de nouvelles expressions sur son visage, de remodeler le tout dans son ensemble pour en faire une femme qui lui était totalement étrangère, mais dont il se sentait paradoxalement toujours aussi proche.

À ses côtés, Casper sirotait un grand jus d'ananas, les yeux rivés sur l'écran de télé qui diffusait un journal télévisé. Evan ne parvenait pas à avaler la moindre goutte de son *tall coffee*. Il plongea à nouveau sur le cliché de Kelsie, puis relut les informations consignées sur le feuillet. Trente ans de silence résumés en quelques lignes : célibataire, pas de diplôme particulier, adresse dans un quartier pourri. Un lieu de naissance mensonger.

L'exclamation, puis le coup de coude de Casper le tirèrent de ses réflexions.

— Ce n'est pas vrai !

Un visage emplissait maintenant l'écran de la télé : Kelsie avec ses grands yeux verts, de face. En dessous la mention : « avis de recherche ». Le cœur d'Evan se serra. C'était bien elle.

Casper s'était soudainement levé pour s'approcher du poste, dont le volume était très bas. Evan, les jambes coupées, était incapable de bouger.

Lorsque le visage de Kelsie s'effaça pour laisser place à celui d'un présentateur, Casper se précipita vers lui.

— Ta sœur semble avoir pris un avion pour Miami. On se rejoint à l'hôtel !

— Quoi ? Où vas-tu ? Et je fais comment pour te joindre ?

Mais l'enfant avait déjà quitté la table et Evan dut se contenter d'un péremptoire :

— Je t'expliquerai plus tard. Je te rejoins à l'hôtel !

*

* *

15 h 56, New York, Waldorf Astoria Hotel

La porte de sa chambre s'ouvrit en grand : Evan ne s'en étonna pas outre mesure. Il avait bien compris que frapper avant d'entrer ne faisait absolument pas partie des habitudes de Casper. Il fit donc mine de rester plongé dans sa lecture.

— On rentre ! Décollage dans deux heures trente. Remballe tes affaires, nous partons maintenant.

Evan le considéra alors un instant, puis lui balança négligemment le portable à carte qu'il venait d'acheter.

— Tiens ! J'ai pensé que ce serait plus pratique que de faire tourner les tables !

L'enfant examina le téléphone dans tous les sens, comme s'il s'agissait d'un objet totalement incongru, avant de sortir de la pièce un grand sourire aux lèvres.

10

Mercredi 6 août 2014, 15 heures
Miami, quartier de Coconut Grove, appartement de Lena

Pourquoi avait-elle permis à cet homme de venir chez elle ? Ce n'était pas dans ses habitudes. Même certains de ses amis ne connaissaient pas la couleur de son canapé. Et cet homme-là, cet inconnu, allait débarquer. Il allait sonner et elle n'aurait d'autre choix que d'aller ouvrir.

Et, justement, il sonna.

Un peu nerveuse, Lena fit entrer Evan et l'invita à s'asseoir sur le canapé chocolat avant de lui tendre une coupe au liquide légèrement ambré.

— Parlez-moi un peu de vous, cher docteur… Après tout, même si votre faciès inspire confiance, je devrais peut-être me montrer un peu plus vigilante !

— C'est vrai… Je pourrais être quelqu'un de dangereux !

Ils échangèrent un regard complice, puis elle se leva pour lui proposer une cigarette mentholée. Le regard étonné, Evan la déclina et elle précisa :

— Je fume rarement, mais je vous avouerais être un peu tendue. Pour être honnête avec vous, je ne laisse jamais entrer de parfaits inconnus dans mon refuge, et même si votre visage avenant incite à la confiance, je n'aurais pu faire d'exception sans prendre certaines précautions d'usage. J'ai donc pris la liberté de taper votre nom sur Internet.

Evan reposa son verre tout en se maudissant de ne pas lui avoir avoué qu'il n'était pas psy mais urgentiste. Elle allait désormais le prendre pour un menteur.

— J'ai effectivement pu constater que vous apparteniez au corps médical du Memorial. Mais… Une autre information vous concernant est apparue sur le Net.

Que devait-il, que *pouvait-il* faire ou dire ?

— Lena, je ne suis pas psy…

Elle ne le quitta pas des yeux et une expression de déception vint envahir son visage. Avant qu'un soupçon d'inquiétude ne s'y installe.

— Soyez tranquille : j'exerce bien en tant que médecin au Memorial, mais je suis urgentiste. Ce n'était pas vraiment un mensonge, car je suis incapable aujourd'hui de vous dire ce qui m'est le plus difficile : exécuter les gestes qui me permettront de sauver une vie, ou trouver les mots justes pour accompagner les familles qui attendent désespérément dans une salle à côté. Je suis donc psy à ma façon… Parce que quel que soit le résultat, personne ne sort indemne de ce combat.

Il essaya de reprendre avec plus de douceur :

— Les décès provoquent une très grande souffrance pour les proches qui restent. Les séquelles varient. Et pour ce qui est du psychique, il y a toujours un avant, et un après. C'est ainsi…

Un sourire triste se dessina sur les lèvres légèrement mises en valeur par un gloss rosé.

— Vous n'imaginez pas à quel point, Evan. Croyez-vous pour autant qu'il soit normal que vous autres, chirurgiens, finissiez par vous prendre pour des dieux, au point de décider de la vie ou de la mort d'autrui ?

— Les seules décisions qui nous incombent sont en rapport avec les gestes à accomplir dans l'urgence pour éviter que des organes vitaux ne lâchent. Pour que la vie l'emporte sur la mort. Après, il ne s'agit plus que de conseiller.

Elle se retourna lentement, et il devina la peine immense qui l'avait envahie. Il connaissait ce sentiment pour l'avoir si souvent croisé sur son chemin professionnel. Aucune larme ne troubla cependant le regard de Lena. Il se sentait comme mis à nu et, au bout de quelques secondes interminables, il en vint à penser qu'elle allait *forcément* découvrir qu'il lui cachait encore quelque chose. Elle poursuivit son travail d'observation, comme pour mieux percer cet homme installé dans son salon. Puis elle s'assit face à la mer et lança :

— J'ai fait des recherches sur vous, Evan. Je sais que vous avez perdu votre sœur qui a été kidnappée il y a vingt-cinq ans.

Il comprit que c'était sa dernière chance de gagner la confiance de cette femme dont il se sentait tomber éperdument amoureux.

Pour la première fois de sa vie, il raconta Kelsie.

Son monologue, car jamais elle ne l'interrompit, dura plus d'une heure. Les mots coulèrent spontanément, naturellement. Il se sentit compris et soutenu. Il avoua sa culpabilité et ses regrets. Il expliqua le tourbillon de sa vie.

— Vous avez dû vivre un véritable cauchemar.

— Je n'ai cessé de me reprocher de ne pas avoir su la protéger. Peut-être que si j'avais crié… Je me suis aussi imaginé des milliers de fois notre avenir si je l'avais emmenée ailleurs…

— Cela s'appelle la culpabilité du survivant. Je connais bien ce sentiment, dit-elle d'un air songeur.

D'une voix à peine audible, il ajouta :

— Enfin, pour couronner le tout, je vous avoue avoir arrêté de fumer depuis quelques jours. Mais au moment où je vous parle, je serais prêt à me damner pour tirer ne serait-ce qu'une bouffée de votre placebo mentholé.

Un sourire malicieux se dessina sur les lèvres de Lena qui se leva pour attraper le paquet de Dunhill, avant de le vider dans le grand cendrier en marbre. Elle se dirigea ensuite prestement vers une pièce adjointe, d'où il entendit un bruit d'eau couler. Elle en revint avec une grande carafe d'eau dont elle arrosa l'intégralité des cigarettes, à la grande stupéfaction d'Evan.

— Considérons désormais que votre âme n'est plus à vendre, puisqu'il n'y a plus de monnaie d'échange. Un autre whisky ?

Evan sourit.

Elle lui rendit son sourire, avant de se rasseoir face à la mer. La tristesse de cet homme, sa douleur ne la trompaient pas.

Allez ! Soulage-toi aussi de ton lourd fardeau. Parle-lui de cette décision que tu dois prendre. De cette culpabilité qui te ronge. De cet espoir qui te tient éveillée toutes les nuits.

Lena jeta un bref coup d'œil vers Evan. Celui-ci regardait désormais par la baie vitrée, sans bouger. Après une dernière inspiration, elle se lança à son tour :

— Je n'ai jamais eu de sœur. Juste un frère.

Elle marqua une courte pause, tentant de se souvenir depuis combien de temps elle n'avait pas prononcé son prénom à voix haute, et cette simple interrogation lui fit monter les larmes aux yeux.

— Il s'appelle Luca. Et c'est là mon secret à moi.

Elle se tourna vers Evan, comme pour vérifier qu'elle pouvait lui faire confiance. Ce dernier ne cilla pas.

— Mes parents sont décédés lorsque j'avais douze ans. Mon frère avait quatre ans de plus. C'est ma tante maternelle qui nous a recueillis, plus dans un esprit de solidarité familiale que par envie. Luca et moi étions très soudés, et nous sommes mutuellement entraidés. Quoi que je fasse, mon frère était là, derrière ou à côté de moi, pour m'encourager, m'aider, m'orienter, me consoler.

Elle se leva et se dirigea vers le meuble bas du salon pour en sortir un grand livre noir, portant l'inscription *n°* 2 sur sa tranche.

— Mon frère m'avait offert un vieux Pentax pour mes douze ans. Je ne cessais de mitrailler tout ce qui bougeait, et plus encore ce qui ne bougeait pas. Très vite, ce passe-temps est devenu une vraie passion.

Elle se laissa retomber dans son fauteuil, tout en caressant doucement la couverture de cuir noir.

— Luca a voulu que je réalise mon rêve en devenant photographe. J'avais peur de ne pas y parvenir, mais Luca n'a cessé de me pousser à poursuivre dans cette voie. Il me disait : « Puisque nous allons tous mourir un jour, pourquoi ne pas vivre à fond ? Tu as la chance d'être une passionnée. Alors nourris-toi de cette flamme sans rien lui sacrifier, Len… »

Evan sourit : voilà qui aurait plu à Casper.

— Peu de temps après, j'entrais aux Beaux-Arts et je débutais mon apprentissage. Et c'est à lui que je le dois.

Elle lui parla alors plus en détail de la dureté d'une adolescence sans parents, de leur amour fusionnel qui les avait aidés à grandir. Elle lui raconta l'homme passionné que Luca était devenu, pourtant souvent enfermé dans une espèce de bulle de tristesse. Elle lui parla de l'accident, puis de l'hospitalisation. Elle termina sur l'angoisse de la première phase du pronostic vital et de son combat contre le corps médical.

Evan ne l'avait pas quittée des yeux durant tout son récit. Il admira le port altier malgré la fragilité qu'elle lui laissait entrevoir, la pudeur contenue dans son chagrin et son aveu de se sentir démunie. Elle dirigea enfin sur lui un regard brillant.

— Alors, bien sûr que je sais combien cette culpabilité du survivant vous ronge.

— Vous n'êtes pas responsable de l'accident, Lena…

— Certes, non. Mais je suis désormais responsable de son sort. Mon frère militait ardemment contre l'euthanasie. Et je dois décider pour lui, en mon âme et conscience, si cela doit s'arrêter ou non.

Pour se donner du courage, elle marcha le long de la baie vitrée.

— Je ne sais même pas s'il souffre… Les médecins me garantissent qu'il ne sent rien. Pourtant, qu'en savent-ils réellement ?

— Je pense effectivement qu'il ne doit rien sentir.

— Je ne suis certes pas médecin, mais… Comment pouvez-vous en être certain ?

Il connaissait par cœur tout ce qu'il fallait savoir sur l'état de coma, or ce à quoi il songea, ce fut au visage d'un enfant blond qu'il connaissait depuis peu et qui avait remis en cause l'ensemble des théories jusqu'à présent explorées. Evan n'avait même pas pensé à lui poser la question : est-ce que lui-même souffrait, dans son écorce ?

— Vous savez, quoi que je fasse, je pense à la décision que je dois prendre. Pourtant, je n'y parviens pas.

Evan la regarda : elle s'était à nouveau recroquevillée au fond de son fauteuil, les bras repliés sur elle. Il eut soudainement envie de la prendre contre lui pour la rassurer. Oui, il était vraiment tombé amoureux.

— Je voudrais tellement savoir ce qu'il y a « après », Evan. Mais je vais arrêter ici mes questions métaphysiques qui risqueraient de perturber votre esprit rationnel !

— Oh ! vous pourriez être extrêmement surprise de voir ce que mon esprit « rationnel » a été capable d'encaisser ces derniers jours, même si là n'est pas le sujet… Toutes les personnes en deuil et plus encore celles qui sont confrontées à leur propre fin se posent ces questions. Cela est naturel. Ne croyez pas que je ne me les sois pas posées un jour.

Elle se leva et se dirigea vers l'immense baie vitrée. Evan observa son profil parfaitement dessiné, sa démarche gracieuse. Après un long silence, elle dit :

— En fin de compte, vous auriez pu être psy.

Un autre blanc s'installa, que ni l'un ni l'autre ne jugea utile de combler. Ce fut le bip d'Evan qui le brisa : il reconnut le numéro de Brian.

Il s'excusa auprès de Lena, et rappela Brian : l'arrivée imminente de plusieurs cas graves venait d'être annoncée, et ils avaient besoin de renfort. Evan répondit qu'il n'était qu'à quelques minutes de l'hôpital.

— Je suis désolé, Lena.

— Heureusement que je ne vous ai pas contraint à terminer le whisky.

Ils échangèrent un long regard en guise d'au revoir. Evan n'osa pas s'engager dans un geste qui aurait pu l'effrayer. Il aurait pourtant aimé être certain de la réciprocité de ce qu'il éprouvait. Mais tous deux restèrent muets et, sur un sourire, elle referma doucement la porte.

*

* *

Evan avait à peine mis le pied dans le service que la chef de bloc, Nancy Sweeney, l'interpella :

— Salut Evan ! Vous tombez à pic. Trois ambulances arrivent : deux pour un accident de scooter de mer avec une perforation abdominale pour la première, et une TC[1] avec PC[2] pour la seconde. La troisième nous amène une suspicion d'AVC. En parallèle, nous avons en interne une complication sur un enfant hospitalisé chez nous depuis peu :

1. Perte de connaissance.
2. Traumatisme crânien.

il est en attente d'une transplantation pulmonaire et a été plongé dès son arrivée en coma artificiel. Nous craignons qu'il ne soit difficile de trouver une compatibilité immunologique dans les temps. Même son rhésus joue contre lui : il est AB–… Il souffre de multiples fractures n'engageant pas, elles, le pronostic vital. Sauf que nous venons de lui découvrir un hématome sous-capsulaire ayant entraîné une importante hémorragie intrapéritonéale. C'est vraiment pas de chance pour ce môme.

— Bien… Je prends qui ?

La soignante s'arrêta quelques instants, pour mieux réfléchir. Brian guettait déjà en salle de réa pour intervenir auprès du premier blessé, victime d'un accident en mer, Ronald rassemblait son équipe pour le second.

— Nous n'avons pu faire le diagnostic de rupture de la rate sur le petit polytraumatisé, Nathan Burson. Compte tenu de son attente de greffe, il nous faut absolument éviter la splénectomie. Je vous sais assez tenace pour tenter une hémostase en conservant cette rate. Habillez-vous et rendez-vous directement en salle d'op'. L'enfant est en pleine préparation. Le fait qu'il soit dans le coma ne va pas vous simplifier les choses. Je vous rejoins dans cinq minutes.

Au loin, le bruit d'une sirène se faisait déjà entendre. Nancy annonça :

— L'AVC arrive : équipe numéro 3 sur le pont !

Evan savait que chaque seconde comptait : une course contre la montre était lancée pour la victime qui arrivait, mais aussi pour l'enfant dont il avait désormais la charge. Il s'acquitta avec rapidité de la phase de stérilisation obligatoire et plongea ses doigts dans les gants de latex stériles présentés par la panseuse.

La disposition du bloc, constitué de portes aux parois vitrées, permettait de voir les équipes à l'œuvre. Tandis qu'on lui ajustait une dernière fois sa casaque, il vit passer un brancard sur lequel reposait un corps inanimé beaucoup trop grand pour être celui de son jeune patient. Celui-ci était intubé. Il s'agissait d'un homme. Le fameux AVC, sans doute. Il lui restait quelques secondes avant d'entrer en action. L'infirmière acheva de lui positionner son masque sur la bouche.

Il n'eut pas le temps de réfléchir davantage : la porte arrière s'ouvrit et Nancy lui communiqua les données préopératoires pour son jeune patient, Nathan Burson.

Le rapport était clair : Evan enregistra la totalité des données.

— Dernière chose, docteur, cet enfant est le benjamin d'une fratrie de trois. Les autres sont décédés avec leur père lors d'un accident de voiture qui a eu lieu le 4 août. La mère n'était pas présente au moment de l'accident, et les obsèques de cette famille auront lieu demain. Nathan est tout ce qui reste à cette femme. Il me semblait important de vous faire connaître cette information.

Evan avait toujours été tenace. Il pouvait se targuer d'avoir parfois vu son acharnement récompensé. Pas de nombreuses fois, il est vrai. Mais une moyenne de 3 % suffisait à justifier sa ténacité. Aujourd'hui, il fallait tout faire pour que ce gamin s'en sorte. La situation devait vraiment être exceptionnelle pour justifier un tel message de la part de Sweeney.

Un second brancard pénétra dans l'enceinte principale. Nancy lui souffla :

— À vous de jouer. Bonne chance, docteur.

Il se précipita dans la salle de bloc réservée, suivi d'une aide-opératoire. Il n'entendit pas la dernière phrase qu'elle murmura :

— Que Dieu soit avec vous.

*

* *

Jackson Memorial Hospital,
chambre 18 en soins intensifs, 19 h 15

Susan referma lentement l'Évangile qu'elle lisait à voix haute.

Comment était-il possible qu'*elle*, la non-croyante, celle qui orchestrait sa vie avec la précision et la régularité qu'un maestro accordait à sa portée musicale, se mette à vivre au rythme des mots de la Bible ?

Susan avait la réponse : désormais sa foi la protégeait de la folie. Ses prières la portaient et son nouvel amour inconditionnel pour ce Dieu jusqu'à présent inconnu lui donnait la force de lutter contre la lame qui menaçait de s'immiscer dans son corps meurtri au plus profond de sa chair.

C'est dans la chapelle de l'hôpital qu'elle avait trouvé le sacro-saint ouvrage qu'elle ne lâchait plus. Elle le lisait inlassablement en tenant la main de Nathan. De Sa part, elle n'attendait qu'un signe, juste un signe, pour conjurer la terreur de perdre son dernier enfant.

Lorsque ses yeux fatigués tombèrent sur le lit vide de l'enfant, une immense angoisse la reprit et l'inonda instantanément. Pourquoi Nathan ne revenait-il pas ? Elle concentra toute son énergie et implora la lumière de Dieu pour que l'opération se déroule bien. Très vite, elle s'empara de la bible et reprit sa lecture. Croire. Ne pas baisser les bras. Ne surtout pas douter de Lui !

Son index gauche vint jouer contre les pages maintenant ternies par les innombrables frottements et glissa jusqu'au Post-it jaune marquant l'un de ses passages favoris : Jean IV, 46-54. Elle connaissait ces mots par cœur : « Il y avait à Caphernaüm un officier du roi, dont le fils était malade. Ayant appris que Jésus était venu de Judée en Galilée, il alla vers lui, et le pria de descendre et de guérir son fils, qui était près de mourir. »

Elle s'arrêta un instant et reprit sa lecture en détachant chaque syllabe : « Si vous ne voyez des miracles et des prodiges, vous ne croyez point. »

Elle s'agenouilla, pour mieux communier avec Celui qu'elle suppliait et pria sans discontinuer pendant les deux heures suivantes. Sans jamais s'interrompre.

Lorsqu'elle entendit la porte s'entrouvrir, elle regarda fixement le mur blanc qui lui faisait face, comme pour y trouver une réponse à la peur qui la tétanisait. Tel un automate, elle se leva, s'efforçant de tenir sur ses jambes flageolantes.

Une main se posa sur son épaule. L'homme qui se tenait à ses côtés portait une blouse blanche. Son nom était écrit : *M.D. Kester*. Susan le trouva spontanément bienveillant.

Mais elle demeura sur ses gardes : celui qui avait annoncé la mort de tous ceux qu'elle aimait n'avait pas l'air méchant non plus. Qu'est-ce que cet homme-ci allait lui révéler ?

Sa bouche devint sèche, son échine glacée. Son cœur affolé vint tonner contre ses côtes. Elle devait empêcher son cerveau de laisser définitivement son corps lâcher prise. *Vite, qu'il parle…*

— Bonjour, madame Burson. Je suis Evan Kester. Je viens d'opérer Nathan. Votre petit bonhomme est très courageux, madame Burson. Il s'est accroché de toutes ses forces et l'intervention s'est déroulée avec succès.

Elle fixait ses lèvres comme si les mots qu'il prononçait étaient inaudibles.

— Nathan est toujours dans le coma. Cela est parfaitement normal et, même si nous avons craint le pire, nous pouvons dire que son état demeure stationnaire par rapport à hier. Ce qui en soi est une bonne nouvelle.

Ses yeux glissèrent sur le Livre auquel elle s'agrippait toujours.

Evan lui pressa chaleureusement l'avant-bras gauche, avant de la fixer droit dans les yeux.

— Ne cessez surtout pas de croire, madame Burson, et continuez à lui parler. En tant que médecin, je reste convaincu que Nathan vous entend et que, s'il s'accroche à ce point, c'est parce qu'il sait que vous êtes là, près de lui. Tenez bon, madame. Il a besoin de vous autant que vous de lui. Vous êtes la lumière qui le guidera…

La lumière ?

Elle resta un instant interdite.

La lumière…

Cela était-il un signe de Sa part ?

Evan allait ajouter que Nathan remonterait du bloc d'ici à deux petites heures, mais elle prit la parole plus rapidement que lui :

— Je vous en prie, docteur, je voudrais que vous vous occupiez dorénavant de mon fils.

— Ne soyez pas inquiète, madame. Nous veillerons tous sur Nathan.

— Non. Il faut que ce soit vous, docteur ! Je le sais. Je le sens. Je vous en supplie, il faut que vous seul vous occupiez de Nathan. Je vous en conjure…

Gêné, Evan chercha à lui assurer que toute l'équipe aurait autant que lui à cœur de soigner son enfant, mais ce fut peine perdue. La femme se jeta à ses pieds et n'accepta de se relever que lorsque Evan céda et qu'il lui eut promis de veiller personnellement sur son fils.

Il s'agissait là d'un détail tellement insignifiant.

Il s'agissait là d'un détail tellement important.

*

* *

Lorsqu'il referma la porte, Evan prit une longue inspiration pour mieux chasser la tension accumulée sur plusieurs heures.

S'il était parvenu à endiguer l'hémorragie, il n'en demeurait pas moins que l'état du petit Nathan restait alarmant et qu'il pouvait se dégrader d'un instant à l'autre.

Il regagna le bloc central, afin de s'acquitter d'une dernière contrainte administrative. L'atmosphère y était redevenue calme. Les deux salles étaient encore occupées. Un brancard était placé devant le bloc 3. Mais le corps était entièrement recouvert d'un drap bleu taché de sang. L'un des bras pendait dans le vide. Une batte de base-ball y était tatouée. En proie à une vive émotion, Evan souleva précipitamment le tissu souillé. Le choc le cloua sur place : c'était bien l'homme rencontré au parc qui gisait là les yeux grands ouverts.

— Ce n'est pas possible !

Nancy avait effectivement annoncé une suspicion d'AVC… Evan laissa rageusement retomber le drap. Pour cet homme, Brian avait dit que ses examens étaient rassurants, alors que s'était-il produit ? Si tout était couru d'avance, y compris l'imprévisible, quel était le sens de son métier ?

Il aurait aimé pouvoir en discuter, là, tout de suite, avec Casper, quand son bip sonna. On le réclamait d'urgence dans la chambre de Stephen, l'autre gamin dont il s'occupait, celui dont Casper avait subtilisé le passeport. Evan se rua comme un fou au travers des salles annexes, remonta le couloir du service de réa.

Il arriva essoufflé devant la chambre. Deux infirmières s'y trouvaient déjà. L'une s'était emparée des palettes du défibrillateur pour les appliquer sur le thorax de l'enfant. La décharge du choc se fit entendre. Un œil rapide vers le scope informa Evan que le cœur ne repartait pas.

— Adrénaline, une ampoule ! cria Marlène, la plus âgée des deux infirmières.

— Non. Arrêtez !

Les deux soignantes se figèrent sous l'ordre brutal d'Evan.

— Ce gamin a assez souffert. Laissez-le partir !

— Mais, docteur…

Ce qui comptait maintenant pour Evan, c'était que cet enfant puisse enfin s'en aller.

— Ce gamin a perdu l'usage de ses deux jambes, et l'on ne sait même pas s'il pourra reparler un jour. Qu'espérez-vous pour lui ?

Il pensa à Casper et sourit tristement en imaginant sa stupeur s'il avait été à ses côtés en cet instant précis.

Il prononça l'heure du décès et sortit précipitamment. Il lui fallait prendre l'air.

Un immense sentiment de solitude l'envahit. Le visage de Casper s'effaça lentement. Un autre, doté de deux grands yeux verts, lui succéda. Il perçut le timbre chaud, rassurant. Il revit la chevelure châtain. Il était 10 heures passées, peut-être dormait-elle. Il sortit son portable et envoya un SMS à Lena :

« Impérieux besoin de vous voir dès demain. Plus violent que celui de fumer… »

La réponse fusa dans la minute :

« Certaines dépendances s'avèrent moins dangereuses que d'autres. Je passe vous voir demain. »

Que lui arrivait-il tout à coup ? Pourquoi ne supportait-il plus les aléas de son boulot ? Pourquoi lâchait-il prise et baissait-il les bras ?

Il n'avait aucune explication.

Et pourquoi avait-il aussi soudainement besoin de la présence de deux personnes qui lui étaient encore inconnues il y avait quelques jours ?

À cela non plus il ne trouva aucune réponse…

11

Jeudi 7 août 2014, 8 h 12
Miami, Jackson Memorial Hospital

Angie ajusta la blouse blanche remise par le personnel infirmier. Elle lui permettrait de circuler plus facilement dans les services. Ce n'était pas si mal qu'on lui ait imposé de rester là quelques heures de plus. En revanche, ce qui lui manquait, c'était son portable car Mark n'avait aucun autre moyen de la joindre. Il ne devait surtout pas apprendre ce qu'elle avait tenté de faire.

Elle jeta un œil dans le couloir. Seuls quelques visiteurs y déambulaient. Elle quitta sa chambre et se dirigea vers l'aile C, à la recherche de Mme Burson. Angie ressentait le besoin viscéral de revoir cette femme dont le cri l'avait poursuivie. L'espace d'un regard, elles avaient partagé leur détresse. Elle voulait aujourd'hui lui tendre la main.

Elle se retrouva rapidement à hauteur du bâtiment des urgences de l'aile C.

À la réception des soins intensifs, elle s'avança vers l'aide-soignante occupée à classer des dossiers derrière le comptoir d'accueil tout en discutant au téléphone du prochain voyage qu'elle comptait organiser avec son mari. Angie patienta quelques instants avant de lui demander de bien vouloir lui indiquer où se trouvait l'enfant Burson. La femme en blouse lui indiqua la chambre sans davantage s'interroger sur l'identité de la visiteuse. Angie la remercia en se disant que son « pyjama » inspirait sans doute confiance.

En se dirigeant vers l'endroit désigné, elle ressentit une vague d'excitation. Mais qu'est-ce qui la poussait à faire ça ? Qu'espérait-elle ? Qu'allait-elle dire à cette femme en deuil ? Et si les choses venaient à mal tourner…

Elle frappa trois petits coups. Aucune réponse. Elle ouvrit donc doucement la porte, son cœur battant un peu plus la chamade.

La pièce était éclairée par la lumière du jour, tamisée par le store rabattu. Un fauteuil vide se trouvait à côté de la fenêtre. Sur le lit, un enfant dont le visage était dissimulé par des tubulures connectées à une énorme machine qui émettait des sons réguliers. Angie frissonna. Cette image lui glaça le sang. Qu'est-ce qui lui avait donc pris de venir ici ? Le bruit d'un chariot dans le couloir lui fit brusquement refermer la porte.

Son regard fut inexorablement attiré par la touffe de cheveux bruns qui tranchait avec le blanc immaculé de la pièce. Cela lui fit penser au réflexe voyeuriste qu'avaient les automobilistes sur le bord de la route lorsqu'ils dépassaient un accident. Était-ce pour elle le même besoin macabre de voir ? Non, c'était autre chose. Elle éprouvait une véritable peine pour cette femme qu'elle ne connaissait pas.

Elle s'approcha doucement du lit. Les bras nus de l'enfant étaient délicatement posés le long de son corps, et la main d'Angie vint effleurer les petits doigts inertes. Une boule se forma dans sa gorge, et ses yeux remontèrent jusqu'à la figure du jeune garçon. Elle aperçut les hématomes dus au choc frontal, les lèvres encore tachées de sang. Mais ce qui la cloua sur place, c'est ce qu'elle vit au-delà des tuyaux, à savoir les traits de son visage. Non… Ce n'était pas possible…

Tout en tremblant, elle tenta d'écarter un peu les tubulures.

Ce n'est pas possible.

Le corps maintenant secoué par une violente émotion, elle tenta de réprimer les battements affolés de son cœur. Ces yeux, ce nez…

Non, ce n'est pas possible !

Incapable de se maintenir debout, elle se laissa tomber sur la chaise qui se trouvait à côté du lit. Elle ne pouvait pas rester, elle devait absolument quitter les lieux, se calmer et réfléchir à tout cela. Car il y avait forcément une explication. Elle appuya de toutes ses forces sur ses avant-bras pour se lever.

Elle s'efforça de ne plus regarder l'enfant et se tourna vers la porte. Chaque geste lui demandait un effort surhumain.

Allez, un autre pas, ma grande…

Ce fut au moment où elle lâchait le dossier du siège qu'elle entendit la porte s'ouvrir, et qu'une voix féminine l'interrogea :

— Qui êtes-vous ? Que faites-vous ici ?

*

* *

Mac Clough ne parvenait plus à trouver le sommeil. Il jeta un œil sur le réveil : 8 h 37. Il décida qu'il était grand temps de se lever. Il extirpa avec précaution ses jambes du grand lit pour ne pas réveiller sa femme qui dormait encore à poings fermés à ses côtés. Toute la nuit, il n'avait cessé de penser à Summer Mending.

Quelque chose le chiffonnait.

Il était pourtant habitué à démêler des affaires tordues. Mais là, les protagonistes ne lui semblaient pas communs. La personnalité de la coupable, son talent d'artiste, sa sensibilité, l'émoi qu'il partageait lui-même à la lecture de ce qu'avait été sa vie changeaient toute la donne.

Au travers de ce qu'il avait lu, il savait qu'il avait affaire à une femme sensible, aussi fragile qu'un verre soufflé et sculpté, qu'un acier trempé aurait recouvert pour tromper les apparences et cacher les failles.

Ces dernières années, il avait eu l'impression de s'embourber dans une routine lassante et démotivante. Toutes les scènes criminelles finissaient par se ressembler. Il avait aujourd'hui l'amère sensation d'avoir fait le tour de son métier.

Il fit glisser le clapet de son portable et composa le numéro de son bureau. Son collaborateur était de repos, mais l'équipe de permanence lui suffirait pour obtenir ce dont il avait besoin. Une voix masculine répondit au bout de la deuxième sonnerie. Il reconnut Tom Spedford, dernière jeune recrue du service. Mac Clough voulait tout savoir sur un certain Evan Kester, et ce jusqu'au petit nom de la chienne de sa cousine, s'il le fallait. Son flair ne l'avait jamais induit en erreur. Et ce type bien élevé à l'allure BCBG décontractée tranchait autant qu'Elephant Man dans un défilé de Miss Univers.

Il lui tardait donc de comprendre ce qu'il était venu foutre ici avec un gamin pendu à son bras.

S'il s'agissait bien de l'homme qui était venu trouver Summer sur son lieu de travail, il allait devoir s'expliquer.

*

* *

Susan resta figée dans l'encadrement de la porte. Cette femme semblait tétanisée. Qui était-elle ? Une soignante ? Sa tenue laissait penser qu'elle faisait partie des patients de l'hôpital.

S'agissait-il d'une dingue ? Elle hésitait encore sur sa manière d'agir lorsque l'inconnue se mit à parler :

— Je… Écoutez-moi jusqu'au bout, je vous en prie…

Elle se passa nerveusement la main dans les cheveux, tandis que Susan attrapait la tranche de la porte pour la rouvrir.

— Non, s'il vous plaît, attendez !

En même temps qu'elle avait parlé, Angie était parvenue à s'approcher suffisamment de la femme au chemisier rouge pour lui toucher le bras, avec assez de fermeté pour qu'elle la regarde droit dans les yeux. Il fallait absolument la convaincre. Mais la convaincre de quoi ?

D'un truc complètement dément, ma pauvre fille ! Tu t'es vue dans ton pyjama, l'air à moitié hagard et la mine complètement défraîchie ?

La femme la fixait toujours, prête à tirer sur la porte et sortir en criant. Angie prit quelques secondes supplémentaires pour considérer celle qui l'observait. L'émotion et les derniers événements avaient mis son sixième sens à rude épreuve, et elle ne parvenait pas à adopter la bonne attitude. Elle rassembla ses esprits et observa l'état fatigué du chemisier. L'étoffe semblait aussi chiffonnée que le visage de celle qui le portait. Lorsque ses yeux plongèrent dans ceux de cette femme, un frisson la secoua : la même profonde détresse s'y lisait toujours.

Il faut que tu lui parles. Joue la carte de la sincérité.

De son côté, Susan cherchait en vain où elle avait rencontré celle qui lui faisait face. Car elle était persuadée de l'avoir déjà vue. Mais où ?

— Madame…

Sa main agrippait toujours l'avant-bras, comme si le simple fait de la toucher allait lui permettre de mieux s'exprimer.

— La situation va vous paraître complètement délirante, mais…

Le timbre de la femme était voilé, le débit rapide. Les yeux…

Où l'ai-je déjà vue ?

… la fixaient toujours. Toujours sur ses gardes, Susan prit la parole :

— Que faites-vous dans la chambre de mon fils ?

— Regardez-moi, s'il vous plaît ! Mon visage ne vous dit rien ?

Susan décida de ne pas lui dire la vérité :

— Non, je regrette. Écoutez, je crois que nous allons en rester là. J'ai vraiment autre chose à faire…

Elle avait parlé aussi doucement que l'inconnue. La scène devenait grotesque. Sa main s'arrêta sur la poignée de porte.

— Écoutez-moi, je vous en prie. Et écoutez-moi jusqu'au bout, je vous assure que c'est capital...

Susan soupira. Ce n'était vraiment pas le moment. Mais le fait de ne pas se souvenir de l'endroit où elle avait pu croiser cette femme la chiffonnait. Elle se donna donc une minute de plus avant d'ouvrir définitivement cette porte en grand.

— J'ai été hospitalisée il y a quatre jours. Les équipes médicales m'ont amenée dans un couloir réservé aux urgences. Vous étiez présente. J'étais... très mal et cherchais désespérément une chose à laquelle me raccrocher. Juste avant de tomber dans le coma, je vous ai entendue crier... Je me suis alors tournée vers vous, et vous m'avez regardée à votre tour.

Susan se souvenait maintenant, effectivement... Le fameux brancard qui était arrivé au moment où...

— J'ai perdu conscience à ce moment-là. Votre cri et votre regard m'ont accompagnée dans un immense tunnel où je me suis retrouvée seule. J'avais peur. Tellement peur... Mais c'était un peu comme si je vous avais emmenée avec moi. Et votre simple présence m'a aidée à me sentir moins seule. Elle m'a rassurée.

— Très bien. Je suis contente que cela vous ait aidée. Maintenant, laissez-moi.

— Attendez, ce n'est pas fini ! Pendant ce... voyage, j'ai vécu quelque chose d'étrange. C'est très flou... Mais ce que je me rappelle avec certitude, c'est qu'un enfant m'a rapidement rejointe et est resté avec moi dans ce tunnel sombre. C'est ce qui a fait de mon coma l'un des moments les plus heureux de ma vie. Mon Dieu ! j'aurais voulu ne jamais repartir.

À ces mots, elle remarqua que la femme au chemisier serra davantage le gros livre qu'elle maintenait contre sa poitrine. Elle relâcha le poignet de la femme.

— Je ne sais pas bien pourquoi je suis venue ici, madame. Mais il *fallait* que je vienne. Au début, je crois que j'avais simplement envie de mieux connaître celle avec qui j'ai imaginé partager une immense détresse. Mais lorsque j'ai vu votre fils…

Angie regardait maintenant la femme droit dans les yeux. Elle n'avait plus le choix, il fallait qu'elle aille jusqu'au bout.

— Je reconnais votre petit garçon. C'est celui de mon voyage.

Susan reçut comme un coup de poing dans l'estomac.

— Madame, ce…

— Je vous ai demandé de sortir !

La porte était maintenant grande ouverte. Si la moindre infirmière entrait, elle était bonne pour une expulsion en règle !

— Madame… Que pourrais-je vous dire ?

Trouve quelque chose de plus convaincant, imbécile ! Tiens : souviens-toi de son rituel !

— L'enfant. L'enfant avait une manie ! Ou plutôt un rituel : pour s'endormir, il touchait le bout du nez avec son index recourbé.

Allons, Susan, ne te laisse pas embobiner par ça. Tous les gamins ont une manie ! Et se frotter le bout du nez en est une assez répandue.

— À trois, j'appelle du secours : Un…

Mais creuse-toi la tête ! Rappelle-toi d'un détail important !

— Deux…

Je ne m'en souviens pas… Si, fais un effort : il appelait toujours « Moushka » !

— Tr…

— Moushka !

Moushka !??

— Il ne cessait d'appeler « Moushka » ! C'était son doudou, je crois…

Moushka…

— Le doudou de votre fils ne s'appelle pas Moushka ?

Angie se sentit subitement abattue. C'était tout ce qui lui venait à l'esprit. Elle ne voyait rien d'autre. Elle s'apprêtait à quitter définitivement la chambre lorsque ce fut à son tour d'être saisie par la main de la femme au chemisier rouge.

— Attendez !

Angie la regarda droit dans les yeux.

— Mon fils n'a plus de doudou depuis bien longtemps…

Pour la première fois depuis l'accident, Susan sentit les larmes inonder ses yeux et elle murmura :

— Moushka, c'est moi.

*

* *

À 9 h 09, Summer suivit son premier client dans une chambre d'hôtel assez miteuse, qui n'avait plus rien à voir avec la rutilante façade touristique de Miami.

Lorsque son client baissa le pantalon de son costume Armani et qu'il lui attrapa sauvagement les cheveux en lui criant : « Allez, salope, à quatre pattes ! », elle s'exécuta tristement avant de serrer les mâchoires de toutes ses forces pour ne pas hurler.

*

* *

Angie lui raconta brièvement sa vie. Ses propos étaient souvent hésitants. Mais toujours sincères. Elle décrivit son besoin d'exister pour quelqu'un d'autre, cette soif d'enfant qui ne la quittait plus.

Susan aurait pu considérer que sa douleur n'était en rien comparable à la sienne. Mais elle ne le fit pas.

Elle aurait pu l'interrompre et exiger d'elle de sortir, elle n'en fit rien non plus.

Sans bien pouvoir s'expliquer pourquoi, elle était convaincue que la venue de cette femme était un nouveau signe. Pouvait-il en être autrement ? Elle resta muette durant toute la confession d'Angie. Lorsque celle-ci eut terminé, elle parla à son tour :

— Vous savez, j'ai toujours pensé que les enfants n'appartenaient qu'à eux-mêmes et pas à nous, mamans. Lorsque mon père est tombé malade, j'avais vingt ans. Je me suis préparée psychologiquement à son départ. J'ai accompagné ses peurs, douté, pleuré. Lorsque j'ai compris qu'il n'y avait vraiment plus d'espoir, je me suis préparée à sa disparition physique. Mais le chagrin est resté. À jamais.

Elle s'arrêta un instant puis reprit :

— Comme beaucoup, j'ai essayé de lutter contre le destin. Contre ce à quoi tant d'autres cherchent à échapper toute leur vie. En définitive, aucun de nous n'y parvient.

Elle avait achevé sa phrase en resserrant le missel contre sa poitrine, et en fixant désespérément le lit immaculé.

— J'ai passé ma vie à vouloir anticiper les choses, mais ça… Ça, je n'aurais jamais pu même l'imaginer.

Un long silence s'installa. Les deux femmes restèrent ainsi, muettes. On aurait dit qu'elles communiaient. Et ce fut seulement au bout de quelques minutes que Susan murmura :

— Je dois me rendre au cimetière demain. Je ne sais même pas quoi mettre.

Ce qu'elle allait mettre ? Cette femme venait de perdre presque toute sa famille. Comment pouvait-elle penser à sa tenue du lendemain ? Angie observa plus attentivement Susan. Cette dernière avait les yeux hagards. Angie savait que l'expression d'une douleur pouvait se traduire par des mots ou des pensées dérisoires ou absurdes. Cette réaction masquait sa souffrance.

Angie tendit la main qu'elle posa en douceur sur le genou de Susan.

— Je vous aiderai à trouver quelque chose. Ne vous inquiétez pas.

Susan la regarda à son tour, entrouvrit les lèvres, sans doute pour la remercier – aucun son n'en sortit.

Sa détresse était tellement palpable qu'Angie la prit spontanément dans ses bras, comme s'il se fut agi d'une amie de toujours. Susan, qui jamais n'aurait toléré pareille familiarité, s'abandonna : dans le silence entrecoupé par les bips réguliers du respirateur, les deux femmes se serrèrent l'une contre l'autre en pleurant.

*
* *

13 h 30, Miami, Jackson Memorial Hospital

Lena gara sa vieille Dodge devant l'aile indiquée par Evan, entre deux ambulances et un camion de pompiers.

Pourquoi n'avait-elle pas songé à lui proposer plutôt un rendez-vous dans un bar extérieur ? Elle ne supportait plus les structures hospitalières.

Nonobstant le panneau d'interdiction pour les portables, elle attrapa le sien et tapa rapidement ces quelques mots « Suis arrivée. Où se retrouve-t-on ? » avant de cliquer sur « Envoi ».

Un SMS lui parvint immédiatement : « Je vous attends aile C, face au parking réservé aux médecins, à côté du parc. »

Elle le rejoignit en dix minutes. Il l'attendait en tenue civile, assis contre un parapet à l'abri du soleil. Un grand sourire vint alors chasser l'expression mélancolique, presque triste, qui habillait ses yeux quelques secondes plus tôt.

— Je suis content de vous voir.

Il s'interrompit et, à cet instant-là, elle tenta de se voir au travers du regard qui s'attardait sur les traits de son visage. Elle regretta aussitôt de ne pas s'être maquillée. À cet instant, elle aurait aimé se savoir belle.

Conscient de la gêne qu'elle éprouvait, il lui sourit tendrement, ce qui eut pour effet de creuser davantage la fossette qu'elle avait déjà remarquée sur sa joue droite, à l'endroit précis où la pommette rejoint l'arc des lèvres.

Elle se prit à espérer qu'il ne souriait pas trop souvent ainsi. Elle n'avait pas besoin de ça. Passer du bon temps, oui. Mais elle n'avait plus quinze ans et elle ne souhaitait pas sombrer dans une amourette sans lendemain.

Elle lui adressa son sourire le plus espiègle.

— C'est la moindre des choses : cela fait deux plombes que vous me faites cavaler de service en service pour vous rejoindre !

Il éclata d'un rire sincère et lui attrapa le coude pour la guider vers l'entrée du parc.

— Venez, nous serons plus tranquilles de ce côté-ci ! Allons prendre un café un peu plus loin, il y a une camionnette où il y est excellent. Celui du distributeur risquerait de vous faire passer à jamais l'envie de boire un expresso !

Ils se dirigèrent lentement vers les allées ombragées. L'atmosphère y était reposante. Evan salua ici et là quelques patients, serrant la main de l'un, pressant l'épaule d'un autre…

Ils commandèrent deux expressos et deux bagels. Evan lui parla de la longue intervention qu'il venait de mener sur le jeune enfant ces trois dernières heures.

— Et cela s'est mal terminé, c'est ça ?

— Pourquoi me dites-vous cela ?

— Je ne sais pas, l'impression de tristesse que vous dégagez aujourd'hui…

Il laissa fuser un « Oh !… » gêné avant de justifier :

— Vous êtes perspicace, et je vois que rien n'échappe à votre œil de photographe avertie ! Non, je suis plutôt satisfait pour le gamin. Mais je viens de reconnaître un homme décédé au bloc. J'avais discuté avec lui il y a quelques jours et rien ne laissait croire qu'il allait être terrassé par un AVC.

Elle le considéra un moment. À le regarder, fort et fragile à la fois, elle aurait eu envie de capter son visage à cet instant précis.

— Il n'est jamais aisé de saisir ce qui nous échappe complètement, rétorqua-t-elle.

— À qui le dites-vous, ajouta doucement Evan.

— Et nul ne vit éternellement.

— Pourtant, tout le monde s'y essaie et s'y emploie, vous le savez bien.

Ils rejoignirent un banc libre et s'installèrent, se tenant tout près l'un de l'autre. Il pensa à ses mains, au fin poignet délicatement orné d'un mince bracelet de cuir. Elle imagina l'odeur de sa peau, là, au creux de son cou. Et c'est donc tout naturellement qu'ils se retrouvèrent enlacés. Ils demeurèrent ainsi, silencieux, réceptifs au bruissement des feuillages, à la chaleur des rayons du soleil. Quand elle leva la tête, il l'embrassa avec une infinie tendresse, longtemps, très longtemps. Il sentit les doigts fins lui caresser la nuque, tandis que ses mains effleuraient la peau de sa taille au travers de son T-shirt. Il aurait voulu la retenir pour toujours ainsi dans ses bras, elle espéra qu'il ne percevait pas son corps trembler.

— Je voudrais que cet instant ne s'arrête jamais…, finit-il par lui murmurer à l'oreille.

— La journée n'est pas terminée…, répondit-elle tout en tentant de se ressaisir.

Evan se détacha légèrement d'elle et la regarda : le jean et le T-shirt qu'elle portait mettaient parfaitement en valeur ses hanches et sa poitrine. Ses longs cheveux étaient maintenus par un bandeau blanc, ce qui faisait encore ressortir ses yeux. Evan la trouva magnifique. À l'idée qu'un homme puisse partager son lit, il éprouva la morsure de la jalousie, lui qui exécrait ce sentiment.

Il attira son visage contre sa poitrine et posa sa joue contre ses cheveux. Une enivrante odeur de musc s'en échappait. La douceur de ses cheveux, leur fragrance, tout en elle l'affolait.

Dieu du ciel ! il faut te rendre à l'évidence, mon pauvre vieux : tu es bel et bien tombé amoureux !

Il resserra son étreinte autour de la taille de Lena.

— Tu sais, Evan, venir ici n'a pas été facile pour moi. Enfin, je veux dire, depuis que Luca est hospitalisé…

Evan lui pressa l'épaule pour lui montrer qu'il comprenait parfaitement.

— Je suis touché que tu l'aies fait pour moi.

Au bout d'un long moment, elle lui demanda :

— Evan, t'est-il arrivé de retourner sur les lieux de l'enlèvement de Kelsie ?

— Je n'y suis jamais retourné. J'ai parfois voulu le faire mais l'angoisse m'a vite fait renoncer.

L'expression de Lena devint grave lorsqu'elle le questionna :

— Puisque tu es prêt à partager tous tes secrets, serais-tu d'accord pour m'emmener là-bas ?

Totalement surpris par cette requête, il ne put masquer sa stupeur.

Aucun secret… Il en avait déjà un bien lourd à son actif. Retourner *là-bas* lui semblait effectivement impensable, mais ne serait-ce pas là le moyen de prouver à Lena qu'il lui accordait toute sa confiance ?

Il jeta un œil sur sa montre. Palm Beach n'était pas si éloignée que cela de Miami. S'ils partaient maintenant, il aurait encore bien le temps d'être rentré à l'heure pour son rendez-vous avec Casper.

— Il faudra bien que je le fasse un jour, alors autant que ce soit auprès de toi, Lena… Viens, on y va.

12

Miami, City Cemetary,
1800 Deuxième Avenue NE

Angie gara sa voiture sous une allée ombragée, le long du mur du cimetière. Il lui fallut marcher un certain temps avant d'apercevoir sur sa droite un groupe de personnes rassemblées autour d'un prêtre qui implorait Dieu, les bras tendus vers le ciel. Face à lui, elle reconnut Susan, qui fixait le sol de ses yeux.

Quels prétextes cet homme pouvait-il donc bien invoquer pour excuser une telle injustice, expliquer une telle horreur ?

Angie se glissa discrètement derrière un gros troène et observa la scène quelques instants. Elle voulait s'assurer que Susan tenait le coup.

Il n'y avait que très peu de monde. Trois personnes en tout. Angie en déduisit que Susan et son mari n'avaient pas de famille. En plein mois d'août, même les petits camarades des deux enfants décédés n'avaient pu être informés. Cela aurait-il changé quelque chose, de toute façon ? La place des enfants n'était pas dans les cimetières. Même pour de simples visites.

Alors que quatre hommes vêtus de noir s'affairaient autour du premier cercueil blanc pour le descendre dans sa fosse, Angie tenta de se rappeler le visage de l'enfant qui l'avait accompagnée dans son coma.

Angie ne pouvait plus détacher ses yeux des trois boîtes alignées. À l'idée des corps d'enfants reposant dans ces coffres, Angie sentit la nausée la gagner tout entière. L'homme d'Église méditait en silence, demandant sans doute à son Dieu de lui souffler un peu de sa foi. Angie posa un regard rapide sur Susan, incapable d'imaginer la violence des émotions qui devaient la submerger. Elle s'étonna presque de la découvrir debout, face à la fosse qui allait bientôt engloutir ceux à qui elle tenait le plus au monde.

Au bout de longues minutes, le prêtre se dirigea vers Susan, ouvrit son bréviaire et entama la lecture de la première lettre de saint Paul aux Corinthiens. Les yeux de Susan ne quittaient plus le trou béant. Dans sa main droite se tenaient trois roses immenses, deux blanches et une rouge. Angie imagina la lutte qu'elle devait mener pour ne pas s'écrouler.

Susan tourna son visage, et son regard croisa enfin celui d'Angie. Les deux femmes se fixèrent ainsi quelques instants, la détresse de l'une rencontra le soutien silencieux et profond de l'autre. Pour ne pas fragiliser l'attitude si digne de cette femme, Angie lui fit un signe d'amitié et s'éloigna pour regagner l'allée où était garé son véhicule.

*

* *

Miami, Mercy Hospital, chambre de Luca

La chambre était plongée dans la pénombre. Le goutte-à-goutte diffusait le sérum dans les veines de Luca, et les mêmes tubes à oxygène masquaient son visage. Le teint de ce dernier était d'une pâleur inquiétante, les lèvres restaient obstinément couleur de cendre.

Lena posa sur la table le bouquet qu'elle avait rapporté de Palm Beach. Evan et elle s'étaient rendus sur les lieux de l'enlèvement de Kelsie, mais Evan n'avait pu sortir du véhicule. Le flot de souvenirs qui l'avait assailli avait été trop violent. Lena s'en était voulu. Pourtant, sur le trajet du retour, Evan avait tendrement posé sa main sur elle et l'avait remerciée.

Elle se dirigea vers la fenêtre et ouvrit les stores en grand.

Elle déposa les fleurs au pied du lit et s'approcha lentement de la perfusion, laissa glisser son index le long de la tubulure. Puis elle entrouvrit la paupière supérieure droite de son frère pour chercher à déceler l'étincelle de vie qui la conforterait dans son espoir. Sans succès. Les grands yeux bleus éteints de ce visage si pâle tranchaient avec le regard naguère espiègle encadré par un visage hâlé.

— Bonjour, frérot. Tu croyais que j'allais te laisser roupiller toute la journée dans le noir ?

Elle caressa son poignet.

— Tu sais, je dois te dire que j'ai rencontré un homme incroyable. Il est… vraiment génial. Je suis certaine qu'il te plairait. Il est médecin.

Elle sourit tristement avant de reprendre :

— Bref, je ne sais pas encore où nous allons, mais j'ai vraiment envie de mieux le connaître. Je suis sûre que tu l'aimerais…

Elle s'assit au pied du lit et lui raconta tout, de sa première soirée avec Evan à leur départ pour Palm Beach. Lorsqu'elle eut terminé, le silence retomba lourdement.

Lena sentit une angoisse oppressante envahir sa poitrine, et elle ravala sa salive pour étouffer un sanglot.

Elle s'efforça de sourire, comme pour se donner un peu de courage. Luca n'allait pas mieux. Il lui faudrait prendre une décision. Mais elle sentait qu'elle n'y parviendrait pas.

Son assurance avait déjà avisé l'hôpital qu'elle ne couvrirait plus les dépenses très longtemps. Certes, elle avait mis un peu d'argent de côté grâce à ses clichés vendus. Combien de temps, cependant, pourrait-elle tenir ?

Et s'il avait ne serait-ce qu'une chance de pouvoir s'en sortir ?

Cette sensation familière de solitude l'écrasa plus encore.

Son portable vibra, et elle s'en empara. Un SMS, en provenance d'Evan, s'affichait sur l'écran : « Appelle-moi dès que possible. »

Elle se leva lentement, contempla encore une fois son frère, embrassa son front, saisit son sac posé sur la chaise et sortit en pensant aux nombreux secrets qu'ils avaient partagés, toutes les peines qu'ils avaient endurées, et à toutes ces choses que les compagnies d'assurances négligeaient et négligeraient toujours.

*
* *

14 h 46, Miami Beach

Summer enleva ses sandalettes et continua à avancer sur le sable chaud. Elle considéra un long moment l'infinie étendue. Il était encore tôt, et la journée s'annonçait bonne : elle venait de se faire embaucher au Huge, club select où certains riches clients venaient officiellement admirer des revues de danse, pour terminer plus discrètement dans les loges « privées » des filles. Vu le monde qu'ils accueillaient chaque soir, un minimum de revenus lui serait au moins assuré !

Les extras, elle se les trouverait elle-même. La Floride ne manquait pas de portefeuilles bien garnis, ni de messieurs avides de plaisirs charnels.

Elle venait d'investir dans un téléphone portable jetable, outil indispensable pour fidéliser sa clientèle. Pour le travail, elle avait choisi de conserver son « nouveau » prénom : Jennifer.

Elle ôta son T-shirt, offrit délibérément ses seins nus au soleil, et décida de ne s'accorder que quelques minutes d'exposition : il lui fallait veiller à ne pas abîmer son capital séduction. Un homme seul, situé sur sa droite, lui adressa un large sourire. Elle le lui rendit. Tout en lui indiquait la convoitise. Et le fric.

Elle s'allongea langoureusement sur le sable. Sa tête venait à peine d'en heurter les grains que le type s'approcha : « Boire un verre, cela vous tente ? »

Elle se remit sur ses coudes, jaugea l'homme qui s'était accroupi auprès d'elle. Elle se souvint des fameuses paroles de Will Smith au sujet de Miami : « *Yo, ain't no city in the world like this.* » C'était bien vrai…

Elle enfila son T-shirt en offrant son plus grand sourire.

— Si mes prix vous conviennent, je peux même vous proposer mieux…

*

* *

Mac Clough poussa la porte vitrée du Walgreens avec un paquet de Marlboro en poche.

Il s'en grillait une petite, avec la volonté presque gourmande d'en apprécier chaque bouffée sous l'ombre protectrice d'un palmier, face à la mer, lorsqu'une chevelure attira son regard. Un enfant, d'une dizaine d'années, assis face à un pub, semblait attendre quelqu'un. Mac Clough se figea : ses dons de physionomiste lui avaient toujours été très utiles.

S'approchant discrètement, l'inspecteur put constater qu'il s'agissait bien du gamin aperçu en présence du fameux Kester, à New York. Le monde était décidément bien petit. En même temps, il se trouvait juste en dessous du studio loué par ce cher docteur Kester.

La question qui le taraudait était : pourquoi cet homme était-il venu voir Summer Mending ?

Il réfléchit un court instant à la façon d'approcher le gamin sans l'effrayer. L'un des deux, le môme ou Kester, avait quand même volé une partie du dossier d'une suspecte. Le fait était grave. À la lecture de la fiche personnelle de Kester, Mac Clough avait acquis la certitude que cet homme n'avait rien d'un criminel. Il s'était renseigné sur le drame qu'il avait vécu enfant, s'était ensuite penché sur la disparition de la petite Kelsie.

Il n'avait pu consulter que deux photos de la fillette prises avant son enlèvement. Autant dire qu'il n'était pas capable d'entrevoir à quoi cette femme pouvait ressembler aujourd'hui. Mais Mac Clough n'imaginait aucun lien possible et cohérent entre Summer Mending et Evan Kester. À moins que…

Le casier de Kester était blanc comme neige. Inutile d'effrayer le gamin. Il fallait absolument lui expliquer qu'ils n'avaient rien à craindre de lui.

Il s'approcha lentement, évitant de faire le moindre bruit. L'enfant ne bougea pas, perdu dans sa contemplation des eaux lointaines. La suite se déroula en quelques secondes.

Il allait l'interpeller en lui agrippant l'épaule lorsqu'un cri retentit :

— Casper, cours !

Mac Clough vit l'enfant se tourner avec la vivacité d'une anguille et bondir avec une agilité qui le prit de court.

— Non, attends !

Mais le gamin avait déjà détalé à une vingtaine de mètres en direction d'Evan. Mac Clough n'eut d'autre solution que de brandir sa carte professionnelle en hurlant au type obèse qui se prélassait torse nu au soleil à quelques pas de l'enfant :

— Police ! Arrêtez-le !

L'homme, de corpulence impressionnante, se jeta sur le gamin comme un quaterback sur le ballon. Casper fut ainsi plaqué au sol sur le sable. Il se débattit mais n'avait aucune chance contre ce tas de graisse et de muscles qui enserrait fièrement sa prise. Mac Clough remballa prestement son porte-carte dans sa poche tout en courant vers eux.

Au même moment, Evan fonça sur le type en brandissant une rame de kayakiste dénichée près du campement.

— Lâchez-le !

Casper se contorsionna pour vérifier qu'il s'agissait bien de la voix d'Evan. Stupéfait de découvrir le visage menaçant de son ami, il ne put s'empêcher de ricaner.

— Ouh là, là ! Ça va déchirer grave !

Evan lui balança un regard noir, et Casper se pinça les lèvres.

Inquiet, l'homme relâcha son étreinte, ce qui suffit à Casper pour s'extirper de ses bras. Mais Evan ne vit pas le coup de poing de l'homme furieux s'abattre sur le bas de son visage. Il eut immédiatement l'impression qu'on lui arrachait les lèvres. Sonné, il aperçut plus qu'il ne vit Casper balancer une grande brassée de sable dans les yeux du molosse. On entendit un hurlement : un cri de bête blessée.

Casper saisit le poignet d'Evan et ils se mirent à courir. Evan se demanda si le sumo *made in Florida* ne lui avait pas tout simplement explosé la mandibule.

Lorsqu'ils s'arrêtèrent enfin, essoufflés, Evan tenta d'établir un premier diagnostic en palpant délicatement ses lèvres. Ses doigts se teintèrent d'un rouge vif.

— Alors là, je suis é-pa-té ! Tu t'es littéralement jeté dans le ventre de la bête. Il fallait vraiment le voir pour le croire ! L'adversaire n'avait pourtant pas l'air féroce…

Le ton de Casper était presque joyeux.

— Oh oui ! tu as raison. Il m'avait l'air d'un type plein d'humour. Aussi drôle et délicat qu'un flingue posé dans une bouche ! Je suis néanmoins ravi de constater que le spectacle t'a plu. Mais sache tout de même que mon métier ne va pas de pair avec ce type de sport ! Je ne suis donc pas un habitué des rings.

— Bah ! c'est vrai qu'à un moment, je me suis quand même demandé ce que tu comptais faire avec ta pelle.

— C'était une rame, imbécile ! Bon sang, c'est malin, j'ai les lèvres qui ont doublé de volume !

— Ça, c'est rien de le dire ! Tu pourrais presque faire modèle pour des injections de silicone.

— Eh bien, tant mieux : j'ai toujours rêvé d'avoir les lèvres aussi pulpeuses que Pamela Anderson.

Casper le regarda, l'œil amusé, les poings fermés à hauteur des hanches.

— Alors, crois-moi, mon pote, c'est parfait !

Et il tapa affectueusement dans le dos d'Evan, dont le sourire complice se crispa aussitôt en un rictus de douleur.

13

Miami, 7 août 2014, 18 h 14

Mac Clough écrasa rageusement sa douzième Marlboro à même le sable. Depuis qu'il avait eu la confirmation qu'aucun acte de naissance de Summer Mending n'était enregistré dans l'État de New York, il restait perplexe. Il se sentait envahi par le sentiment d'être aujourd'hui dépassé par quelque chose de bien plus répugnant que la cupidité ou la colère : l'injustice.

Plus de trois heures qu'il avait demandé au lieutenant d'interroger la mère Mending. Ne l'avait-il pas surestimé dans sa capacité à gérer ce type d'investigation ?

Il essaya, tout en tirant une longue bouffée, de se concentrer sur la progression de l'enquête. Summer ne pouvait se faire embaucher légalement sans papier d'identité. Cela réduisait le nombre d'employeurs potentiels. Il avait visité l'ensemble des discothèques un peu chaudes de Miami. Aucun gérant n'avait reconnu la jeune femme sur la photo qu'il leur avait présentée. Les responsables de boîtes de nuit n'aimaient pas s'attirer les flics. Si cette fille écumait l'un de ces clubs, elle allait très vite être mise au parfum. Et certainement commettrait-elle une erreur…

Son vieux Samsung eut à peine le temps de vibrer que Mac Clough prenait l'appel. Il écouta patiemment le long récit de Cohan. Les moindres détails de l'aveu de Mme Mending lui furent rapportés : il apprit ainsi que Summer avait en fait été enlevée quand elle était petite. L'enfant avait d'ailleurs été baptisée « Summer » en souvenir de ce jour d'été. La « mère » justifiait cet enlèvement par son impossible fécondité. L'inspecteur ne nota rien, mais s'imprégna scrupuleusement de chaque mot. Lorsqu'il raccrocha, il avait la nausée.

Il resta longtemps le regard fixé sur le filtre de sa cigarette se consumant seule. Il repensa à certaines phrases touchantes lues dans le journal de cette gamine qui cavalait sans le savoir après ses vraies racines. Ses priorités n'étaient plus les mêmes.

Avant toute chose, il lui fallait découvrir si le lien entre Kester et Summer était bien celui auquel il pensait.

Il se remit en marche à vive allure, tout en ouvrant le clapet de son portable.

— Cohan, autre chose : pourriez-vous me trouver les coordonnées de M. et Mme Kester, les parents d'une petite fille dénommée Kelsie, kidnappée à Palm Beach il y a de nombreuses années ?

Il remercia par avance son équipier et conserva son GSM à la main après avoir mis fin à la conversation.

*

*   *

Evan et Casper s'arrêtèrent assoiffés à la terrasse d'un pub. Ils avaient repris leur course sur un bon kilomètre et demi avant de se remettre à marcher. Le flic connaissait l'adresse d'Evan et ils s'attendaient tous deux à une petite visite de courtoisie de leur nouvel ami.

— Il y a vraiment des jours où l'on se demande s'il était indispensable de se lever, s'exclama Evan alors que la serveuse leur apportait deux *Diet Coke*.

Le regard de Casper s'arrêta sur les deux bouteilles.

— Tu aurais quand même pu me prendre autre chose ! L'aspartame n'est pas précisément réputé pour son pouvoir de récupération après l'effort !

— Je veille sur ta ligne, Casper.

— Quelle délicate attention ! Tu sais comment on appelle les messieurs attentifs aux courbes des jeunes garçons ?

Le stress et la tension accumulés après leur course-poursuite ne les empêchèrent pas d'éclater de rire en même temps.

— Trêve de plaisanterie, Evan, je trouve que tu as une mine épouvantable.

— Je n'ai pas beaucoup dormi ces derniers jours. J'ai eu une opération difficile sur un gamin hier soir, j'ai ensuite enchaîné avec une tentative de suicide. Ça n'aide pas à garder la forme.

Casper poussa un long soupir, puis reprit :

— Arrête donc de t'escrimer à aider les abrutis qui veulent se flinguer !

Evan repensa à ce que Casper lui avait confié de sa vie d'homme. Il s'était décrit comme un homme passé à côté de l'essentiel. Qu'était-il donc arrivé à ces yeux rieurs, à ce visage angélique, à celui qui mordait la vie à pleines dents étant gosse ?

— Certains s'en sortent, Casper. Leur geste est parfois non réfléchi.

Le gamin attrapa son verre de Coca et tira lentement sur la paille.

— Ne vaudrait-il pas mieux utiliser ton talent pour aider ceux qui le méritent réellement ?

Evan répliqua aussitôt :

— Je te rappelle que je m'occupe principalement d'enfants en situation critique. Et si l'on parle de Stephen, mes interventions ne sont guère plus efficaces !

Casper s'absorba quelques instants dans la contemplation des bulles produites avec sa paille. Lorsqu'il cessa, Evan lut dans les yeux enfantins une vraie tristesse contrastant avec la voix fluette de Casper.

— Stephen est mieux là où il est, Evan. Crois-moi...

Evan songea que cette issue était effectivement la meilleure pour Stephen. Quel avenir l'eût attendu sinon ?

— Au moins, Casper, l'avantage d'essayer d'aider des adultes qui tentent de se supprimer, c'est que, même si j'échoue, je ne me sens pas responsable.

L'enfant posa doucement la main sur l'avant-bras d'Evan.

— Tu n'es jamais coupable, Evan. La vie est aussi belle que cruelle. Mais on ne l'apprend parfois qu'au dernier moment. C'est ça que j'essaie de t'enseigner.

— Je dois croire en ce que je fais, Casper. Et si les dés sont déjà jetés pour chacun d'entre nous comme tu le prétends, alors autant tout arrêter !

— Je n'ai jamais dit cela, Evan. Sinon, je ne serais pas là.

Casper avala une gorgée supplémentaire de Coca avant de reprendre :

— On ne peut pas tout maîtriser. En dépit de tous les efforts de prévention possibles, le cancer du poumon atteindra des non-tabagiques, la cirrhose du foie, des non-alcooliques…

— Hier, je suis intervenu sur un gamin dont la vie ne tenait plus qu'à un fil. J'étais convaincu qu'il n'allait pas supporter l'opération. Mais il l'a fait. Ce môme est le seul rescapé d'un accident de voiture qui a tué son frère, sa sœur et son père. Ne reste que sa mère qui le veille jour et nuit. Elle vient de placer en moi tous ses espoirs. Que dois-je lui dire, Casper ? Qu'il faudrait un miracle pour que son fils ne rejoigne pas sa défunte fratrie ? Qu'il faut quand même espérer ? Que je fais ce que je peux ? Et qu'est-ce que je peux, exactement, Casper ?

Evan avait suffisamment rapproché son visage de celui de l'enfant pour que celui-ci puisse y lire son profond désarroi. Il maintint son regard dans le sien quelques secondes avant de se lever.

— Je ne me prends pas pour Dieu, Casper. Mais je sais combien perdre un être cher brise le cœur. Il y a aujourd'hui une mère qui attend de moi que je sauve ce gosse. Je ne parviens toujours pas à comprendre ce que tu es ni ce que tu fais, mais si tu en as la moindre possibilité, aide-moi à sauver ce gamin.

— Je te répète que je n'ai aucun pouvoir.

Evan semblait maintenant agacé.

— Dois-je comprendre que tu ne peux intervenir en aucune façon ?

— Exactement, Evan.

— Tu me prends vraiment pour un con.

Le ton était devenu très sec, presque agressif.

— Pourquoi me dis-tu ça ? Je ne te mens pas !

— Bien sûr ! Alors explique-moi comment tu as su que Stephen était condamné ? Ou comment as-tu « deviné » que le type au tatouage allait mourir d'une rupture d'anévrisme, lorsque aucune anomalie n'a été détectée malgré tout l'arsenal dont il a bénéficié ?

— Je ne possède pas de baguette magique pour maintenir ou retirer la vie à quelqu'un. Pour Stephen, je savais qu'il avançait chaque jour davantage vers le côté obscur de ce tunnel que représente le coma. Pour le père, ce n'était qu'une sorte d'intuition. Si j'avais de véritables dons, je t'assure que je me débrouillerais seul.

— Tiens, c'est vrai ça : pourquoi tu n'agis pas seul avec le frère de Lena ? Il te suffirait d'entrer dans la chambre de ce type et de le débrancher.

— Ce n'est pas si simple, Evan.

— Ben, tiens ! Tes mystères à la noix, j'en ai ras le bol. Je vais faire un tour. Et j'ai besoin d'être un peu seul, si tu veux bien ! termina-t-il en lançant à Casper un regard lourd de reproches.

— Tu refuses d'entendre mes explications ! Je t'ai expliqué que je ne pouvais pas agir sur le cours des choses. Elles m'échappent autant qu'à toi.

Casper se leva à son tour.

— Lorsque tu t'escrimes à sauver quelqu'un dans ton bloc, tu essaies d'éviter le pire : la mort du patient. Mais tu n'es pas certain du résultat. Tu agis seulement au mieux. Je suis comme toi. Le seul « don » que j'ai, c'est de parfois « sentir » les choses. Pour Stephen, je savais au plus profond de moi qu'il allait partir, car il marchait dos à la lumière. Et je ne suis pas parvenu à le faire se retourner. Pour le type au tatouage, c'est quelqu'un qui me l'a soufflé. Si tu m'avais interrogé une demi-heure plus tôt, j'aurais été incapable de te dire qu'il allait mourir et de quelle manière. Pour ton Nathan, je ne sais rien, absolument rien. En tout cas, pour l'instant.

Evan fixait Casper d'un œil circonspect, les mains posées sur les hanches.

— Et la gamine ? Il a suffi que tu te connectes à ton petit doigt pour réussir à la retrouver ? Laisse-moi seul un instant. Je reviens.

*
* *

Casper rejoignit Evan sur la plage mais demeura à bonne distance de lui. La situation devenait vraiment complexe. Il savait pourtant dès le début que tout ne serait pas évident.

Il n'aurait jamais imaginé que Summer s'en prendrait à son « père », pas plus qu'Evan tomberait amoureux. La cavalcade avec le flic n'était pas non plus au programme.

L'enfant éclata cependant de rire au souvenir de ses dernières aventures avec Evan. Il devait reconnaître qu'ils avaient partagé des moments intenses et authentiques. Comme de vrais potes avaient parfois l'occasion d'en vivre sur toute une vie, et que lui-même n'avait jamais pu connaître pendant la sienne.

L'élément le plus inattendu, c'était son profond attachement à Evan. Il aurait vraiment aimé pouvoir poursuivre ce bout de chemin avec son nouvel ami. Il imagina un instant ce qu'aurait alors pu être leur vie de potes. Il aurait donné cher pour vivre ça.

Mais tout ne se monnayait pas. À moins qu'on ne lui réserve encore une surprise de taille.

Il repensa à son accident. Il se remémora avec précision le bruit, la douleur intense, les cris, la peur, l'attente interminable, le froid, puis le vide. Le tout avec une précision douloureuse. Il sentit qu'il allait se mettre à hurler et se plaqua le poing contre la bouche pour taire ce cri montant. Quelques larmes coulèrent sur sa joue.

Il savait que tous ceux qu'il aimait lui seraient bientôt retirés.

C'était cela le plus difficile.

Il aperçut Evan se lever pour effectuer quelques pas au bord de l'eau. Casper aurait voulu pouvoir l'aider, mais il en était tout bonnement incapable.

Soudain Casper serra les dents. Une violente douleur venait de le transpercer, semblable à une décharge électrique. Il savait très bien ce que cela signifiait ! La pompe à morphine était épuisée, là-bas, à l'hôpital. Le stupéfiant ne faisait plus effet. Il ne lui restait plus qu'à prier pour qu'une infirmière entende la sonnerie de l'appareil. L'alarme pouvait parfois retentir pendant des heures sans que personne vienne changer la perfusion. C'était aussi cela l'envers du décor. Tous les soignants n'étaient pas des passionnés et n'avaient pas choisi ce métier par vocation.

La douleur se fit plus intense, insupportable, mais Casper savait qu'elle pouvait encore empirer. Il lui fallait s'isoler. Et vite. Inutile d'attirer l'attention. D'autant que les effets du manque allaient se manifester.

Des gouttes de sueur perlaient maintenant sur son front. Sa respiration devenait plus difficile. Dans ces moments-là, il lui tardait vraiment d'en finir, une bonne fois pour toutes.

Il ferma les yeux. Dans un brouillard assez confus, il perçut qu'une porte s'ouvrait et entendit une voix dire :

— C'est bon, je m'en occupe. Je lui change sa perf.

C'était l'infirmière qu'il préférait. Chaque fois qu'elle entrait dans sa chambre, elle lui adressait un petit mot gentil. Elle manipula la machine, réactiva le système de sonnerie. Il sentit immédiatement un apaisant engourdissement dans tout son corps.

Casper inspira un grand coup et remercia cette femme en pensée. À quelques kilomètres de là, cette dernière serra la main de l'homme plongé dans le coma.

Avant de refermer la porte derrière elle, sans bruit.

Les instants pénibles que Casper venait de vivre lui rappelèrent l'urgence de la situation. Si l'histoire de ce petit Nathan avait à ce point touché Evan, il devait trouver un moyen de l'aider. Que pouvait-il faire ?

Pas grand-chose.

À moins que…

Un sourire se dessina sur les lèvres de l'enfant. Il rejoignit Evan. Ce dernier le sentit s'approcher, mais ne prononça aucun mot.

— Pour la gamine, c'est un peu plus compliqué. Mais je vais t'expliquer pourquoi il m'a été si facile de la retrouver, Evan.

Bon gré, mal gré, le chirurgien l'invita à s'asseoir à côté de lui, face à l'océan.

— Je t'écoute.

— La plus grande difficulté était de réussir à te persuader de croire en mon… « état », commença-t-il. Convaincre un médecin que la physique quantique a encore des secrets peut paraître assez simple en soi, mais lui faire admettre qu'il peut exister un univers parallèle permettant une décorporation visible, je t'assure qu'il y avait du boulot. Je devais donc faire preuve d'une sacrée imagination.

Casper risqua un regard en direction d'Evan. Son visage était inexpressif. L'enfant poursuivit son récit :

— Je savais que ton accueil ne serait pas des plus chaleureux. J'imaginais combien il te serait difficile de reparler de Kelsie. Me contenter de te servir l'histoire de Brenda, la gamine qui a assisté au kidnapping de ta sœur, n'aurait sans doute pas suffi à te convaincre. Je t'ai longuement observé avant de te retrouver. Je t'ai vu souvent jouer de la guitare sur la plage. En écoutant ta musique, en épiant ta solitude, j'ai découvert un homme sensible, et j'ai trouvé l'idée qui me permettrait de faire vaciller tes résistances.

— Excuse-moi une seconde !

Casper s'interrompit et vit Evan se diriger vers deux jeunes femmes qui avançaient vers eux. L'une d'elles tirait comme une forcenée sur sa cigarette. Après quelques instants et un sourire un peu forcé, Evan revint avec une Peter Stuyvesant allumée.

— Juste quelques taffes. C'est ça ou je m'enfile un double scotch cul sec.

— Effectivement, opte pour la première option. Parce que si l'Inspecteur Gadget nous court encore après, je préfère tenir la main d'un type un peu essoufflé plutôt que d'avoir à crapahuter avec un mec bourré sur le dos.

— Je ne t'ai pas demandé de commentaires. Continue.

— Bien. Il me fallait profiter d'un événement pour te faire croire que j'avais des pouvoirs. J'ai guetté des jours durant, sur la plage de Miami et dans les rues avoisinantes, une enfant qui se serait prénommée Kelsie. J'ai fini par la trouver. Attention, je crois qu'à la prochaine taffe, tu avales le filtre…

Evan serra les mâchoires, écrasa le mégot de cigarette dans le sable blanc, et revint sur Casper.

— Le port était blindé ce jour-là, et la petite m'a suivi facilement lorsque je lui ai proposé de lui faire visiter un bateau. Je n'inspire pas la même méfiance qu'un adulte. L'objectif était de la cacher, de contacter la presse pour qu'il y ait un battage médiatique, et de t'appeler ensuite pour te proposer de la retrouver. Kelsie et moi nous sommes rendus dans un centre commercial pour acheter des bonbons. Je lui avais enroulé un bandana sur la tête, tous ceux qui nous ont croisés nous ont pris pour deux adorables frère et sœur. Contacter les journalistes fut un jeu d'enfant, si je puis dire. Voilà un exemple de ce que je peux accomplir. Rien d'exceptionnel.

— Mais il faut être complètement détraqué pour imaginer un truc pareil ! As-tu un instant songé aux parents ?

— Evan, je n'avais pas le choix, il me fallait te convaincre.

— Tu aurais pu agir autrement tout de même.

— Pour cela, il m'aurait fallu avoir davantage de temps, et je n'en avais plus, Evan ! J'en ai encore moins maintenant.

Il se tut quelques instants avant d'ajouter :

— Sois rassuré : cette petite fille a passé un merveilleux moment en ma compagnie. Tu remarqueras d'ailleurs que la presse ne s'est pas attardée sur l'aventure de cette enfant, que la mère aurait mieux fait de surveiller davantage.

Casper changea de sujet.

— Tu vois, je n'avais jamais vécu d'instants aussi intenses avec un pote.

Evan laissa échapper un rire avant de commenter :

— Je ne suis pas sûr que cela soit un compliment.

— Prends-le comme tel, je t'assure. Je ne suis peut-être pas tout à fait mort, mais je me sens comme un loser qui se demande à son dernier souffle : Qu'ai-je donc fait de ma vie ?

— Casper, ce n'est peut-être pas le moment. Et puis, si tu sors de cette saloperie de coma, tu pourras encore accomplir plein de choses.

L'enfant ricana légèrement.

— J'ai toujours rêvé de faire de la musique. Avec un nom d'artiste, et tout, et tout. Je me suis souvent dit que j'avais le temps. Alors je me suis éclaté dans des activités diverses et variées en remettant à plus tard ce qui me tenait vraiment à cœur. Comme si j'avais en fin de compte peur de me lancer et d'échouer. J'avais l'impression de n'avoir aucune limite. Comme tout le monde, en fait. Au final, c'était une belle erreur. Il s'agit juste d'un crédit, et tout crédit se rembourse un jour.

— Tu auras peut-être la deuxième chance qui te permettra de réaliser ce que tu as toujours rêvé de faire, Casper. Ne lâche pas. Et je serai là, moi.

Casper le regarda sans mot dire, quelques gouttes commencèrent à tomber. Un orage tropical allait s'abattre sur Miami.

Sans même échanger un regard, Casper et Evan restèrent tous deux assis au moment où le déluge commença. Ils offrirent un long moment leur visage aux trombes d'eau. Casper retrouva son espièglerie.

— Il n'y a pas à dire : ce qui peut paraître drôle à dix ans devient assez pathétique vers la quarantaine.

Complices, ils partirent d'un grand éclat de rire, dont l'écho se noya entre le bruit du vent et celui des vagues.

14

Miami Beach, 19 h 25

Evan et Casper étaient maintenant trempés. La pluie avait cessé et l'orage s'était éloigné.

— Bien ! Regagnons la civilisation en marchant d'un pas tranquille. Cela nous inspirera peut-être pour élaborer un plan. Parce que là, il va falloir songer à revoir ta feuille de route, mon cher Casper !

— Si je comprends bien, de ton côté, les choses prennent bonne tournure avec une *love story* à la clé, et, du mien, nous sommes au point mort. Si je puis me permettre ce jeu de mots… Formidable !

— Je te rappelle que ma sœur était quand même le sujet majeur sur lequel nous étions censés progresser !

Ils avaient rejoint Washington Avenue quand Evan reprit :

— Lena a appris que la copine dont Luca était fou amoureux avait un nouvel homme dans sa vie. J'espère que Luca ne voit rien de là où il est. Ce doit être horrible de découvrir que la personne que vous aimiez se carapate au premier coup de feu dans les bras d'un autre.

Evan se tourna vers Casper : son visage exprimait une profonde tristesse et l'enfant dit d'une voix à peine audible :

— Je me demande si nous ne ferions pas mieux de tout laisser tomber.

— Génial ! Tu montes un plan abracadabrantesque pour me convaincre de te suivre dans une aventure digne des studios hollywoodiens et maintenant tu veux tout abandonner. Pour quelqu'un qui était sûr du résultat… Super !

— Comment ça, super ? Tu me vois depuis le début comme un extraterrestre ! Mais je ne viens pas du futur ! Alors forcément, cela entraîne quelques surprises. Je n'avais pas prévu que Kelsie buterait ce type, pas imaginé non plus que nous aurions les flics de New York aux trousses, pas plus que docteur Mamour tomberait amoureux comme un ado de quinze ans. Si tu t'imaginais que je pouvais tout deviner, je comprends que tu sois déçu !

Ses yeux étaient maintenant remplis de larmes. Evan s'agenouilla face à lui et le prit par les épaules.

— Nous allons réussir, Casper. J'en suis certain. Alors, tu ne vas pas me laisser tomber, dis ?

Casper s'essuya le nez du revers de son bras. Ils reprirent leur chemin en silence.

Devant une vieille boutique à la vitrine poussiéreuse, Casper s'arrêta net. Evan l'interpella avec amusement :

— Qu'est-ce que tu as, Casper ? Tu veux nettoyer les carreaux ?

L'enfant ne répondit pas, aspiré qu'il était par les taches opaques qui envahissaient la façade.

— Casper ?

L'enfant daigna enfin le regarder.

— Il me le faut, Evan.

Casper s'était déjà engouffré dans la boutique, où un vieil homme à l'accoutrement douteux l'accueillit. La voix enfantine vint rompre le silence ténébreux :

— Bonjour, monsieur. Vous avez un livre de Saint-Exupéry en devanture. Est-il à vendre ?

L'homme regarda l'enfant d'un œil vitreux avant d'éclater d'un rire gras, ne laissant aucun doute sur sa relation intime avec l'alcool et le tabac.

— Non, c'est juste pour décorer la boutique, jeune homme. Et moi, je suis la danseuse qui ouvrira le prochain bal des débutantes !

Hermétique à la tentative d'humour de son interlocuteur, Casper continua de le questionner le plus sérieusement du monde :

— Il me le faut. Combien en voulez-vous ?

Le commerçant se dirigeait déjà d'un pas traînant vers la vitrine, pendant que Casper continuait :

— Il s'agit du *Petit Prince.* J'adore cette histoire. C'est une édition rare et originale, si j'en crois l'état et le numéro de série gravé sur la couverture.

Les yeux du vieil homme se plissèrent d'un air suspicieux avant de s'illuminer de dollars. Certes, le gamin n'était pas en âge d'acheter quoi que ce soit. Mais l'homme qui l'accompagnait semblait plein aux as. Sans doute un père blindé de thunes qui baladait son môme. Original ou pas, il n'en savait strictement rien. Ce qui comptait, c'était combien il pourrait en tirer. De sorte qu'il sourit de toutes ses dents.

— Je vois que tu t'y connais bien, mon bonhomme. Et alors, combien crois-tu qu'il pourrait coûter ce… beau livre ?

Le sourire à demi édenté fit aussitôt ravaler sa salive à Evan. Même sans stéthoscope, il était capable d'évaluer l'emballement du rythme cardiaque du vieil alcoolo-tabagique qui dévisageait l'enfant avec le même regard que le chat a pour le poisson dans l'aquarium. Il jeta un œil noir à Casper. Qu'est-ce qui lui avait pris de dire qu'il voulait impérativement ce bouquin ? Il tenta de le saisir par l'épaule pour l'entraîner dehors, mais l'enfant se libéra sèchement.

— Non. Je le veux. Maintenant ! Quel que soit son prix !

Le rire gras retentit pour la seconde fois.

— C'est bien, petit, de savoir ce que l'on veut à ton âge.

Evan considéra l'enfant avec stupeur : Casper affichait une expression de détermination. Le vieux avait bien flairé son pigeon. Evan ressentit une fulgurante envie de coller une bonne paire de baffes à Casper. Il se planta devant le gamin et le secoua comme un prunier.

— Casper : on rentre !

À sa grande stupeur, l'enfant le repoussa rudement.

— Alors ?

Le vieux se frotta les mains tout en concentrant désormais son sourire édenté sur sa cible.

— C'est qu'un truc comme ça, ça vaut bien dans les… 3000 dollars ? Mais je te le cède pour seulement 2000. Un très bon prix.

— Ben, voyons ! Vous me prenez pour le Père Noël ? s'écria aussitôt Evan. Pour ce prix-là, on vous achète la totalité de votre bouclard !

Mais il constata, consterné, que le gamin et le vieux le fixaient d'un même regard noir.

— Non, mais Casper, tu blagues, là, non ?

Casper n'avait pas l'air de rire du tout.

— Votre prix me convient ! Evan, tu peux m'avancer l'argent, s'il te plaît ?

Evan renonça à lui rappeler qu'il existait plus de probabilités que le vieux fût marié à Cindy Crawford que lui-même en avait de se faire rembourser. Il déclara donc forfait, devant la mine réjouie et sadique du commerçant.

Agacé, Evan paya et Casper agrippa le livre contre lui comme s'il s'était agi d'un trésor. Après avoir récupéré le récépissé de son achat, Evan tourna rapidement les talons et ouvrit sèchement la porte de sortie. Un mielleux « Au revoir, m'ssieurs. Au plaisir ! » l'accompagna, auquel il ne répondit pas.

La clenche venait à peine de se refermer que Casper lui attrapa l'avant-bras.

— Je ne peux pas t'en dire plus pour l'instant, mais sache que nous venons de faire une super-affaire. Crois-moi !

— Non mais tu plaisan…

— Fais-moi confiance, s'il te plaît. Il me fallait absolument ce livre. C'est un hasard incroyable et un beau cadeau. Ne m'en demande pas plus, je t'en prie.

Evan ne broncha pas. OK, il venait de se faire entuber de 2 000 dollars. C'était beaucoup, mais ce n'était pas la mort ! Son ami semblait tellement heureux d'avoir fait cette acquisition. Devait-il lui gâcher cet instant pour 2 000 billets ?

Il soupira et maugréa :

— Je ne sais s'il s'agit d'un traité de cuisine, mais, à ce prix-là, la bouffe se devra d'être bonne !

Le gamin arbora un air satisfait et ils avancèrent en silence, jusqu'à ce que la sonnerie du téléphone d'Evan les interrompe. Ce dernier attrapa son combiné. « Mum » s'affichait sur l'écran. Il ne décrocha pas de suite.

— Dis-moi, Casper, rends service au corps médical : pense à offrir ta dépouille à la science. Tu es une source d'emmerdes à toi tout seul, et on devrait pouvoir progresser en trouvant dans tes gènes l'ADN de la poisse !

L'enfant le regarda d'un air absent :

— C'est le cow-boy qui te cherche ?

— Non, pire ! C'est ma mère. Et je ne l'ai pas eue en ligne depuis des lustres. Ce n'est pas bon signe.

Il s'éloigna un peu tout en prenant l'appel, nerveux. Il raccrocha au bout de quelques minutes.

— Que se passe-t-il ?

— Le torchon brûle : ma mère m'a supplié de lui rendre visite dimanche à 11 h 30. Elle n'a pas voulu m'en dire davantage. Mais cela semblait urgent.

L'idée de se rendre seul chez sa mère après tant d'années de silence ne l'enchantait pas. Peut-être que s'y rendre avec quelqu'un l'aurait aidé. Quelqu'un avec qui… Il cessa de réfléchir et se tourna vers Casper.

— Dis, tu viens avec moi ? Tu me dois bien ça…

*
* *

Miami, club Huge, 20 h 20

À peine Summer était-elle entrée par la porte de service réservée au personnel de la boîte que le boss lui tomba dessus. Il n'avait pas l'air dans un bon jour. Il s'approcha d'elle, la détailla de la tête aux pieds, avant de lui balancer :

— Dis-moi, ma jolie, tu viens d'où exactement ?

— De chez moi. Pourquoi ?

— Tu te moques de moi ? Je te demande de me dire d'où tu nous arrives là, comme ça, surgie de nulle part !

Summer, prise au dépourvue, tenta d'improviser :

— Je viens de Boston.

— Dis donc, tu te fous bien de ma gueule ! Les flics te courent après. Alors, je ne veux rien savoir du pourquoi ils te collent au cul, mais je vais te la faire très courte : t'as dix minutes pour remporter tes frasques et te casser de chez moi. C'est clair ?

La panique envahit Summer. Les flics ? Comment avaient-ils pu la retrouver aussi vite ?

Elle gagna la plage. Il lui fallait un endroit calme pour recouvrer ses esprits. Elle resta ainsi de longues minutes face à l'océan. Puis elle se tourna vers les maisons qui longeaient la côte. À qui pouvaient-elles appartenir ? Des médecins ? Des avocats ? Des types bourrés de fric qui devaient percevoir des revenus annuels à sept chiffres, ce qui leur permettait d'offrir à leurs épouses des bijoux au nombre de carats affichés sur la facture, des étoles Hermès à la pelle, et des Jag' customisées. Des bonnes femmes qui se faisaient faire des mômes pour mieux garantir leur propre train de vie et qui apprenaient ensuite à leurs rejetons à dévorer de la langouste comme d'autres se gavent de hamburgers. Et, pendant ce temps-là, ces maris respectables allaient voir des putes afin de prendre un peu de bon temps. Des putes comme elle, obligées d'écarter les cuisses pour survivre.

Elle s'imprégna une dernière fois de l'air iodé et courut alors pour rejoindre la rue. Il fallait qu'elle rentre à l'hôtel.

Tous ces gens la dégoûtaient : tous ces clients friqués dont le vice et l'addiction pour le sexe n'avaient d'égal que l'hypocrisie et le mensonge dont ils devaient chaque soir faire preuve devant leurs épouses, ce geôlier à la con qui ne pensait qu'à exploiter les pauvres filles comme elle, les mecs qui n'étaient au final que des porcs avec une bite à la place du cerveau. Oui, des porcs.

Te voilà revenue au point de départ.

Dans son sac en bandoulière, elle jeta pêle-mêle les affaires qu'elle avait laissées dans la chambre. Elle ne devait surtout pas perdre espoir. Elle n'avait pas supporté tout cela pour rien.

Maintenant, l'urgence était de se montrer la plus prudente possible.

*

* *

Miami, Jackson Memorial Hospital, chambre 18
21 h 17

Susan se pencha doucement au-dessus du visage de son enfant, avant de déposer un baiser plein de tendresse sur son front. En la contemplant, Angie se rappela qu'elle-même ne connaîtrait jamais ce sentiment.

L'enfant respirait correctement. Susan surveillait en permanence le monitoring. Cette vérification assidue l'aidait à tenir le coup. La vie était encore là.

Angie était repassée chez elle, avait tout nettoyé pour que la femme de ménage ne soit jamais tentée de parler de l'« incident » à Mark.

Angie se sentait épuisée. Il lui faudrait bientôt reprendre son travail et elle n'en avait aucune envie.

— Tu penses à lui ?

Angie se retourna vers Susan qui la fixait, la bible toujours serrée contre sa poitrine.

— J'angoisse un peu. Mark sera bientôt là. Et je ne sais pas comment réagir.

Angie éprouva un sentiment de honte : le drame que Susan traversait était tellement plus grave. Comme si elle avait deviné ses pensées, Susan enchaîna :

— Je donnerais n'importe quoi pour me réveiller et apprendre que Richard me trompe et qu'il envisage de me quitter. N'importe quoi... Je vivrais sûrement un cauchemar, mais maintenant que je connais l'enfer, crois bien que je m'en contenterais. Il faudrait pouvoir entrevoir au moins une fois le pire pour mieux appréhender les moments difficiles de la vie.

Elle laissa passer un moment.

— Garde espoir. Il ne t'a jamais parlé d'elle. Il souhaite peut-être avoir une femme pour partager sa vie et une maîtresse pour le plaisir des sens. Cette fille-là n'est probablement qu'une lubie.

— J'ai des scrupules à évoquer cela avec toi, Susan. Ce que tu vis est tellement plus...

Mais elle poursuivit :

— J'essaie sans cesse d'imaginer ce qu'il lui dit, comment il lui fait l'amour, ce qu'elle a de plus que moi, s'il rit beaucoup en sa présence, si elle l'émeut.

Aime-t-il caresser le bas de son dos comme il aimait effleurer le mien ? Lui passe-t-il les doigts dans les cheveux lorsqu'ils ont fait l'amour ? Où l'emmène-t-il dîner, dormir ? Comment lui…

— Stop, Angie ! Tu te fais du mal. Elle était peut-être là à un moment où il avait besoin d'une écoute. Bats-toi !

— Me battre ?

— Oui, réagis ! Tente de le séduire à nouveau. Tu as la chance de pouvoir encore agir sur les choses, d'être actrice de ton destin. Moi, je ne peux que subir et prier.

Angie attrapa les deux bras de son interlocutrice.

— Tu ne dois pas dire ça, Susan ! Tu es un vrai fil d'Ariane pour Nathan. C'est le son de ta voix qui le guide dans cette saloperie de tunnel.

Susan secoua la tête.

— On ne lui trouvera jamais de poumon à temps…

— Bien sûr que si ! Un don d'organes peut le sauver.

Susan haussa les épaules.

— Il va mal. J'ai l'impression qu'il respire moins bien.

— Impossible : il est sous assistance !

— Je ne sais pas, je le sens…

Angie se tut. Qu'ajouter à cela ?

— Ils ont été honnêtes avec moi, à l'hôpital. Son groupe sanguin est rare : AB–. Il faudrait une chance extraordinaire, un miracle même…

— Et il n'y a pas d'autres combinaisons possibles ? Je ne sais pas moi… Du A–, ça peut peut-être passer aussi, non ? Ou du B– ?

— Il n'y a apparemment pas que le rhésus qui compte. Seuls les AB+ ont de la chance : ils peuvent tout recevoir…

Angie se tourna brusquement vers elle :

— Que veux-tu dire ?

— Les AB+ sont receveurs universels… À l'opposé des O– qui, eux, ne peuvent que donner…

Comment n'y avait-elle pas pensé plus tôt ? C'était une évidence ! Cela donnait un sens à sa rencontre avec Susan. Bien sûr qu'elle pouvait se rendre utile pour quelqu'un.

Elle se sentait aussi excitée que soulagée. Car elle ne donnerait peut-être jamais la vie à un enfant, mais Dieu lui offrait le moyen de sauver celle d'un autre : Nathan. Susan l'ignorait, mais elle venait de recevoir un signe de Celui qu'elle implorait de manière permanente.

Car Angie était O–…

Et donc donneuse universelle.

15

**7 août 2014, 21 h 51, appartement de Lena,
2531 S Bayshore Drive, Miami**

Evan prit place dans le canapé de Lena.

— Je ne pensais pas devoir accueillir un jour un homme en cavale.

Le jeune médecin sourit pour toute réponse.

— Je n'aurais pas dû t'en parler. Mais c'est une histoire tellement… délirante !

— Oh ! rassure-toi, ton SMS tombait à pic, et écouter le récit de tes aventures m'a véritablement permis de sortir du contexte morose dans lequel j'étais plongée. Mais tu aurais dû m'avertir plus tôt. Je suis aussi là pour ça, Evan…

— Si tu savais ! Avec tout ce que je ne peux te confier, on pourrait remplir les rayons de la NYPL[1].

Devant l'expression soudain inquiète de Lena, Evan lui adressa un clin d'œil malicieux.

— Je plaisante, Lena !

Il l'avait appelée immédiatement après l'envoi de son SMS, et lui avait dit en toute franchise combien son histoire actuelle était compliquée, tout en omettant certains « détails », notamment ceux portant sur

1. New York Public Library.

Casper. Il prenait déjà le risque de se faire passer pour un voyou, il n'allait pas courir en plus celui d'être pris pour un dingue.

— Bien ! As-tu l'intention de travailler dans les heures qui viennent ou puis-je t'offrir un remontant maison ?

— Je suis libre comme l'air. Enfin, côté boulot s'entend. Je ne suis professionnellement contraint que par téléphone.

— Par téléphone ? Tu fais des opérations en ligne ?

— Non. Mais je me suis personnellement engagé à suivre un gamin à l'hôpital. Son état est critique.

— Je suis admirative de voir combien tu prends à cœur ton métier.

— C'est toi qui me dis cela ? Je n'ai jamais rencontré personne d'aussi passionné par son job que toi !

— Oh ! Je n'ai pas la sensation d'exercer une vraie profession. Tu as raison, c'est une passion. Le plaisir de capter une expression et de la figer pour la partager, la recherche d'un instant fugitif que l'objectif immortalise. La suspension du temps qui passe. Plus encore qu'une passion, c'est de la magie.

— Je suis d'accord : tu es une vraie magicienne. Et sans être un fin connaisseur, je pense que tu mériterais d'être reconnue pour ton talent. Certaines de tes œuvres m'ont vraiment ému.

— Merci, Evan. Ton éloge me touche. En fait, j'ai rencontré Lynn Afroyd, une directrice de galerie réputée à Manhattan. Les artistes se battent pour espérer exposer chez elle et décrocher des contrats. Par son intermédiaire, tu obtiens une reconnaissance internationale, ses clients les plus friands provenant pour la majorité d'Europe. J'ai moi aussi tenté ma chance le mois dernier.

— Pour New York ? Tu serais prête à partir là-bas ?

Lena soupira.

— Oui, pour une année. Luca m'a toujours encouragée à le faire. Abigail s'est donc entretenue avec Lynn Afroyd. Même si mes chances sont minimes, je devais essayer de relever le défi. Je ne supporterais pas qu'il parte sans avoir tenté ma chance, tu comprends ?

— Parfaitement. Et je suppose que tu n'as toujours pas de réponse ?

— Non, je l'attends d'un jour à l'autre. Je te mentirais en te disant que je ne suis pas impatiente, mais Abigail l'est encore plus que moi !

Elle quitta la pièce, revint quelques instants plus tard avec un énorme book.

— Voici ce que j'ai choisi d'envoyer à Lynn Afroyd.

Evan s'empara du gros livre noir. Les clichés révélaient tous une émotion différente : la nostalgie, l'émerveillement, la tristesse, la peur…

— J'ai intitulé ce book : *La Case aux émotions*.

Elle le laissa découvrir seul les photos, tandis qu'elle se rendait sur la terrasse. Il la regarda se profiler derrière le voile transparent des stores. Son plus grand désir était de sentir sa peau contre la sienne, de se perdre encore dans leurs baisers. Il consulta longtemps l'ouvrage, puis le reposa sur le canapé et la rejoignit.

Il ne prononça pas un mot et se plaça à ses côtés. Leur peau se touchait presque. Elle s'était accoudée sur le rebord de la terrasse, admirant le paysage, ses cheveux volaient au souffle d'air discret du ventilateur, sa cheville gauche légèrement croisée sur celle de droite, les pieds nus. Quelques nuages assombrissaient le ciel. Evan frôla son épaule de son index droit. Sa peau était douce et un délicat parfum s'en dégageait. Lena tourna son visage vers celui d'Evan. Ce dernier en dessina lentement le pourtour, puis il l'enlaça et l'embrassa tendrement. Ses lèvres s'entrouvrirent et leur baiser se fit plus lascif, plus intime.

Elle s'abandonna quelques instants dans ses bras, répondit à ses baisers, puis à ses caresses. Elle aurait voulu pouvoir ignorer l'envie naissante qui secouait son corps, le besoin de ressentir la chaleur de ses bras autour d'elle. Mais le courage lui manqua.

Alors, noyés dans le regard de l'autre, ils rentrèrent et tombèrent sur le tapis. La rugosité de la laine s'effaça devant la douceur de la peau de Lena, les effluves de musc devinrent à ce point enivrants qu'Evan oublia tout. Lorsqu'il se fraya un chemin dans son ventre, ils communièrent pour ne faire qu'un.

Ils restèrent ensuite longtemps allongés à même le sol, tendrement enlacés, savourant l'instant présent. Après une éternité, Lena murmura à son oreille :

— Dis, tu me diras tous tes secrets ?

Evan avala sa salive. Comment raconter à Lena les véritables circonstances de leur rencontre ? Comment pourrait-elle croire à un truc pareil ?

— C'est vrai ? Rien ? Pas de vices cachés, de manies insupportables, de films pornos téléchargés sur Internet ?

— Si ce sont là tes seules angoisses, alors, je le jure sur ce que j'ai de plus cher au monde, je suis irréprochable !

Elle éclata de rire et se lova tendrement contre lui.

Au bout de quelques instants de silence, il se détacha d'elle et murmura :

— Je n'avais aucune envie de partir, mais, là, c'est un véritable supplice.

— Rien ne t'y oblige ! D'ailleurs, j'ai quelque chose à te demander. À te montrer aussi.

Elle disparut du champ de vision d'Evan et revint avec un grand support carré en toile tourné vers elle.

— Je me suis rendue seule à l'endroit où… Enfin, j'ai voulu en sortir quelque chose.

Elle tourna le cadre, et une grande photo prise sur les lieux du drame apparut.

On distinguait mal le ciel de l'océan. Bleu mer, cyan, bleu nuit… Ce camaïeu de couleurs aurait pu égayer le tout et pourtant ce n'était pas le cas. Non loin de ces buissons qu'Evan n'avait jamais oubliés, une chaise gisait, seule. Une hirondelle voletait au-dessus du dossier, et l'on imaginait qu'elle allait se poser dessus. Un style simple, abstrait, triste et méditatif. Cette chaise vide devenait le centre du cliché, et Evan ne parvenait pas à en détacher son regard. Elle symbolisait d'un seul coup toutes ces années difficiles, les multiples questions posées et auxquelles il n'avait jamais pu répondre.

Les yeux d'Evan glissèrent jusqu'au nom apposé en bas à droite de l'œuvre : *Acception*.

Acception ? Acception de quoi ? Acception… Il se demanda si cette chaise ne symbolisait pas l'acception d'une absence. La continuité. Coûte que coûte.

— Est-ce que tu aimes ?

La question avait été posée sur un ton très timide.

— Que veux-tu en faire ?

— Eh bien… Je ne sais pas… Je pensais te l'offrir.

Lena vit la peine d'Evan. Elle comprit immédiatement qu'elle venait de commettre une bourde.

— Oh ! Evan, je suis désolée… Je pensais bien faire et te faire plaisir. Mais j'aurais dû me mettre à ta place. C'était une idée complètement stupide de ma part. Excuse-moi !

— Ne t'excuse pas, Lena. Cette attention me touche. Cependant il y a des douleurs qui… Qui se réveillent à la vue de certaines images. Il faut parfois beaucoup de temps…

— Je m'en veux terriblement.

— Tu es douée et cette photo est… vraiment belle. Je te suggère de l'exposer. Dans ta galerie, elle produira beaucoup d'effet. En vitrine même. Cela me fera plaisir, Lena.

Lena acquiesça d'un signe de la tête. Elle comprenait. Quelle idiote elle avait été !

Elle reposa le cadre face contre le mur. Elle se promit d'appeler son assistante dès le départ d'Evan pour que l'on passe chercher la photo et qu'elle rejoigne la galerie.

Elle vint à nouveau se blottir contre lui. Il caressa lentement ses cheveux qu'elle avait détachés. Il devina qu'elle désirait lui dire quelque chose d'important.

— Evan, j'ai réfléchi toute la nuit : je souhaiterais que tu ailles voir Luca.

Elle avait préparé un Post-it jaune où figuraient le nom de l'hôpital et le numéro de chambre de son frère.

— Vas-y quand tu peux. J'ai besoin d'un autre avis médical et plus encore de ton regard.

Evan ne répondit pas immédiatement, sensible au témoignage de confiance qu'elle lui accordait.

Il prit donc sur lui.

— Tu sais, Lena, je ne doute pas de la compétence de son médecin.

Elle l'interrompit :

— Ce n'est pas pareil. Je crois en toi.

Evan se sentit envahi par un dilemme : Casper pouvait compter sur Evan pour inciter Lena à faire débrancher son frère, mais s'il considérait que cet homme avait ses chances, il n'était pas question de conseiller Lena en ce sens.

— Tu sais ce qui me ferait vraiment du bien ?

Evan la prit dans ses bras, prêt à assouvir tous ses désirs.

— Je voudrais que tu m'emmènes dans ton havre de paix, sur les Keys, baigner dans ton univers, et suspendre pour quelques heures le cours de nos vies.

Evan réfléchit. Il devait retrouver Casper le surlendemain en début d'après-midi.

Elle fit une moue enfantine avant d'ajouter :

— Cela semble un peu délirant, mais... c'est possible ! Naturellement, je comprendrais que tu refuses. Enfin, je ne sais pas, nous sommes encore en âge d'être un peu fous, non ?

Il saisit délicatement le visage de Lena, l'embrassa avant de lui répondre :

— OK. Si tu n'as pas toute une malle à préparer, partons maintenant.

Il s'empara de son portable et adressa un SMS à Casper pour l'avertir de son départ imprévu pour les Keys.

16

Vendredi 8 août 2014, 3 h 30
Key West

Il se sentait bien. Un vent léger lui caressait le visage et il ferma les yeux. Immédiatement, ses doigts vinrent pincer les cordes de sa guitare, et une douce mélodie s'en échappa. Lena s'était allongée près de lui, à même le sable, et contemplait le ciel, se laissant bercer par la musique. Ils auraient voulu que le temps se fige et se perdre ainsi dans cette volupté, cette parfaite harmonie. Cet instant de calme tranchait avec le rythme effréné des derniers jours, Evan sourit en pensant à Casper. La rencontre avec ce gamin haut comme trois pommes avait fait basculer sa vie.

Malgré toute la fatigue accumulée, il n'éprouvait aucune envie de dormir.

Des milliers d'étoiles, scintillantes, constellaient le ciel qui se jetait dans cette ligne tracée par la mer. Evan connaissait cette courbe par cœur. Il gratta encore quelques minutes les cordes de sa guitare, puis reposa l'instrument. Certains accords semblaient accrocheurs… Mais il ne trouvait pas encore *le* morceau qu'il cherchait.

Lena s'étira, puis vint se blottir contre lui tout en murmurant :

— J'ai très faim. Serait-il possible de manger quelque chose ?

— Oui, évidemment, j'ai de quoi te nourrir. Et je vais bien finir par te trouver une poêle ou un truc de ce genre. Ça ira ?

— Le simple fait de poser cette question ne me rassure guère.

Evan l'embrassa et commença à se lever lorsque Lena l'arrêta net :

— Non, Evan. Continue à jouer. Tu seras vraisemblablement plus efficace ici qu'à la cuisine.

Et elle lui adressa un petit clin d'œil avant de s'éclipser vers la maison.

Evan sourit et s'approcha de l'eau. Il laissa les vagues caresser ses pieds nus, et resta là ainsi quelques instants.

Il allait reprendre sa guitare lorsqu'il remarqua l'étoffe sortant de l'étui. Il aurait juré que sa flûte y était pourtant bien dissimulée lorsqu'il était parti. Il repensa aussitôt à la promesse faite à Casper, et la seule idée d'imaginer que l'enfant était peut-être dans les parages lui procura de la joie.

— Casper ?

On n'y voyait rien à trois mètres. Il eut la sensation que ce mur d'obscurité limitait d'autant la portée de sa voix.

— Casper, je sais que tu es là ! Où te caches-tu ?

Il se releva prestement et explora les alentours.

Mais il n'aperçut personne. Sa flûte n'était pourtant pas sortie toute seule de son étui. Il était certain de ne pas l'avoir touchée.

Il poursuivit ses recherches quelques minutes, mais sans plus de succès. Lena n'aurait-elle pas tout simplement touché l'étui de sa guitare ?

— Casper, arrête ! Allez, viens, quoi !

— Evan, tout va bien ?

Il se retourna : c'était Lena qui revenait vers lui.

— Je pestais, car j'ai mis du sable dans ma guitare. C'est pénible à enlever. Je le ferai plus tard. En attendant, je vais jouer de la flûte.

Lena était maintenant toute proche.

— Parfait ! De mon côté, je te concocte un hamburger maison dont tu me diras des nouvelles. Parce que figure-toi que je viens de découvrir une batterie de cuisine qui ferait baver n'importe quel grand chef étoilé !

— J'en ai déjà l'eau à la bouche.

Elle allait repartir lorsqu'il la retint par la main.

— Dis-moi, Lena, est-ce que tu as sorti ma flûte de son étui ? demanda-t-il en désignant du doigt l'étoffe de soie bleue.

Lena fronça les sourcils.

— J'ai effectivement examiné l'étui de ta guitare tout à l'heure et il est possible que j'aie fait glisser ta flûte en le reposant… Je l'ai abîmée ?

— Oh… Non, ce n'est rien ! Je me disais seulement qu'il faudrait que je la fixe mieux. Pour ne pas la perdre sans m'en rendre compte, tu vois…

Elle déposa un baiser furtif sur ses lèvres et repartit.

Evan aurait aimé que Casper soit auprès de lui en ce moment. Il s'empara délicatement de l'instrument à vent.

« De la mémoire… », lui avait soufflé Casper.

Si c'était vrai, quels souvenirs étaient incrustés dans les veines sinueuses de ce bois noble ? Conservaient-elles celui des notes qu'ils avaient dessinées enfants, du souffle de Kelsie sur son bec, du bruit de leurs rires à tous deux ?

Il effleura encore le corps, puis la patte de la flûte.

Dans son esprit, de merveilleux souvenirs d'enfance mais aussi des années d'attentes, d'espoirs et de renoncements se succédèrent.

Il déposa le bec sur ses lèvres et se laissa guider par ses émotions. Plus rien, plus personne n'existait autour de lui. Les notes le portaient. Ses doigts dansèrent sur le bois lisse, et son souffle se fit plus léger. Une douce mélodie envahit la pénombre silencieuse.

Evan sut qu'il tenait là son morceau. Il le joua et le rejoua, corrigea tel enchaînement, ajusta le son.

Il n'entendit pas Lena s'approcher. Cette dernière s'assit, assez près pour l'écouter sans l'interrompre.

Combien de temps restèrent-ils ainsi, bercés par cette mélodie inspirée ? Nul n'aurait su le dire. Lorsque Evan réinséra la flûte dans son étoffe de soie, Lena le rejoignit et lui murmura à l'oreille :

— Un léger contretemps implique que nous mangions nos hamburgers complètement froids. La cuisinière en chef présente toutes ses excuses.

Puis elle lui déclara :

— Ce que tu viens de jouer est tout simplement magnifique. Tu es très doué.

Ils quittèrent la plage pour remonter vers la maison.

À quelques pas de là, dans le noir, Casper s'extirpa de sa cachette et rechercha à tâtons le microphone enveloppé dans un Kleenex légèrement recouvert de sable. Contrairement à ce que pensait Evan, le son portait très bien.

Alors, satisfait, il appuya sur le bouton « Stop » et l'enregistrement cessa aussitôt.

17

**Samedi 9 août 2014, 7 h 33,
appartement d'Angie**

Angie ne parvenait pas à se rendormir. Dès qu'elle somnolait, elle se réveillait en sursaut. Elle savait devoir ce sommeil en pointillé à l'alcool qu'elle avait ingurgité la veille. Elle se sentait assommée.

Elle se leva, se traîna jusqu'au salon et se laissa lourdement retomber dans le canapé. Tout avait été remis scrupuleusement en place, y compris les lettres de la Garce.

Elle avait veillé à « dédommager » son concierge, qui avait ouvert aux secours. Le brave homme savait rester discret sur ce qu'il entendait et voyait.

Il fallait aussi espérer que Mark continuerait à l'appeler sur son portable. Si l'envie lui prenait de la joindre au boulot, l'appel basculerait sur le poste de sa secrétaire qui l'informerait de son absence.

Elle se serait volontiers servi une bonne rasade de pur malt pour se donner du courage. Elle devait réussir à ramener Mark à la raison en lui faisant oublier l'« intruse ».

Quand elle perçut le bruit de la clé dans la serrure, elle se leva précipitamment pour se jeter dans les bras de Mark. Si brève fût leur étreinte, Angie eut suffisamment de temps pour retrouver l'odeur du musc qu'elle aimait tant. Il se rendit vers la cuisine. Elle lui emboîta aussitôt le pas.

Comment n'avait-elle pu se rendre compte plus tôt du malaise qui régnait entre eux ? Il ne la regardait même pas.

— Quoi de neuf ? lança-t-il tout en saisissant une tranche de pain de mie dans un des tiroirs.

Puis il la toisa de la tête aux pieds.

— Toujours en nuisette à cette heure-ci ?

Angie allait lui rétorquer qu'elle avait tout de même bien le droit de flâner en nuisette chez elle à 8 heures du mat', lorsqu'elle s'aperçut que l'horloge de la cuisine indiquait midi et demi passé.

— Eh bien, je me suis couchée très tard, cette nuit.

Elle s'approcha de lui et leva les bras pour les nouer autour de son cou.

— Tu m'as énormément manqué.

Il se dégagea aussitôt avec douceur, tout en lui adressant un sourire furtif.

— Le boulot ?

Elle avala sa salive et lui répondit :

— La routine… Et toi, ton déplacement s'est bien déroulé ?

Il recouvrait maintenant sa tranche de pain d'une couche épaisse de beurre de cacahuète.

— Débordé. Tellement débordé d'ailleurs que je dois repartir.

Il jeta un rapide coup d'œil dans sa direction. Elle le sentit mal à l'aise. Elle garda son sang-froid.

— J'espère que tu restes au moins cette semaine !

Il avait englouti la moitié de sa tartine en une seule bouchée. Il rangea le pot de SignUp et répondit :

— Non, je dois repartir demain. Je te l'ai dit, nous sommes surbookés.

Angie serra les dents. Où irait-il demain ?

Tu le sais bien, où il ira : chez sa Garce ! Elle doit être en train de préparer tout l'attirail de sa lingerie fine pour lui en mettre plein la vue… C'est sûr que face à ta vieille nuisette fripée et ta mine défraîchie, y a pas photo.

— Surbooké au point de ne pas avoir pris le temps de prendre de mes nouvelles ?

Il avait l'air aussi gêné qu'agacé.

— Angie, ce n'est pas facile pour moi, en ce moment !

Mais Angie était maintenant sous l'emprise d'images incontrôlables : celle d'une femme attendant impatiemment le retour de Mark pour se jeter dans ses bras. Insupportable.

— Figure-toi que je ne suis pas la reine des connes !

Ils étaient maintenant dans le salon, face à face, lui, un gamin pris les doigts dans le pot de confiture, elle une lionne prête à bondir sur sa proie.

— Écoute, Angie, je… Viens, asseyons-nous, et discutons.

— Y a rien à discuter ! Tu restes ici !

Son ton vacilla dans des aigus qu'elle ne parvint pas à contrôler.

— Angie, calm…

— Non ! Je ne me calmerai pas !

Mark inspira un grand coup et quitta la pièce.

Sur le buffet, des cadres de photos qu'elle regarda, amère. Sur l'une, elle posait fièrement devant un superbe olivier. Ses cheveux étaient plus longs à cette époque, et ils brillaient de leur couleur naturelle caramel. Nulle trace de ces rares cheveux blancs qui avaient surgi de manière insidieuse voici quelques mois.

Le temps effaçait-il donc tout ?

Elle devait se calmer et le convaincre de rester à ses côtés. Tant que le secret de sa liaison était conservé, il n'avait pas à prendre de décision hâtive. Sa femme contre sa maîtresse ? Le combat était inégal et elle devait l'éviter à tout prix.

Elle tenta de réprimer le sentiment d'angoisse qui la rongeait. La terreur indicible de le perdre ne devait surtout pas lui faire perdre ses moyens. Elle le rejoignit. Il contemplait le ciel par la fenêtre de leur chambre.

— Emmène-moi avec toi !

Un long silence s'écoula.

— Ce n'est pas possible, Angie.

— Pourquoi ? Tu m'as déjà emmenée, non ?

Il soupira.

— Mais là, c'est vraiment compliqué…

Elle le saisit doucement par le coude, au moment où il passait devant elle pour regagner le salon. Elle le sentit se raidir. Elle observa sa silhouette se dégager et sortir de la pièce. Il ne se retourna pas une seule fois.

Il n'était plus le même. Il y avait dans son cœur un autre visage, un autre parfum. Toutes les pensées de Mark volaient vers cette Autre, elle le sentait du plus profond de son être. La partie était donc terminée. Échec et mat.

Elle tourna la tête, sentant les larmes lui monter aux yeux. Elle lui cria :

— J'ai besoin de toi, Mark !

Assis sur le canapé, il se tenait la tête dans les mains et lorsqu'il la redressa, Angie constata qu'il avait les yeux rougis.

Il prit la parole, sa voix était triste :

— Je ne veux pas te faire de mal, Angie…

Elle s'approcha de lui, en priant pour que les tremblements qui la gagnaient ne se voient pas.

— Tout va bien, Mark. J'ai été stupide. Je suis fatiguée moi aussi. Et… et tu m'as beaucoup manqué.

Elle se blottit contre lui, et ils se regardèrent, ou plutôt se scrutèrent comme si l'un et l'autre évaluaient leur adversaire.

C'est à ce moment-là que le portable de Mark vibra. Angie sut instantanément que c'était *elle*, et un frisson lui parcourut l'échine. Ignorant le bourdonnement du portable, elle s'accroupit près de lui et tenta de poser sa tête sur ses genoux, mais il la repoussa délicatement.

— J'ai besoin d'être un peu seul, Angie. Je vais aller faire un tour.

— Non, Mark, tu viens d'arriver. Reste là, parlons, ou sortons ensemble si tu veux, mais ne me laisse pas.

— Angie, ne complique pas davantage les choses. J'ai besoin de respirer, de prendre du recul.

Une immense vague de haine, incontrôlable, la saisit alors :

— TU AS BESOIN DE PRENDRE L'AIR OU D'ALLER RETROUVER TA PUTE ?

Un silence effrayant vint ponctuer l'envoi du venin craché par Angie. Interloqué par la fureur qui lui défigurait littéralement le visage, Mark la considéra un instant. Il ne lui avait jamais vu cette expression. Il tenta de la ramener au calme.

— De quoi parles-tu, Angie ?

— De quoi je parle ? De *quoi* je parle ? vociféra-t-elle. Tu me prends vraiment pour une abrutie finie ! Espèce de salopard ! Je sais tout, Mark, tout ! Comment as-tu pu nous faire ça ?

— *Nous* faire ça ? Écoute, Angie, ne rentrons pas dans cette discussion maintenant. Je ne suis pas certain que le moment soit approprié.

— Oh que si ! Nous allons y rentrer ! Comment as-tu pu me faire croire que tout allait bien entre nous alors que tu baisais ta Garce !

Un moment décontenancé, il tenta de s'emporter :

— Cela fait des années que je dois lutter contre tes crises d'hystérie, tes excès d'alcool, tes lubies ! Ce « nous », c'est toi qui l'as détruit et tu es la première coupable. J'ai longtemps espéré que ton... attitude était liée au fait que tu ne pouvais avoir d'enfant. Or ce n'était qu'un leurre, car même si cela avait marché, tu serais restée celle que tu es devenue. Je n'en peux plus, Angie, tu comprends ? Je n'en peux plus !

— Des années ? cracha Angie.

En proie à une soudaine démence, elle se jeta sur le buffet et balaya violemment tous les cadres de verre, qui retombèrent avec fracas sur le sol.

— Mais alors, tout ça, c'est de la merde !

Mark lui retint le bras.

— Arrête ! Tu es hystérique. Ressaisis-toi !

Les dents serrées, un rictus sur les lèvres, elle se tourna vers lui. Incapable de contrôler la jalousie qui lui torturait le cœur, elle le gifla du plus fort qu'elle put de sa main libre.

Ils restèrent tous deux hébétés quelques instants, Angie considérant sa main comme si elle ne lui appartenait pas, Mark la dévisageant comme s'il ne la connaissait plus. Elle crut même un instant qu'il allait fondre en larmes.

Une colère froide se peignit rapidement sur le visage de Mark.

— Je vais arrêter de sacrifier ma vie au prétexte que tu es névrosée, Angie. J'ai envie de sortir, de rejoindre des amis pour une soirée sympa où l'on rigole, de rentrer chez moi pour retrouver quelqu'un avec qui je prends plaisir à parler, d'avoir un enfant sans que cela soit un parcours du combattant perdu d'avance, j'ai envie de vivre en quelque sorte, tu comprends ? Je n'ai plus rien de tout cela avec toi, Angie, rien ! Je m'étais promis de ne rien dire. Seulement, aujourd'hui, tu es allée trop loin. C'est terminé.

Lorsqu'elle le vit attraper ses clés et se diriger vers la porte, elle se jeta à ses pieds, l'implorant de rester auprès d'elle, comme une pauvre gueuse suppliante pour un morceau de pain. Mais pouvait-on faire l'aumône d'un sentiment ?

Relève-toi. Qu'est-ce que tu fabriques ? Qu'attends-tu de lui après ce que tu viens de faire ? Qu'il ait pitié de toi ?

Mark tenta maladroitement de dégager sa jambe, mais Angie s'y cramponnait en hurlant. La scène devenait cauchemardesque.

Pour Angie, le ridicule, la fierté n'étaient devenus que de simples mots accessoires à mille lieues de la panique qu'elle éprouvait.

— Non, Angie, je pars.

Elle se leva précipitamment et s'accrocha à la chemise de Mark. Il essaya de se détacher mais la fureur avait décuplé les forces de sa femme. Angie le poussa avec une violence inouïe contre le buffet où il alla lourdement cogner.

Hébété, il se releva en titubant. Angie ne lui adressa pas même un regard, concentrée qu'elle était à pulvériser tout ce qui lui tombait maintenant sous la main.

L'image que lui offrait sa femme ne lui inspirait plus que le dégoût. Il prit la fuite.

Dès qu'elle entendit la porte claquer, Angie se laissa retomber sur le canapé.

Bravo ! En fin de compte, il a raison, tu es parfaitement névrosée. Et tu viens de le lui prouver.

Le seul constat qu'elle pouvait clairement tirer était qu'elle ne voulait pas, ne *pourrait* pas vivre sans lui. Point barre.

Une première vague de douleur lui barra la poitrine. Intense. Intolérable. Elle aurait donné n'importe quoi pour parler à quelqu'un. Seulement voilà, elle n'avait personne. Aucune âme avec qui pleurer.

Tu sais où il part, maintenant…

Une deuxième vague de haine la submergea. Une haine sans limite pour cette inconnue qui venait de l'écarter de la vie de Mark sans le moindre scrupule.

Ton ventre n'est que cimetière…

Une effroyable nausée la fit tressaillir.

Que lui resterait-il, à elle ?

Rien. Il ne te restera rien. Si ce n'est ton chagrin. Et ton cimetière.

Abattue, elle observa un long moment la bougie largement consumée dont les bords formaient un ourlet de cire prêt à tomber sur le verre de la table.

Cette Garce avait bien manœuvré.

Elle pressa le contour de la bougie, la chaleur lui brûla le doigt mais elle continua néanmoins à appuyer.

Plus rien désormais ne retiendrait Mark. Elle l'avait senti. Son cœur et son esprit étaient déjà partis d'ici. Bien sûr qu'elle pouvait se flinguer. Pourtant, qu'est-ce que cela changerait pour la Garce ? Rien du tout.

Il faut rendre à César ce qui appartient à César.

Une nouvelle vague de haine revint à l'assaut.

Si seulement il pouvait arriver quelque chose à cette Garce. *Quelque chose.* À cette simple évocation, une joie immense et monstrueuse, perverse et malsaine vint l'envahir et apaiser momentanément sa haine. Avachie plus qu'assise sur son canapé, son rouge à lèvres dégoulinait de la commissure de ses lèvres. Son teint était livide, ses yeux cernés.

Et alors ?

Elle sut quel serait le remède à tous ses maux.

Elle s'avança et déforma le reste du haut du cylindre de paraffine.

La Garce serait bien surprise de voir le dernier coup qu'Angie lui réservait. Un échec et mat radical.

D'un coup sec, elle souffla sur la flamme.

Finalement, rien ne se passait jamais comme on l'imaginait.

*
* *

Miami, 14 heures, devant le Mercy Hospital

Evan et Casper avaient atteint leur destination. Evan avait roulé comme un fou pour revenir de Key West avec Lena, mais il était parvenu à rejoindre Casper aux endroit et heure convenus. Ils passèrent tous deux devant l'accueil, beaucoup moins spacieux que celui du Jackson Memorial Hospital.

Lena avait indiqué à Evan comment retrouver la chambre de son frère. Elle avait pris un rendez-vous avec le docteur Martens, pour qu'ils puissent discuter. Evan aurait dix bonnes minutes pour voir Luca avant de s'entretenir avec Martens. C'était parfait.

Rencontrer le frère de Lena dans de telles conditions n'était pas simple. Il se tourna pour en faire part à Casper, mais le visage tendu de l'enfant le stoppa dans son élan.

— Casper, ça va ?

Le gamin lui répondit par un regard angoissé. Evan réalisa que le lieu ne pouvait que susciter ce type de réaction chez lui. Il lui frotta affectueusement la tête et ils poursuivirent leur marche en silence.

Ils parvenaient à l'entrée du service lorsque Casper cessa d'avancer.

— Je te laisse là.

— Comment ça, tu me laisses là ?

Les yeux de l'enfant balayèrent le couloir avant de s'arrêter sur une pancarte qu'il désigna du doigt :

— Regarde : les enfants sont interdits ici.

— Oui, mais tu es avec moi, Casper ! Cela ne pose p…

Un rapide coup d'œil sur l'enfant le dissuada d'insister.

— Je comprends. Excuse-moi. Crois-bien que j'aurais pourtant beaucoup apprécié de t'avoir avec moi. Attends-moi dehors, alors.

— Je suis désolé. À tout à l'heure !

Evan le regarda tourner les talons et rejoindre la sortie. Lui-même prit la direction opposée et trouva sans peine la chambre indiquée par Lena.

Il reconnaissait de suite cette atmosphère si particulière et pour lui familière. Tous les hôpitaux se ressemblaient au final : même silence entrecoupé de bips, même odeur de produits pharmaceutiques incessants, même combat entre la vie et la mort.

Il s'approcha du corps immobilisé du frère de Lena. Au pied du lit était suspendu un registre d'informations. Evan s'en saisit et prit connaissance de ce qui y était écrit.

L'électroencéphalogramme de Luca n'avait jamais été complètement plat. Un tel patient pouvait être en capacité d'entendre, voire de comprendre, mais en restant ainsi coincé derrière un rideau invisible. L'horreur absolue.

Evan jeta un œil vers le cathéter central : les abords périphériques n'étaient plus suffisants. La poche à urine laissait entrevoir un liquide foncé. Il espéra qu'il n'y avait pas en plus une suspicion d'insuffisance rénale. Son regard balaya la sonde gastrique, le scope cardiaque, le Dynamap... Le masque à oxygène barrait une bonne partie du visage de Luca, l'énorme bandage autour de la tête prenait le reste.

Deux petits coups frappés à la porte, le docteur Martens entra. Evan apprécia immédiatement le regard franc, le visage sain et la poignée ferme de cet homme jeune et dynamique.

Martens résuma l'état de Luca.

— M. Troyd a reçu un violent choc occipital, ce qui a provoqué d'importantes hémorragies cérébrales. Il souffre également d'une compression du rachis cervical. Une trépanation en urgence était nécessaire pour soulager la pression intracrânienne.

Martens revint sur la mise en coma artificiel, souvent décidée pour éviter au patient de trop souffrir et supporter l'assistance respiratoire.

Evan apprit enfin que Luca avait dû subir une dialyse la veille, suite à une complication néphrologique.

— L'insuffisance rénale est déjà très importante.

Il laissa passer un long silence avant de reprendre :

— Nous avons tout fait pour le stabiliser, d'un point de vue physiologique, mais c'était avant d'entrevoir de telles complications. Il s'agit maintenant d'une mesure n'ayant d'autre objet que de prolonger la vie sans espoir d'amélioration.

Il regarda alors Evan droit dans les yeux en lui précisant :

— Mais ce n'est pas à vous que je vais l'apprendre.

Evan en savait dorénavant assez.

Il remercia son confrère et prit congé.

Une tâche difficile l'attendait : trouver les mots justes pour permettre à Lena de prendre une décision, aussi lourde de conséquences soit-elle.

Il prit son portable et composa son numéro. Il lui annonça qu'il la rejoignait à la galerie.

Evan n'eut pas le temps de se ressaisir que Casper surgissait déjà, l'air inquiet et interrogateur.

— Comment a réagi sa sœur ?

— On va voir… Ce n'est pas facile pour elle. Sa détresse me touche. Mais je ne suis pas habitué à passer derrière la barrière du médecin. Je ne sais pas comment la soutenir. Je préfère de toute façon lui en parler de vive voix.

— C'est plus tard que tu pourras l'aider. Celui qui a besoin de toi pour l'instant, c'est Luca.

— Ce pauvre type n'a aucune chance.

Un silence s'installa entre eux, et ce fut Casper qui le rompit :

— Tu imagines s'il revenait à la vie ?

— Au sens clinique du terme, il est en vie, Casper.

— Tu penses sincèrement que la vie se résume à une simple activité cérébrale ?

Evan ne put répondre que par un soupir. Son jeune ami était sans aucun doute mieux placé que lui pour le savoir. Casper enchaîna :

— S'il revenait, il serait complètement paralysé et serait même incapable d'uriner sans aide.

— Oui, ses reins ne fonctionnent plus, sa tête est en marmelade. Seul son cerveau donne un signe de vie. Son EEG[1] indique un rythme.

— Il est carbonisé, tu veux dire ! Je comprends. Tu imagines ce que vivrait ce mec s'il se réveillait ? Même sa nana s'est barrée en courant ! Il était véritablement fou d'elle, tu sais ? C'est moche. C'est vraiment moche.

Il laissa s'écouler quelques secondes avant de reprendre :

— Finalement, c'est mieux ainsi. Si elle était restée uniquement par pitié, c'eût été pire encore… On ne répétera jamais assez qu'il faut en profiter lorsque l'on est bien portant.

Il se tourna vers Evan.

— Et cela vaut aussi pour toi, mon vieux. Le compteur tourne.

Evan se rappela un texte lu sur une pierre tombale, au cimetière où reposait désormais son père : *Demain*

1. Électroencéphalographie.

est le premier jour du reste de ta vie. Souviens-toi de vivre. C'était si vrai.

Casper reprit la parole :

— Il faut maintenant convaincre Lena de la nécessité de débrancher son frère.

Evan considéra longuement l'enfant avant de lui demander :

— Qui te dit qu'il souhaiterait vraiment cela ? Certaines personnes sortent du coma terriblement handicapées mais font comprendre qu'elles préfèrent la vie ainsi plutôt que la mort.

— Ce n'est pas du tout le discours que Luca m'a tenu. Ce serait vérifiable si l'on pouvait l'extirper de sa léthargie et le laisser choisir. Je ne me fais que le messager de sa volonté.

Il regarda alors Evan droit dans les yeux et lui assena :

— Luca est mort de trouille bien qu'il n'attende qu'une chose : que cette lamentable mascarade cesse. Alors, je pense que tu devrais très vite transmettre tes conclusions à Lena. Parce que le plus vite sera le mieux, Evan…

*

* *

Summer descendit du bus, son plan en poche. Un client lui avait donné rencard à 15 h 30 sur la 28e Rue. Elle avait encore vingt minutes pour flâner.

Elle remonta Biscayne Boulevard et bifurqua à droite, sur la 29e Rue NE. Elle n'avait aucune connaissance en architecture ou en Art déco, mais les mélanges de couleurs et de styles l'amusèrent.

Elle continua à marcher lentement. Il était inutile d'arriver plus tôt que prévu.

Passant devant une galerie exposant des photographies, elle s'arrêta net.

Un paysage d'au moins un mètre sur deux lui faisait face : la mer en toile de fond, des buissons au premier plan et une chaise au centre. Un CHOC.

Elle sentit son pouls s'accélérer.

Elle ne parvenait plus à détacher son regard de ce cliché. Elle avait forcément déjà vu cet endroit. Où était-ce donc ? Et pourquoi cette image lui faisait-elle un tel effet ?

Elle hésita un instant, puis poussa la porte de la galerie.

Une femme de forte corpulence vint immédiatement à sa rencontre en lui tendant une main bouffie.

— Bonjour ! Abigail Loe... Que puis-je pour vous, madame ?

— Eh bien... Bonjour, je souhaiterais connaître le prix du tableau exposé dans votre vitrine.

— Oh !

Abigail Loe regarda la jeune femme avec surprise. Il ne s'agissait vraisemblablement pas d'une connaisseuse...

— En fait, il ne s'agit pas d'un tableau mais d'une œuvre photographique, réalisée par Lena Troyd, artiste de talent. C'est une pièce unique. Et, en tant que telle, elle vaut bien évidemment un certain prix.

Ce regard rempli de commisération agaça Summer. Elle réprima l'envie de répondre à cette truie d'aller se faire voir.

— Serait-il possible de savoir où a été prise cette photo ? demanda-t-elle avec une certaine élégance.

L'expression interloquée qui se peignit sur le visage de son interlocutrice n'échappa pas à Summer.

— C'est-à-dire que ce qui importe véritablement dans cette œuvre n'est pas tant l'endroit d'où elle a été inspirée que ce qui est transposé dans l'image, vous comprenez…

La femme, que Summer qualifia mentalement d'obèse, la regarda de pied en cap avant de lui répondre, l'air soudainement peiné :

— Je vous avouerais donc n'avoir pas attaché d'importance à la situation géographique même…

Ce lieu évoquait pourtant quelque chose à Summer. Il fallait absolument qu'elle sache où ce cliché avait été pris.

Elle considéra un instant son interlocutrice qui la toisait, et prit sur elle pour ne pas secouer ce gros tas de graisse. Que risquait-elle à lui communiquer son numéro de portable ?

— C'est pour moi d'une importance capitale. Je pourrais éventuellement être intéressée pour l'achat, mais il me faut avant tout savoir où le cliché a été pris. Puis-je vous laisser mes coordonnées ?

Sur une petite carte offerte aux visiteurs, Summer biffa le nom de l'artiste qui était gravé en lettres dorées et gaufrées et griffonna maladroitement son numéro de portable, sous le regard effaré de l'ogresse.

Abigail parvint à marmonner courtoisement :

— Effectivement, si cela est primordial à vos yeux, je peux peut-être me renseigner auprès de Mlle Troyd.

Un discret tintement se fit entendre. Lorsque Abigail aperçut Lena entrer, elle fronça les sourcils pour lui faire comprendre de ne pas approcher. Lena saisit le message et resta donc à distance, observant discrètement la femme qui remettait une carte à son assistante. Elle était vraiment belle, et elle nota la drôle de tache rosâtre sur son avant-bras. Pour son œil averti de photographe, cela tranchait avec le reste. C'était vraiment dommage…

La jeune femme prit congé en remerciant. Dès que la porte se referma, Abigail pesta :

— Pfft ! Si une fille comme elle achète l'une de tes photos, je veux bien être pendue ! Elle a craqué pour celle que tu viens d'exposer, mais quand elle est entrée dans la galerie, elle a dû réaliser que nous n'étions pas un magasin de posters ! Du coup, elle m'a remis son numéro de portable en précisant qu'elle tenait à connaître l'endroit avant d'acheter ! Compte là-dessus et bois de l'eau fraîche !

Lena, amusée par l'air offusqué de son assistante, répliqua :

— Sois indulgente, Abigail. Je suis au contraire ravie que mes photos parlent à tous.

— En attendant, ce n'est pas elle qui va te nourrir ! cracha-t-elle à son tour, perfide.

— Abigail, je dois recevoir Evan Kester. Lorsqu'il arrivera, veille à ce que personne ne nous dérange.

Abigail acquiesça, puis considéra une dernière fois la petite carte juste avant de la lancer dans la poubelle.

— Te rends-tu compte ? Elle n'a même pas indiqué son nom !

*

* *

15 h 23

Evan s'était garé à cent mètres de la galerie, après avoir déposé Casper. Ils étaient convenus de se retrouver le lendemain matin. Casper n'avait pas manqué de souhaiter bon courage à Evan, car il savait combien la discussion avec Lena serait délicate.

Abigail Loe, toujours sous le charme, le fit entrer dans un bureau entièrement lambrissé. Lena l'y rejoignit, le visage pâle et l'air inquiet. Evan s'approcha d'elle et glissa en douceur une longue mèche rebelle derrière son oreille. Abigail comprit aussitôt le lien qui les unissait désormais et s'éclipsa, tandis qu'Evan commençait à raconter à Lena sa visite à l'hôpital. Il s'efforça de trouver les mots les plus justes tout en cherchant à la ménager. Lorsqu'il acheva son récit, elle balbutia :

— Peut-il s'en sortir ?

— D'un point de vue vital, nul ne le sait.

— Existerait-il un autre point qui m'échappe ?

— Il n'y a pas que les critères de survie qui comptent.

— Si justement ! Quelles sont ses chances de sortir un jour de ce coma, Evan ? Soixante-dix chances sur cent ? Cinquante ? Trois sur mille ? Je l'aiderai à faire travailler ses muscles, tous les jours s'il le faut ! Je le masserai, lui ferai faire des exercices. J'engagerai une infirmière à plein temps. Je ne le laisserai jamais tomber !

— Cela serait tout simplement comme un pansement sur une jambe de bois. Et je suis bien placé pour savoir de quoi je parle ! s'emporta Evan.

Puis il reprit la parole plus calmement :

— S'il s'en sortait un jour, Lena, ses conditions de vie seraient terribles. Il faudrait un miracle pour qu'il garde toutes ses facultés mentales, et j'ai déjà de sérieux doutes là-dessus, mais son corps ne récupérera jamais plus, et ça, c'est une certitude. Je te passe le reste : l'insuffisance rénale, les troubles de la déglutition, les escarres…

Il s'appesantit sur les conditions de vie de ces rescapés, les difficultés du quotidien, la perte de dignité. Elle ne contesta presque plus, se contentant de demander un éclaircissement ou deux lorsque le vocabulaire lui semblait trop abscons. Lorsqu'il eut terminé de dresser le bilan de l'état de son frère, elle le remercia et s'écarta de lui.

Ainsi, ça y était : son combattant de frère, cet assoiffé de découvertes était à l'orée de sa dernière destination. Et il lui appartenait à elle de poinçonner son billet sans retour pour cet ultime voyage.

Elle se dirigea vers son bureau, où était posé un carton. À l'intérieur étaient soigneusement empilés quatre ou cinq vieux albums photos.

— Si tu l'avais connu… Toujours rieur et optimiste. Toujours prêt à redonner de l'espoir là où il n'y en avait presque plus. C'est un comble. C'est injuste.

Elle fit glisser l'album qui portait le numéro 3.

Elle revint avec vers Evan et s'assit à ses côtés.

— Je vais t'expliquer l'histoire de cette photo, le fameux 6. Lorsque j'étais ado et que ma mère me manquait, Luca venait me voir et m'expliquait que ma peine était une sorte de pont qui me permettrait d'atteindre une autre rive. Une sorte de tiret douloureux entre deux périodes agréables. Il la comparait à un trait d'union figé au milieu de deux mots, comme dans le mot français « porte-bonheur ». Alors, voilà, moi, j'ai voulu que ce passage cauchemardesque ne soit qu'un trait d'union. En France, le trait d'union se trouve sur la même touche que le 6. D'où le titre choisi pour la photo, et un code entre Luca et moi. Je sais qu'il aurait apprécié ce clin d'œil et nous en aurions ri ensemble.

Elle sourit à Evan.

— En fin de compte, c'est effectivement un trait d'union mais…

Evan la serra tendrement contre lui.

— Je n'arrive pas à le laisser partir, Evan…

Il devinait combien ce moment devait être difficile pour elle. Et ne savait pas quoi dire. Ce n'était pas d'un discours de médecin qu'elle avait besoin. Mais que pouvait-il ajouter ? Sa blouse l'aidait dans ce type de situation. Elle le protégeait et lui conférait une assurance dont il se sentait parfaitement démuni aujourd'hui. Il pensa à Casper et ses mots coulèrent naturellement :

— Tu auras eu la chance d'appartenir à son univers, de partager tous les moments qui ont fait de lui ce qu'il était. Tu devrais le laisser partir. Pas pour toi. Pour lui.

Elle le considéra un long moment avec gratitude et finit par lui demander :

— Je pensais vouloir rester seule mais c'est précisément ce qui m'effraie maintenant. Tu dors chez moi ?

Demain, il devait attraper Casper à 10 h 30 sur Miami Beach, au bout de la 29e Rue, puis repartir avec lui pour retrouver sa mère, à 11 h 30. Evan se sentait épuisé, mais n'avait aucune envie de quitter Lena. Il accepta donc l'invitation.

Elle reposa doucement l'album dans son carton, qu'elle referma et serra contre elle.

— J'avais amené ces photos à l'hôpital pour le jour où il se réveillerait. Je crois qu'il vaudrait mieux les rapporter chez moi.

18

Dimanche 10 août 2014

Lena avait insisté pour accompagner Evan ce matin au Memorial. Ensuite il la déposerait à la galerie.

Il était seulement 8 h 35 quand Evan passa en coup de vent voir le petit Nathan. Il voulait prendre connaissance de son évolution, espérant que son état était stable.

Il préféra se garer à l'extérieur, pour s'introduire aussi discrètement que possible dans l'enceinte de l'hôpital. Il ne souhaitait pas se faire attraper au vol et devoir annoncer qu'en fait il était aujourd'hui de repos.

Lena lui proposa de l'attendre sur le banc où il avait l'habitude de s'asseoir. Ils prirent la bonne direction, et Lena marcha quelques secondes avant de prendre la parole :

— J'ai longuement réfléchi cette nuit… Je veux dire, suite à notre conversation d'hier soir, Evan.

Ils firent encore quelques pas. Il attendit qu'elle poursuive.

— Je suis consciente de la nécessité de devoir prendre une décision et, crois-moi, ce n'est pas facile.

Ils s'assirent. Evan se demanda un instant ce que serait la réaction de Casper si Lena décidait de maintenir Luca en vie. Le choix de Lena serait respectable et Evan n'interviendrait en rien pour l'en dissuader.

Il eut un pincement au cœur à l'idée que Casper pourrait lui en vouloir. Mais bon…

Juché sur un tricycle, un gamin de deux ans et demi passa sous leurs yeux. Il était tendrement encouragé à pédaler par une femme qui devait être sa mère. L'heure était certes matinale pour faire faire du vélo à un gamin, mais Evan devina à la valise que la jeune femme tenait à la main que le petit venait aux admissions pour subir une intervention. L'expression inquiète de la maman était d'ailleurs suffisamment éloquente. Le bambin tourna son visage dans leur direction. Il avait l'hémiface recouverte d'une large plaque pourpre.

— Mon Dieu ! mais qu'est-ce que c'est : une brûlure ?

— Non, c'est une angiodysplasie, expliqua Evan, plus communément appelée « angiome ». Généralement, cela disparaît dans les premières années de l'enfance.

— Tu es sûr ?

— Sauf erreur de ma part, il me semble avoir refusé le dernier verre d'alcool que tu m'as tendu, et pour ce qui est de la validation de mes études, je m'engage à te faire une photocopie de mon diplôme dès que possible.

La plaisanterie d'Evan parvint à arracher un sourire à Lena, qui reprit un instant quelques couleurs.

— Oui, bien sûr, excuse-moi, ce n'est pas ce que je voulais dire. J'ai repensé à cette femme venue pour la photo que j'ai prise à Palm Beach, tu sais, je t'en ai parlé. Celle qui est entrée dans la galerie.

Evan acquiesça mollement de la tête.

— Oh ! c'est stupide. C'est simplement qu'elle était très jolie et avait elle aussi une tache du même genre. Compte tenu de son âge, j'en déduis que cette malformation n'est pas près de disparaître.

— Il arrive parfois qu'une intervention au laser s'avère nécessaire pour en améliorer l'aspect. Mais sois rassurée, Lena, dans 90 % des cas, l'involution est spontanée.

— De toute façon, c'était beaucoup moins spectaculaire que pour cet enfant. C'était sur son bras, et sa tache dessinait une étoile, ce qui pouvait presque passer pour un tatouage ! Pour en revenir à Luca, je ne regrette pas de t'avoir demandé ton avis. J'ai confiance en toi et…

— Lena : tu peux me répéter ce que tu viens de dire ?

Lena regarda Evan, surprise du ton qu'il avait employé.

— Je te disais que ton éclairage avisé de médecin m'apport…

— Non, la femme ! Que disais-tu au sujet de cette femme qui est venue te voir ?

— Tu sais bien, je t'en ai brièvement parlé hier : une femme est entrée pour se renseigner sur l'endroit où avait été prise la photo. Abigail n'a pu lui répondre, puisque je ne le lui avais pas dit.

— Montre-moi où était cette tache, Lena.

Ce disant, il brandit son bras vers elle : Lena effleura l'avant-bras de son index.

— Que voulait-elle exactement, Lena ? Rappelle-t'en précisément !

Lena observa médusée Evan qui faisait les cent pas devant le banc, le nez et la bouche pincés entre ses deux mains, comme en proie à une hallucination.

— Je viens de te le répéter : elle voulait juste savoir où avait été pris le cliché. Abigail l'ignorant, elle n'a pu lui répondre…

— Est-ce qu'elle t'a dit qu'elle repasserait, si elle logeait dans le coin ?

Il secouait Lena par les épaules, comme pour la faire parler plus vite. Cette dernière était maintenant complètement abasourdie par l'attitude d'Evan. Lorsqu'elle croisa son regard, elle comprit enfin.

Evan se laissa lourdement retomber sur le banc, définitivement anéanti.

Immédiatement Lena s'écarta et appela son assistante. Elle revint, radieuse, et lui mit l'écran de son téléphone sous le nez.

— Je ne sais pas où elle habite, mais j'ai mieux : voici son numéro de portable !

Evan lui arracha l'appareil des mains. Tout en saisissant le numéro affiché sur son propre smartphone, il enchaîna :

— C'est Kelsie, j'en suis sûr, je le sens ! Tu ne m'en veux pas ? Il faut que j…

— Evan, ne perds pas de temps. File ! Et appelle-moi…

Elle laissa sa phrase en suspens, Evan était déjà parti. Après toutes ces années passées sans elle, il allait retrouver sa sœur. Après tant d'années passées près de lui, elle-même allait de son côté perdre son frère.

Sa décision était prise.

Elle regarda sa montre : 8 h 57. Et son téléphone vibra.

*

* *

Evan atteignit Collins Avenue complètement essoufflé. Avec la foule qui envahissait les rues en cette période de l'année, il n'avait pas trouvé une place de stationnement à proximité du lieu de rendez-vous.

Il avait hâte de partager la nouvelle avec Casper. Il constata, déçu, que celui-ci n'était pas encore arrivé. Depuis qu'il avait enregistré le numéro, il n'avait plus lâché son portable pour ne pas le perdre. Il avait un moyen de joindre Kelsie. Cette fois, la chance semblait lui sourire.

Impatient, Evan jeta un œil sur sa montre : 9 h 21. L'attente lui semblait interminable. Evan se laissa choir sur un muret qui surplombait la mer.

Le temps ne s'écoulait pas. Il regardait sans cesse sa montre.

Cela devenait insupportable.

N'y tenant plus, il cliqua sur le numéro de Kelsie et lança l'appel. Il aurait aimé être conseillé par Casper. Que devait-il lui dire ? Comment devait-il se présenter ?

Aussitôt, une boîte vocale l'invita à laisser un message. Sans réfléchir, il démarra : « Bonjour… Mon appel va sans doute vous sembler curieux, mais voilà… Je tiens à vous dire en premier lieu que je ne suis pas fou et il est impératif que vous m'écoutiez jusqu'au bout… »

Il s'arrêta un instant, mesurant la portée de ses propos absurdes.

« Ce que je veux dire, mademoiselle, c'est que l'histoire n'est pas banale… Je sais que vous êtes dans une situation difficile, que vous êtes poursuivie par la police, et je tiens à vous assurer que je ne leur ai pas remis votre numéro, mais… »

Comment enchaîner, maintenant ? Il regretta immédiatement cet appel impulsif. Pourquoi n'avait-il pas attendu Casper pour se préparer ? Il s'était mis dans de beaux draps.

« Écoutez, je vous recherche… Vous n'êtes pas celle que vous croyez… Je voudrais vous voir. Je vous en prie, rappelez-moi, cela ne vous engage à rien et je vous raconterai tout. Je ne sais que vous dire de plus pour vous convaincre de le faire… C'est vraiment très important. Mon nom est Evan. Evan Kester. Je ne sais si cela vous évoque quelque chose. Vous vous souvenez de la photo qui vous a attirée à l'intérieur de la galerie ? Eh bien, c'est un lieu où nous nous rendions petits. Je suis… Je suis votre frère. Rappel… »

Un bip l'interrompit. Il avait épuisé le temps imparti pour laisser un message.

Alors qu'il raccrochait, il entendit des applaudissements juste derrière lui. Il se tourna brusquement. Casper le toisa d'un air ironique avant d'ajouter :

— Eh bien, mon pote, si avec ça elle ne te prend pas pour un dingue…

— Au lieu de te foutre de moi, tu aurais mieux fait d'arriver un peu plus tôt ! Je n'en pouvais plus de patienter ! Tu te rends compte, Casper, pour une fois, la chance tourne.

— Si je peux me permettre, avec le joli sketch que tu viens de nous improviser, il va nous falloir un miracle pour qu'elle repointe le bout de son nez. Je veux parler de la chance, bien évidemment…

L'enfant avait repris son air moqueur. Evan l'ignora et lui raconta les derniers événements.

— Un conseil, lui susurra mielleusement Casper à la fin de son récit, ne t'inspire jamais de notre histoire pour écrire un scénario : même un débutant n'en voudrait pas !

— Tu m'agaces ! Tu ne peux pas être sérieux cinq minutes ?

Il eut à peine le temps de finir sa phrase que son portable vibra.

Le cœur battant la chamade, il regarda l'écran : ce n'était pas Kelsie.

— Evan, je te dérange ?

La voix de Lena semblait exaltée.

— Lena... Je suis désolé d'être parti comme ça. Tu ne m'en veux pas ?

— Bien sûr que non !

Casper l'examina avec attention : la douceur retrouvée dans sa voix, le regard perdu au loin... Evan était bel et bien amoureux.

L'enfant s'éloigna pour ne pas déranger sa conversation. Les choses avançaient, indéniablement. Et elles arriveraient bientôt à terme.

Il s'assit à même le sable. Il avait toujours apprécié cette sensation sur sa peau. Il contempla trois enfants qui s'amusaient au volley. Il aurait aimé retrouver la parfaite innocence de leur âge. Mais il n'en avait plus que l'écorce. À l'intérieur de cette tête enfantine, il possédait la maturité d'un homme, condamné et prisonnier de son enveloppe. Il se laissa envahir par les rires des trois gamins et tenta de ne plus penser à rien.

Il commençait à avoir peur de demain.

Il avait fermé les yeux, mais n'eut pas besoin de les rouvrir pour deviner qu'Evan l'avait rejoint. Il pressentait qu'Evan était bouleversé.

— Qu'est-ce qui se passe, Evan ?

— Lena vient de m'annoncer qu'elle acceptait de débrancher son frère.

Ils restèrent tous deux silencieux. Casper finit par prendre la parole sur un ton qu'il voulut enjoué :

— Eh bien, tu devrais être content. Tu as accompli ta mission, mon vieux. Bravo ! Il n'y a plus que moi qui dois remplir la mienne. Et avec ta jolie performance de tout à l'heure, ça va pas être du gâteau !

Il espérait un sourire de la part d'Evan, mais un regard suffit à lui faire comprendre que ce dernier était contrit.

— Elle a reçu un appel de son agent ce matin : il est en train de rappeler une certaine Mme Afroyd, qui dirige une galerie très réputée sur New York. Lena a postulé pour pouvoir y exposer.

Casper bondit d'un coup sur ses deux pieds.

— Mais c'est bon signe, ça ! C'est génial, vieux ! Tu te rends compte ? Elle va peut-être pouvoir réaliser son rêve !

Evan ne réagit pas.

— Evan, c'est génial ! hurla Casper.

La joie de l'enfant semblait sans égale.

— Cela signifierait qu'elle part, Casper…

Casper s'assit auprès d'Evan et posa sa main contre son épaule. Il comprenait parfaitement l'abattement de son ami.

— Laisse-la aller au bout de ce rêve-là, Evan. Après, tu la retrouveras. Elle ne restera pas éternellement là-bas.

Evan le gratifia d'un triste sourire et changea de sujet :

— Bon... J'appréhendais déjà de revoir ma mère, il va falloir en plus que je subisse un sermon pour mon retard. N'en rajoutons pas et filons !

*
*   *

Lorsque Evan sonna au visiophone de la propriété, un torrent de souvenirs le submergea. Revenir ici après tant d'années... Il y avait connu de sacrés moments. Les meilleurs et les pires.

La voix de sa mère ne tarda pas à le sortir de ses pensées :

— Entre, Evan !

Casper se tenait un peu en retrait, afin de ne pas être vu. Il adressa un clin d'œil d'encouragement à Evan, avant de se faufiler au travers de la grille entrouverte pour aller s'asseoir sur un banc du jardin. Evan hésita à le rappeler, mais il jugea effectivement plus simple d'y aller seul. La présence de l'enfant provoquerait une avalanche de questions de la part de sa mère, et il ne se sentait vraiment pas d'attaque pour y parer.

Evan dépassa le portail qui se referma sur son passage. Il gravit lentement l'allée, réfléchissant à ce que sa mère pouvait avoir à lui dire de si important. Il ne lui restait plus que quelques mètres à franchir.

Une femme apparut dans l'encadrement de la porte, et Evan eut un choc en la regardant : le visage était désormais flétri et fatigué, le regard éteint, le teint terne. Ses cheveux autrefois impeccablement maintenus dans un chignon banane étaient simplement rassemblés en une queue sur sa nuque. La plupart de ses cheveux étaient blancs.

Evan continua à avancer et posa maladroitement sa main droite sur l'épaule de sa mère avant de l'embrasser.

— Bonjour… Bonjour, maman.

Il éprouva une furieuse envie de se sauver. Comme sa mère n'avait toujours pas parlé, il la fixa droit dans les yeux.

Son air sévère ne s'était pas effacé. Le contour des lèvres s'était fripé. Sa bouche affichait un pincement austère. Evan se sentit instantanément redevenir l'enfant qu'il avait été. Mais le regard de cette femme n'était plus du tout le même. Il était vide.

Toujours sans un mot, elle referma la lourde porte vitrée et poussa doucement Evan vers le salon.

Lorsqu'il écarta le rideau de velours, il découvrit qu'elle n'était pas seule. Un homme assis dans l'un des fauteuils se leva et lui tendit la main.

— Monsieur Kester… Inspecteur Mac Clough ! Ravi de faire enfin votre connaissance.

*

* *

Tout en feuilletant l'album photos qui traînait sur son canapé, Lena se remémora les propos tenus par une femme lors d'une conférence de presse. Celle-ci avait raconté que son fils tétraplégique était miraculeusement sorti du coma. Elle avait clamé son indignation à propos de la pression subie pour le débrancher. Elle s'était félicitée de sa résistance et avait terminé son émouvant discours en révélant que son enfant était heureux d'être revenu parmi les siens, même paralysé.

Lena caressa un long moment le visage encore enfantin de son frère. Quel âge avait-il sur cette photo ? Treize ans ? Quatorze peut-être ? Les grands yeux rieurs, le sourire mutin, des cheveux bouclés… Comment demander à Luca de continuer à exister dans un état végétatif, lui qui aimait tant croquer la vie par tous les bouts ? Était-il juste de le condamner à vivre inerte dans une chaise ? Non, il ne l'aurait jamais souhaité. De cela, elle ne pouvait douter.

Finalement, n'avait-elle pas pensé plus à elle qu'à lui ? La réponse lui apparaissait maintenant avec une telle évidence. Tant de bons souvenirs, tant de complicité partagée… Comment avait-elle pu à ce point hésiter sur la décision qu'elle devait prendre ? Vivre dans la dépendance serait absolument intolérable pour Luca. Réclamer d'une prière muette qu'on lui mouche le nez, qu'on lui donne à boire… Attendre des heures, des années durant dans une prison de silence qu'elle s'occupe de lui, uriner dans une poche qu'il regarderait vider avec honte… Ces gestes de tous les jours, elle les aurait accomplis avec amour, mais avait-elle pensé à lui et à la manière dont il pourrait supporter cette situation ?

Consciente de s'être voilé la face par égoïsme, elle laissa monter la vague de peine qu'elle retenait depuis des mois et la laissa s'évacuer en un torrent de larmes rageuses. Incapable désormais de se contenir davantage, elle déposa le classeur délicatement et laissa libre cours à sa détresse.

*
* *

— Il va vraiment falloir que je pense à écrire mon histoire car les chapitres deviennent de plus en plus incongrus !

— En attendant, monsieur Kester, je vous serais reconnaissant cette fois de ne pas vous sauver comme un voleur et de bien vouloir m'écouter. Madame, pourriez-vous nous laisser seuls quelques instants ?

Evan jeta un œil sur sa mère, qui se tenait un peu en retrait sur sa droite. Elle semblait abasourdie. L'inspecteur avait dû lui dire quelque chose de grave. Méfiant, Evan s'assit sur le bras d'un fauteuil, prêt à déguerpir en urgence.

— Allez-y.

— Pouvez-vous m'expliquer pourquoi vous cherchez à joindre Summer Mending ?

— Suis-je l'objet d'une inculpation ?

— Monsieur Kester, je crains que nous n'ayons perdu suffisamment de temps. Si vous souhaitez retrouver votre sœur, nous allons devoir jouer cartes sur table.

L'homme ne quittait pas Evan des yeux : y allait-il à l'intox ? Il paraissait pourtant sincère. Fatigué, aussi...

— Si vous voulez jouer, je n'y suis pas opposé. Mais je préférerais, si vous n'y voyez pas d'inconvénient, que ce soit vous qui commenciez à étaler votre mise.

L'inspecteur jaugea Evan du regard et décida de se montrer franc. Il lui raconta l'affaire qui l'avait mené jusqu'à lui : la découverte du corps du pseudo-père Mending, les aveux de son épouse, ainsi que la lecture des journaux intimes de Summer. Il aborda avec retenue l'émotion que cette histoire avait suscitée chez lui et avoua que sa curiosité avait dépassé un simple cadre professionnel. Il ajouta qu'il n'avait pas pour autant apprécié l'attitude d'Evan, mais qu'il avait besoin de lui pour avancer.

Evan ne l'interrompit pas. Les sanglots de sa mère se faisaient maintenant plus bruyants.

Mac Clough, tout en parlant, observait attentivement la mère et le fils : aucun des deux n'avait esquissé le moindre mouvement pour se rapprocher de l'autre. Pourtant, une douleur commune les hantait depuis de longues années. Il essaya d'imaginer l'effet que cela aurait produit sur lui de s'être fait enlever sa fille et d'apprendre deux décennies plus tard qu'on l'avait peut-être retrouvée.

Evan Kester demeurait assis face à lui et s'efforçait de ne pas manifester son trouble. Mais sa retenue fut mise à l'épreuve lorsque l'inspecteur sortit de son pardessus l'un des petits cahiers retrouvés chez les Mending.

— Voici l'un des nombreux carnets dont je vous ai parlé. Je vous ai rapporté celui-ci car certains éléments m'ont particulièrement troublé.

Il feuilleta quelques pages avant de s'arrêter sur un dessin qu'il tendit à Evan. L'inspecteur le vit froncer les sourcils.

On y voyait le tracé d'un long chemin. Sur la droite, un mur.

Cette esquisse avait provoqué « quelque chose » chez Evan. Pourtant, il n'aurait su dire quoi.

— Cette jeune femme ne cesse de parler d'un endroit dont elle rêve, qu'elle semble imaginer mais qui paraît totalement réel. Regardez, monsieur Kester, connaissez-vous ce lieu ?

En même temps qu'il lui parlait et s'asseyait cette fois-ci à côté de lui, il caressa quelques autres pages avant de s'arrêter sur un autre croquis : toujours la mer, un mur, et cette fois un lampadaire élargi à quelques centimètres de sa base.

Oui, c'était évident. Evan le sentait, là, au plus profond de lui. Comment déterrer dans l'urgence un vieil os volontairement enfoui ?

Evan revint poser ses yeux sur les traits de crayon. Il scruta les contours, s'imprégna des contrastes grisés. Oui, cela lui rappelait quelque chose, ou plutôt *quelque part*. Il avait beau, cependant, plonger dans sa mémoire, il ne trouvait pas.

Evan se leva brusquement en lâchant le cahier sur le canapé. Sa mère et l'inspecteur restaient muets. Il se passa la main dans les cheveux, fit une dizaine d'allers-retours entre le canapé et le hall d'entrée.

Il essayait coûte que coûte de rétablir une image, un lieu, un moment.

À bout de force, Evan finit par se laisser tomber sur une chaise, devant deux spectateurs silencieux.

Il se tourna désappointé vers l'inspecteur.

— Je suis navré, je n'y arrive pas…

Chaque fois qu'il croyait saisir le début d'une idée, celle-ci s'enfuyait au plus profond de cette nuit noire qu'était l'étole de sa souffrance enfouie.

— Je suis désolé… Je n'y parviens vraiment pas.

L'atmosphère était devenue pesante. Il décida de rejoindre Casper.

— Je pense qu'il me faudrait du temps. C'est si loin…

Devant le mutisme de ses deux interlocuteurs, il ajouta :

— Une amie m'a confié son fils. Il m'attend dans le jardin. Il faut que j'y aille. Je vous tiens au courant, inspecteur.

Ce dernier se leva et conclut tout en lui serrant les mains :

— Vous n'aurez aucun problème pour me joindre : je crois que vous avez déjà ma carte…

Evan ne releva pas, embrassa rapidement sa mère et prit congé.

C'est lorsqu'il vit Casper dans le jardin, occupé à agiter énergiquement ses pieds en avant et en arrière pour propulser la balançoire sur laquelle il était assis, que son subconscient libéra l'image encore floue d'un long chemin bordé de palmiers. Ce qu'il pensait être un lampadaire était en fait une minibalancelle en forme d'œuf, sur laquelle Kelsie se faisait bercer des heures durant. Leur père les emmenait régulièrement là-bas. C'était le moment de leur promenade dominicale, à laquelle ne se joignait jamais leur mère, qui préférait rejoindre ses amies pour le *tea time*.

Kelsie n'avait pas oublié cet endroit qu'elle adorait.

Ce dessin, c'était Lake Worth Lagoon. Et plus précisément le chemin pédestre qui longeait l'étendue d'eau.

Il revint en courant vers la maison de sa mère, entra de manière fracassante dans le salon.

— Je sais… Lake Worth Lagoon.

— Le problème est réglé. On y va ! décréta Mac Clough.

19

Angie remonta lentement l'escalier qui menait à la chambre de Nathan. Elle se sentait minable, paumée. Elle espérait tout autant revoir Susan que se retrouver coupée du monde. Ce paradoxe la décrivait parfaitement : capable de tout et de son contraire. Elle aurait voulu prendre Mark dans ses bras autant qu'elle souhaitait l'étrangler.

Quel sens donner à sa vie ? Un boulot rémunérateur mais ingrat ? Un mobilier luxueux mais impersonnel ? Était-ce cela que lui réservait le reste de son existence ?

Elle repensa à son voyage, à ce tunnel sombre et à ce petit garçon qui était resté à ses côtés. Quel message ce dernier avait-il voulu lui communiquer ? Lui indiquait-il de secourir sa mère, ou lui tendait-il simplement la main ? Ou bien était-ce encore pour lui signifier qu'un monde meilleur pouvait l'attendre ailleurs ?

Elle aurait tellement aimé que cet enfant soit le sien.

Elle s'arrêta quelques secondes le dos appuyé contre le mur d'un couloir, profitant de ces derniers instants de solitude avant de se composer un visage rassurant pour Susan.

Son regard se posa sur une affiche placardée. On y voyait un homme portant un enfant sur les épaules. Au-dessus, un premier slogan : *Oui au don d'organes, oui à la vie.* En dessous, un second : *Vous donnez, ils vivent.*

Susan n'avait peut-être pas tort de croire en ce Dieu qu'elle implorait ces derniers jours.

Angie emplit ses poumons à bloc et se dirigea vers la chambre de Nathan.

20

Corvette d'Evan,
en route pour Lake Worth Lagoon

Evan avait conscience de rouler plus vite que la loi ne l'y autorisait. Il s'en fichait. Avoir à ses côtés un flic gradé le dédouanerait peut-être en cas de contrôle !

Comme si Casper avait lu dans son esprit, il lui adressa un sourire complice dans le rétroviseur central. De son côté, Mac Clough fixait la route d'un regard impassible. Pourtant, maintes questions l'assaillaient. Hier matin, son chef lui avait demandé par téléphone s'il avait bien contacté un certain Steven Thornton, de Miami. Son homologue en Floride. Mac Clough savait que le règlement interne lui imposait d'appeler ce type avant même de poser un premier orteil dans cet État.

Mais il ne l'avait pas fait.

Pourquoi ?

Pourquoi prendre le risque, à quelques mois de la retraite, d'entacher un parcours sans faute ? Il avait bredouillé, ce qui ne lui ressemblait guère, qu'il cherchait à obtenir davantage de renseignements en passant inaperçu.

Là, bien évidemment, le boss ne s'était pas laissé prendre pour un abruti, et lui avait passé un savon. Un sacré savon, même !

Il n'avait eu d'autre choix que d'appeler Thornton et de lui raconter l'histoire dans tous ses détails. Enfin presque. Ils devaient se retrouver juste après sa petite escapade avec Kester et le gamin pour élaborer un plan de recherche active. Mais ces derniers n'en savaient rien encore. Mac Clough était parvenu à installer une certaine confiance entre Kester et lui, et il ne voulait pas tout foutre en l'air. Il n'avait pas non plus jugé utile de prévenir Thornton de leur départ pour Lake Worth Lagoon, car, après tout, ce n'était qu'une espèce d'intuition qui les conduisait là-bas ! Rien de très tangible, donc...

La sonnerie du portable d'Evan vint rompre le silence qui régnait dans l'habitacle. Evan jeta un coup d'œil vers l'inspecteur, qui ne bougea pas d'un iota.

Afin de faire comprendre qu'il ne souhaitait pas partager cette conversation avec eux, Evan risqua :

— Vous pensez que je peux garder mon téléphone à la main ? Je n'ai pas mon casque.

Toujours sans le regarder, Mac Clough ironisa :

— Nous ne sommes plus à cela près ! Au pire, cela ne représente qu'une amende de 250 dollars de plus. Je vous rappelle à toutes fins utiles que je n'ai aucun pouvoir dans l'État de Floride.

Un éclat railleur vint illuminer la frimousse de Casper. Evan lui décocha un regard assassin avant d'appuyer sur la touche haut-parleur de son téléphone.

— Bonjour, Lena, je suis actuellement en route pour Lake Worth Lagoon, avec l'inspecteur de New York dont je t'ai déjà parlé, et...

Il jeta un œil dans le rétro dans lequel l'air espiègle de Casper guettait le mot suivant.

— … un ami…

L'expression d'étonnement de l'inspecteur n'échappa pas à Evan qui poursuivit néanmoins :

— Nous avons peut-être un début de piste en allant là-bas.

— Oh ! j'espère sincèrement que tes recherches vont aboutir rapidement, Evan.

— Je le souhaite aussi, crois-moi.

Un blanc s'installa quelques secondes avant que Lena ne reprît doucement :

— Il faut absolument que je te parle, Evan.

Son ton solennel étonna Evan qui fut envahi par un mauvais pressentiment.

Il entendit à l'arrière Casper se tordre de rire sur la banquette en fredonnant « Only You », des Platters.

— Eh bien, si tu n'as pas honte de déclarer ta flamme devant un public hilare, tu peux te lancer tout de suite. Je n'ai pas mon oreillette et j'ai donc dû te mettre sur haut-parleur. Mais si c'est pour m'annoncer que tu es déçue de mes performances sexuelles, je préfère très clairement que tu attendes que je m'isole !

Mac Clough esquissa enfin un sourire, alors que Casper réprima un vrai fou rire en gloussant dans ses mains.

— Encore que là, tu ferais un heureux ! jeta-t-il en insistant lourdement vers Casper.

La voix triste de Lena le ramena à la réalité :

— Je suis sérieuse, Evan. Je souhaitais t'en parler lorsque je t'ai téléphoné ce matin, mais tu étais bien trop occupé.

— Oh !… Écoute, je pense arriver d'ici vingt bonnes minutes. Je peux te rappeler à ce moment-là ? Nous pourrons discuter plus tranquillement.

— C'est que… C'est vraiment urgent, Evan. J'ai longuement ressassé les échanges que nous avons eus au sujet de mon frère. Tu ne sauras jamais à quel point t'avoir écouté m'a aidée.

Evan ne pipa mot.

— Tu vas me prendre pour une dingue, mais… Depuis que j'ai décidé de le faire débrancher, je n'ai cessé d'espérer un signe qui viendrait me conforter dans ce choix.

Il regarda Casper. L'enfant était maintenant avachi sur la banquette, et écoutait très attentivement Lena. L'inspecteur se concentrait sur le paysage comme s'il n'entendait rien.

— Ce choix n'appartient qu'à toi, Lena.

— Oui, tu as sûrement raison. Toujours est-il que…

Un bip signalant un double appel se fit entendre dans les haut-parleurs. Evan jeta un œil rapide sur l'écran du téléphone qui indiquait « numéro masqué ».

— … qu'il s'est passé un truc que je ne peux qu'interpréter comme un signe. À l'instant précis où tu es parti ce matin, Abigail m'annonçait que mon book avait convaincu Lynn Afroyd. Tu te rends compte, Evan ? C'est incroyable !

Le visage rayonnant de bonheur de Casper apparut dans le rétro. Evan lui sourit, ému de constater que ce qui le touchait lui ne le laissait pas indifférent.

— Je suis heureux pour toi, Lena !

— Merci, Evan. Mais au-delà de ça, Luca le souhaitait tellement que je ne peux pas croire à une simple coïncidence.

Casper tapota sur l'épaule d'Evan et l'obligea à le regarder du rétroviseur intérieur tout en lui murmurant :

— C'est faux, Evan. Son frère n'a rien fait. Et moi non plus, d'ailleurs, je te le jure. Cette victoire, c'est la sienne !

Evan se tourna vers l'inspecteur, qui n'avait toujours pas bougé. De toute manière, que pouvait-il comprendre de la situation ?

La voix de Lena avait repris :

— Je… Je suis sûre qu'il s'agit du signe que j'espérais de toutes mes forces.

Un silence envahit l'habitacle. Chacun pressentait une tournure inattendue dans la suite des événements. Casper s'était recroquevillé au fond de sa banquette, suspendu aux haut-parleurs, et l'inspecteur Mac Clough s'était redressé sur son siège. Un autre bip annonçant l'arrivée d'un message sur le répondeur se fit entendre. Evan n'y accorda aucune importance.

— Le destin ou autre chose me pousse à partir. Et m'indique que je dois libérer Luca. Je dois le faire très vite car ma hantise de le perdre m'incitera à revenir sur cette décision.

La voix tremblait et se tut quelques instants.

— Je n'ai pas pu joindre le docteur Martens mais je pars maintenant le retrouver. Dès que je serai arrivée, nous débrancherons Luca. Ensuite…

Elle prit une courte inspiration avant d'assener le coup de grâce à Evan :

— Je prends l'avion pour New York. Je décolle demain à 10 heures.

Evan dut se concentrer pour rester vigilant sur sa conduite.

— Mais Lena…

— Evan, je *dois* partir. Notre rencontre n'est qu'un début – il me reste un chemin à parcourir seule avant de te retrouver. Tu m'as aidée à un point que tu n'imagines pas. Et tu m'as donné la force de faire face à cette situation. Je dois m'éloigner de tout ce qui fait mon quotidien pour mieux accepter le départ de Luca. J'ai mis quelques affaires en vrac dans une valise et Mme Afroyd me propose un logement situé au-dessus de sa galerie d'exposition.

Elle attendit quelques secondes avant de reprendre :

— Ne m'en veux pas, Evan, je t'en prie…

— Mais nous ? Que fais-tu de nous, Lena ?

La présence des deux autres passagers ne lui importait plus.

— Nous ? Cela aurait pu être maintenant, mais ce sera peut-être plus tard. *Alea jacta est*, Evan. Faisons-nous confiance. Moi, j'y crois.

Bouleversé à l'idée de ne plus la voir, Evan éprouva le besoin de s'arrêter et il se rangea tant bien que mal sur le bord de la route.

*

* *

Evan se passa nerveusement les mains dans les cheveux. Il essaya de masquer son abattement, et vit au regard de Mac Clough que ce dernier compatissait. Sans même se retourner, il devina Casper juste derrière lui. Cela lui fit du bien.

Le portable ne tarda pas à vibrer. Ah oui… Le message.

Par réflexe, il enfonça la touche du répondeur. Une voix féminine qu'il ne connaissait pas se fit aussitôt entendre :

« Bonjour. Summer à l'appareil. Je… Vous m'avez laissé un message ce matin. Je ne suis pas sûre d'avoir tout compris mais… La situation semble effectivement un peu complexe… »

Après un long blanc, le message se poursuivait :

« En fait vos propos m'ont profondément perturbée. La photo m'évoque quelque chose, et… ce que j'ai vécu toute ma vie me paraît aujourd'hui étrange. »

On l'entendit pousser un long soupir.

« Voici donc ce que je vous propose : il est exactement 13 h 01. Si vous êtes disponible, venez me retrouver à 14 h 50 sur la plage de Miami Beach, face au Loews Miami Beach Hotel, à hauteur du 1601 Collins Avenue. Appelez-moi une fois arrivé. Pour l'instant, je coupe mon portable car j'ai communiqué ce numéro à mon ex-patron et je crains qu'il ne l'ait déjà donné aux flics. Donc, je voudrais éviter qu'ils me pistent. Je le rallumerai à l'heure précise. Ah, au fait : merci de venir seul. Au moindre truc louche, je me tire. »

Et la communication fut coupée.

Sa tristesse à l'annonce du départ de Lena, son euphorie d'entendre Kelsie, c'était fou. La vie était folle. Il se tourna vivement vers ses deux passagers, pour leur clamer :

— On fait demi-tour !

L'inspecteur, qui se concentrait sur les ronds de fumée s'échappant de ses lèvres, le regarda d'un air interrogateur.

— Kelsie vient de me fixer un rendez-vous : elle nous attend sur la plage de Miami Beach. On y va…

Il chercha un peu de soutien auprès de Casper en lui adressant un sourire un peu forcé. Mais celui-ci était blanc comme un linge.

— Casper, qu'est-ce qui t'arrive ? Tu ne vas pas bien ?

— J'ai besoin de sortir. Viens !

Ils sortirent tous les deux de la voiture tandis que Mac Clough passait un coup de fil à l'intérieur de l'habitacle.

— Evan, je crains que la journée d'aujourd'hui ne soit encore plus fertile que les autres jours en termes de surprises…

— Que veux-tu dire ?

— Je ne t'en ai pas parlé pensant le faire une fois que l'un de nos deux engagements serait atteint. Je ne pouvais pas imaginer que tout aboutirait exactement en même temps.

Incapable de prononcer un mot, Evan fixait Casper.

— Alors, voilà : il faut que je parte.

— Tu te fous de moi ?

— Non, Evan, je t'assure que mon humour a quand même des limites. Je ne me sens vraiment pas bien. Et je ne sais pas ce qui se passe en moi. En réel, je veux dire…

À la pâleur visible de l'enfant, Evan ne put que convenir d'un problème et s'inquiéta :

— Mais tu ne vas pas me laisser tomber, Casper ?

— Je suis désolé. Ne m'en veux pas. Crois bien que je n'aurais loupé le bouquet final pour rien au monde.

— Je ne réussirai pas sans toi, Casper.

L'enfant risqua un sourire qui se voulut malicieux.

— Tu plaisantes ? Toutes mes journées de vie sur terre n'auront jamais valu une demie passée avec toi. Je ne doute pas un instant que ton imagination te permettra d'aller au bout, maintenant. Moi, je n'ai pas le choix : je dois retourner vite, TRÈS VITE à l'hôpital.

L'inspecteur fit descendre la vitre de la portière et les interpella :

— Je ne voudrais pas vous affoler, Evan, mais si vous avez rendez-vous à la plage de Miami Beach, il va falloir y aller… L'Interstate 95 doit être blindée !

Evan lui jeta un bref regard avant de revenir sur Casper.

— On va te déposer.

— Laisse-moi plutôt à une station de taxis. Nous ne partons pas dans la même direction, Evan. Et je préfère être seul. Tu comprends ?

Non, Evan n'était plus certain de rien comprendre du tout. Ce qu'il savait en revanche, c'est qu'il avait juste envie de chialer.

— On va quand même se revoir, n'est-ce pas ?

— Je ne pense pas, Evan.

— Et si tu sors du coma ? Il me faudra sûrement un temps pour te reconnaître adulte, mais, moi, je n'aurai pas changé et tu ne m'auras sûrement pas oublié ?

— Une fois mort, tu veux dire ?

— Pourquoi ce fatalisme ?

Pourtant, Evan savait qu'il était absurde de conserver le moindre espoir. Il se remémorait l'état dans lequel il l'avait vu. C'était déjà un miracle qu'il ait pu rester aussi longtemps avec lui.

Casper le regarda et sourit.

— Allez, admettons pour l'incurable optimiste que tu es, que je vais me réveiller en pleine forme.

Un silence suivit sa phrase.

— Me voici donc, après un gros miracle, prêt à m'enfiler une bonne Piña Colada au Mango's Tropical Cafe. Me souviendrai-je de tout cela ? Je n'ai jamais eu aucun retour d'expérience de ce type ! Mais je ne doute pas un instant que mon vieux pote viendrait me secouer la cervelle pour me remettre en tête nos merveilleux échanges !

Ce disant, il tapa affectueusement dans le dos d'Evan. Puis il reprit, l'air aussi sérieux que triste :

— Tu en as vu beaucoup, toi, de patients qui reviennent d'épreuves comme la mienne ? Au mieux, si ça s'est produit, les quelques cas doivent tous être vêtus d'une jolie chemise qui s'attache dans le dos. Eh bien, tu vois, si c'est là le régime qu'on me réserve, je préfère ne garder aucun souvenir, mon pote ! Et pourtant, ceux que j'ai de nos derniers jours me sont précieux.

Sans ajouter le moindre mot, il retourna vers l'arrière du véhicule et se glissa sur la banquette, le visage tendu vers la vitre opposée.

Evan rassembla ses forces pour reprendre le volant et démarra dans une brutale embardée.

Il était précisément 13 h 51.

Ils mirent vingt minutes pour parvenir à une station de taxis. Ni Casper ni Evan n'avaient pris le risque de se parler pendant le trajet. L'inspecteur, pensant Evan rudement secoué par la nouvelle annoncée par Lena, puis l'appel de sa sœur, n'eut donc pas à juger leur attitude bizarre.

Evan enclencha le frein à pied tout en laissant tourner le moteur, descendit ouvrir la porte côté passager à Casper. Les deux amis n'osaient se regarder droit dans les yeux.

Ils se dévisagèrent maladroitement.

Evan empoigna l'enfant et le serra fort contre lui. L'un et l'autre savaient qu'ils ne pouvaient se quitter comme ils l'auraient souhaité. Ils auraient eu tant de choses à se dire...

Ému, Casper lâcha :

— Tu as tenu parole, *amigo*. Mais dépêche-toi de boucler le dernier pan du contrat, parce que je ne voudrais pas que tu puisses insinuer par la suite que je n'ai pas rempli ma part de boulot ! Et puis, si jamais il ne s'agit que d'une fausse alerte, je rapplique aussitôt !

Evan acquiesça en silence, la gorge nouée. Il se contenta de serrer encore une fois l'enfant contre lui.

— Bon, bah, mon p'tit loup, c'est pas tout ça mais, parti comme c'est, tu ne vas pas tarder à me faire une déclaration ! Alors, je te serais rudement reconnaissant de bien vouloir faire ton coming out une fois que je me serai taillé !

Cette fois-ci, il parvint à arracher un début de sourire à Evan.

— Prends soin de toi, Casper. Et reviens vite.

Le gamin tourna les talons sans avoir le courage de regarder une dernière fois son ami.

Evan jeta un œil sur sa montre.

Il ne lui restait que trente-neuf minutes pour aller retrouver Kelsie.

21

Miami, parking du Mercy Hospital, 14 h 19

Lena sortit de son véhicule comme un automate. Il ne fallait pas qu'elle réfléchisse davantage. Surtout pas. Elle avait longtemps analysé l'ensemble des éléments dont elle disposait pour prendre une décision. Maintenant elle devait passer à l'action.

Elle jeta un œil sur son portable et maintint le bouton « arrêt » enfoncé jusqu'à ce que l'écran s'éteigne complètement. Elle ne voulait plus être dérangée.

D'un pas assuré, elle entra dans l'établissement.

*

*   *

Après avoir déposé Casper, Evan était parvenu à rejoindre assez rapidement Miami, ce qui n'était pas une mince affaire en plein mois d'août. Les kilomètres qui le séparaient de son objectif lui avaient permis de remettre de l'ordre dans ses pensées. Ce qui n'avait pas été simple non plus.

Arrivés au point de rendez-vous, Evan et Mac Clough se séparèrent.

Ce moment semblait à Evan irréel. Sa sœur allait peut-être réapparaître, là.

Lena lui manquait cruellement. Tout comme Casper, avec qui il aurait aimé partager ces retrouvailles inespérées. Au souvenir du départ précipité de son ami, une sensation d'écrasement lui tomba sur les épaules. Le reverrait-il un jour ?

Un sourire se dessina sur ses lèvres lorsqu'il repensa à leur première cavalcade pour fuir Mac Clough.

En une semaine, il avait rencontré deux personnes, Casper et Lena, qui avaient complètement ébranlé ses convictions. Il ne s'imaginait plus un instant sans elles.

14h36…

Un brin nerveux, il effectua quelques pas afin de se détendre un peu.

Si Casper avait été là, il lui aurait balancé quelques vacheries, ce qui aurait eu pour mérite de tuer le temps.

Et ils auraient ri.

Hélas ce n'était pas le cas, et les minutes lui semblaient bien longues.

Irremplaçable Casper…

Lui avait-il dit tout cela ?

Pris par un élan soudain, il s'empara de son téléphone et appuya sur la touche « Casper ».

Sans surprise, il bascula aussitôt sur le répondeur et laissa donc un message :

« Je ne sais où tu es à cet instant précis, mais laisse-moi te dire que… C'est quand même drôlement vide quand tu n'es pas là. Oui, ça peut paraître étonnant, mais c'est bien la première fois que j'appréhende de ne plus voir quelqu'un qui m'a apporté autant d'emmerdes en si peu de temps ! Alors, si le problème qui t'a fait déguerpir n'est pas majeur, rapplique vite, Casper. Parce que je serai foutrement content de t'avoir près de moi. »

Alors qu'il terminait sa phrase, Evan aperçut Mac Clough parler à un homme avec discrétion. Cet homme brandissait quelque chose sous les yeux de l'inspecteur.

Oh non ! ce n'était pas vrai : cet abruti avait appelé du renfort.

Il termina rapidement :

« D'autant que si j'en crois un pressentiment, tu vas doublement me manquer d'ici quelques instants parce que les embrouilles continuent ! »

Il raccrocha et courut se mettre à l'abri des regards. Il ne fallait surtout pas que Kelsie le voie en compagnie de ces deux flics : elle imaginerait un piège et se tirerait, sans l'ombre d'un doute.

Mais qu'est-ce qui avait pris à Mac Clough ?

*

* *

À 14 h 38, Lena parvint à la chambre de Luca. Elle s'adossa quelques secondes contre le mur d'en face.

Était-elle sûre d'avoir pris la bonne décision ?

Ça y est ? Tu te dégonfles déjà ?

Non, il n'était plus temps d'hésiter.

Elle ne devait pas entrer maintenant : voir Luca lui remettrait en tête un flot de souvenirs, plus douloureux les uns que les autres. Tous susceptibles de l'inciter à revenir sur son choix.

Sans un regard en arrière, elle se dirigea vers la salle de repos du personnel soignant.

Elle sentait que ses pas se faisaient de plus en plus lourds. À chaque mètre supplémentaire franchi, la solitude l'écrasait davantage. Près d'une porte vitrée, elle perçut des éclats de rire contenus. Elle s'en offusqua dans un premier temps, avant de finir par en conclure que la vie devait bien continuer pour les gens qui travaillaient ici.

Elle passa donc une tête et demanda à voir le docteur Martens. Une infirmière, que Lena appréciait particulièrement pour la douceur qu'elle mettait dans les soins prodigués à son frère, vint à sa rencontre.

— Bonjour, mademoiselle Troyd. Il y a un problème ?

— Non, pas du tout. Simplement, je...

Que convenait-il de dire ?

— En fait... J'ai mûrement réfléchi suite à une discussion avec le docteur Martens au sujet de l'évolution de l'état de mon frère, et...

La soignante plissa légèrement les yeux, comme si elle cherchait à lire dans les pensées de Lena, puis ses traits se détendirent ; elle regarda Lena avec compassion, comprenant ce qui l'amenait aujourd'hui.

— Je suis désolée, mademoiselle Troyd : le docteur Martens est absent aujourd'hui. Par contre, il y a le médecin de garde, le docteur Blenwood, qui pourrait peut-être...

— Non. Non, merci. Je préfère attendre le docteur Martens. Il connaît bien mon frère. Quand sera-t-il de retour ?

— Dès demain matin. Je peux lui faire part de votre...

— Je passerai demain. Vous pouvez effectivement lui parler de ma venue.

C'était stupide, mais elle se sentait presque déçue de n'avoir pu mener les choses à terme aujourd'hui.

Elle arrivait au bout du couloir lorsque l'infirmière la rattrapa.

— Mademoiselle Troyd, je viens de consulter le planning du docteur Martens. Il arrivera un peu plus tard que d'habitude demain matin, vers 10 heures.

Lena la remercia encore une fois.

Elle ne souhaitait pas demeurer ici plus longtemps. C'était trop difficile.

En regagnant en toute hâte le parking, elle comprit quel était ce sentiment qui l'envahissait : elle redoutait tout simplement de ne plus avoir le courage de recommencer.

*

* *

Evan se précipita vers les deux inspecteurs. Ignorant délibérément l'autre homme, il se tourna vers Mac Clough.

— Mais que faites-vous ? Vous m'aviez promis de rester discret !

— Evan, la présence de l'inspecteur Thornton est plutôt un avantage.

— Sûrement pas. Si Kelsie le voit, elle croira que je lui ai tendu un piège !

— Mais non, Evan, calmez-vous. Regagnez votre position, nous contrôlons la situation.

— Vous rigolez !

Evan fulminait littéralement. Il tourna le dos aux deux policiers, maugréant en son for intérieur.

À leurs côtés, une femme s'empiffrait d'un hamburger à triple étage. En plein soleil, la mayonnaise fondait et coulait le long de ses doigts. Elle se rapprocha lentement d'eux avec une démarche chaloupée. Evan l'observa quelques instants, mais ses yeux se posèrent sur une autre silhouette. À quelques mètres de lui, une femme avançait lentement. Leurs regards se croisèrent. Il reconnut immédiatement Kelsie !

Instinctivement, Evan oscilla discrètement la tête de gauche à droite pour lui faire comprendre de ne pas avancer. Kelsie avait déjà compris et repéré les deux hommes. L'un arborait un pardessus à la Columbo. Facile de deviner sa profession. Ce qui lui échappait en revanche, c'est pourquoi celui qui prétendait être son frère avait ainsi cherché à la duper.

De son côté, Mac Clough avait suivi Evan des yeux. Son instinct fut aussitôt mis en alerte lorsqu'il le vit ralentir le pas. De dos, il vit sa tête dodeliner. Mac Clough balaya furtivement la plage du regard. Très vite, il comprit.

— Vite ! À 11 heures.

Il désigna la jeune femme du menton et les deux hommes partirent aussitôt en sa direction. Juste avant de s'enfuir, Kelsie eut le temps de voir Evan tenter de ralentir les deux flics en propulsant une femme corpulente sur eux. Celui qui avait le pardessus vacilla un long moment avant de retrouver son équilibre, tandis que l'autre tomba lourdement avec lui et la femme sur le sable.

Kelsie prit alors une forte inspiration et courut.

*

* *

Angie pénétra dans son appartement avec appréhension – depuis sa tentative de suicide ratée, elle craignait le silence. Il y régnait une grande pénombre. Mark était-il rentré ? Elle alluma fébrilement la lumière.

Elle sentit son portable vibrer : son boulot l'appelait pour la quatrième fois aujourd'hui. Ils pouvaient toujours courir : il n'était pas question qu'elle retourne là-bas.

— Mark ? Tu es là ?

Seul le silence lui répondit, elle leva les stores avec la commande centralisée. Une grande clarté envahit l'appartement. Elle retourna dans la chambre conjugale. Animée par une soudaine mauvaise intuition, elle entrouvrit la porte du dressing. Ses propres affaires y étaient parfaitement suspendues ou pliées, mais du côté de la penderie réservé à Mark, les étagères étaient quasiment vides. Sous le coup de l'émotion, elle vacilla et s'agrippa à la porte.

Était-elle encore vivante ? Rien n'était moins sûr. Elle était là, voilà tout.

Tel un automate, elle marcha vers le salon. Un petit remontant lui permettrait de la raviver. Et il y avait urgence.

Elle attrapa la première bouteille qui lui tomba sous la main : peu importait le contenu. Ce qui comptait, c'était que ça chauffe bien fort.

Elle ferma les yeux pour apprécier pleinement la saveur de la première gorgée. Elle savait que les autres n'auraient pas la même volupté. Elle s'adossa contre le buffet : elle se sentait vidée de toute envie. Vide, comme l'étaient les étagères.

Une feuille était posée sur la table. Elle s'en empara.

Tu sais ce que c'est, n'est-ce pas ? C'est ta lettre de convocation à un entretien préalable pour rupture de contrat de mariage !

Aux grands maux les grands remèdes : elle reprit deux bonnes rasades, puis entreprit de lire, la peur lui nouant le ventre :

Angie,

Je ne sais plus depuis quand nous nous sommes écartés l'un de l'autre, mais le fait est qu'aujourd'hui seuls les souvenirs d'un passé bien lointain nous unissent encore.

Maintes fois, j'ai souhaité aborder ce sujet avec toi, pourtant, devant ta folle envie de vouloir à tout prix un enfant, aucune conversation ne pouvait voir le jour. J'ai tenté de comprendre ta manière de combler ce vide, sans jamais avoir pu rivaliser avec l'alcool, qui vraisemblablement était ton seul refuge.

J'aurais voulu espérer encore en un avenir commun, mais nous sommes devenus deux étrangers l'un pour l'autre, et avoir un enfant avec toi est devenu une idée qui me fait peur.

Notre mariage est parti à la dérive. Ce n'est la faute de personne. Rester ensemble n'aurait fait que mieux nous détruire l'un et l'autre. Il me paraît plus raisonnable d'oublier ce « nous », pour que l'un et l'autre nous puissions justement retrouver un semblant de vie épanouissant. Ma rencontre avec une autre femme m'a fait entrevoir une lumière à laquelle je ne croyais plus. Je ne veux pas manquer cette chance de vivre à nouveau. Je te souhaite de rencontrer à ton tour la personne qui te fera croire en un nouvel avenir.

Nous aurons bien évidemment l'occasion de mettre à plat les questions matérielles : je pense que nous apprécierons pour le coup l'un et l'autre d'avoir à gérer cela sans enfant entre nous.

Pardonne-moi d'avoir pris seul cette décision pour nous laisser une petite chance de pouvoir être heureux, chacun de son côté.

Mark

Angie serra fortement les dents. Elle n'avait donc plus aucune chance de le récupérer.

Normal, ma belle, ton ventre n'est qu'un cimetière…

Elle considéra un long moment la bouteille qu'elle tenait dans la main droite, puis finit par la balancer de toutes ses forces contre le miroir du mur qui lui renvoyait l'image d'une femme pitoyable.

Elle sentit monter en elle une marée brûlante, de la lave à l'état pur. Et ce n'était certes pas cette saloperie de bouteille qui l'aiderait à en venir à bout. Non, il n'y avait plus qu'une chose à faire. Une seule.

Un sourire mauvais se dessina sur les lèvres d'Angie. Elle serra plus fortement ses mâchoires : il était temps de passer à l'action. Oui, il fallait faire payer cette Garce.

22

Rompu à ce genre de situation, l'homme qu'Evan avait cherché à plaquer contre le sable fit rapidement basculer son agresseur. Evan sentit le poids de l'inconnu lui retomber sur l'estomac, lui arrachant une grimace de douleur. Ignorant ses insultes, Evan s'arracha à son emprise et courut à la suite de Mac Clough.

Heureusement, Kelsie semblait bien plus agile que l'inspecteur et le devançait maintenant d'une bonne centaine de mètres.

*

* *

Les jambes d'Angie tremblaient. Sa conduite était nerveuse, saccadée. Elle tentait de se concentrer sur la route pour ne pas attirer l'attention d'un flic.

Elle se sentait bizarre, avec l'impression de ne plus éprouver aucune émotion. Une ribambelle de visages défilait dans ses pensées. Elle essayait d'imaginer les traits de celle par qui tout était arrivé. Était-elle blonde ? Non, Mark se moquait bien trop souvent des femmes peroxydées ! Elle devait être brune, comme elle, avec des yeux marron. Mark appréciait le regard chaud des yeux sombres, ses préférences allaient plus pour Cindy Crawford que pour Claudia Schiffer ou Karen Mulder. Elle était sûrement plus jeune, mais était-elle belle ? Pas forcément ! De toute manière, est-ce que cela importait vraiment ?

Dans vingt minutes tout au plus, cette Garce serait définitivement rayée de la vie de Mark. Le Smith & Wesson calibre 38 spécial planqué dans son sac de sport ne ferait pas dans le détail. Les balles lui ravaleraient le portrait en moins de temps qu'il n'en faudrait pour le dire. La dernière image que Mark garderait de sa pétasse chérie serait celle d'un amas de chair pantelant recouvert de cheveux ensanglantés et poisseux.

Angie ricana. Le son de sa voix résonna dans l'habitacle comme celui d'une bête blessée.

Angie accéléra encore pour arriver plus vite à destination.

*

* *

Susan pressa la main de Nathan. Il ne réagit toujours pas.

Le café qu'elle venait d'aller chercher était brûlant. Elle le porta à ses lèvres, en avala une petite gorgée, appréciant la coulée chaude glissant le long de son œsophage.

Après s'être assoupie dans le fauteuil, elle se leva subitement et s'approcha de son enfant pour lui caresser le front. Il était si pâle…

Pourquoi avait-elle le ventre noué ? Elle joignit ses deux mains en prière et regagna son siège.

*

* *

Summer était complètement essoufflée. Mais elle avait pris une sacrée bonne avance sur Columbo.

Elle tourna à gauche sur Washington Avenue.

Épuisée, Summer sut qu'elle ne pourrait plus tenir longtemps. Et sa méconnaissance des rues de Miami Beach ne lui permettait pas d'y trouver refuge.

La veille, sur Lincoln Road, elle avait traversé un quartier très commerçant inondé de touristes désireux de flâner. Il ne fallait surtout pas qu'elle s'avise d'emprunter cette rue maintenant : les passants risqueraient de freiner sa course, voire de la stopper tout court ! Il valait mieux marquer davantage de distance entre elle et les flics, puis elle se noierait plus tard dans la masse.

*

* *

Angie déboula sur Euclid Avenue en faisant crisser les pneus de son véhicule et sans attacher la moindre importance aux regards du couple âgé qui la dévisageait avec désapprobation.

Les lettres de la Garce indiquaient le 1531, elle trouva le numéro sans difficulté. Elle déposa son véhicule plutôt qu'elle ne l'y gara, presque face à la boutique Deco & Co.

Angie se sentait maintenant oppressée par le besoin d'en finir. Et vite.

Elle bondit hors de la voiture, claqua la portière, ouvrit l'arrière pour s'emparer du sac posé sur la banquette. Elle sortit discrètement le Smith & Wesson et le glissa dans son short. La froideur du métal vint lui mordre le ventre. Angie n'y attacha pas la moindre importance. Sa main tremblait maintenant. Son geste pour fermer la porte arrière du véhicule ne fut pas assez puissant, la portière demeura à moitié ouverte. Mais Angie ne s'en aperçut pas.

Pas plus qu'elle ne remarqua la femme surgissant à quelques mètres d'elle.

Elle plaqua machinalement l'arme un peu plus contre son abdomen et avança, décidée à abattre la Fornicatrice qu'elle tenait pour unique responsable de l'échec de son mariage.

*

* *

Arrivée à cent mètres de l'angle situé entre la 15e Rue et Euclid Avenue, la respiration de Summer était devenue haletante. Une douleur oppressante serrait sa poitrine et elle crut un instant qu'elle allait s'écrouler. Elle se retourna. Au loin, elle aperçut quelqu'un qui courait toujours vers elle.

S'arrêtant un instant, elle jeta un œil aux alentours pour décider quelle direction prendre. Elle ne connaissait pas cet endroit. La panique commença à l'envahir. Que devait-elle faire ?

Sur sa droite, il y avait moins de monde. Serait-il plus facile de se perdre dans la foule que dans une rue désertée ? Elle bifurqua résolument et reprit sa course effrénée.

Une femme venait de garer une Jeep bleue rutilante et était sortie de son véhicule pour prendre quelque chose sur la banquette arrière. Pouvait-elle la menacer et s'emparer de ses clés ?

La femme – qui avait l'air décidée et un peu particulière – fit un geste pour refermer la porte arrière du 4 × 4. Mais celle-ci resta entrouverte, et la propriétaire ne sembla pas s'en soucier. Telle une somnambule, elle marchait maintenant d'un pas décidé, le visage fermé, se tenant le ventre de la main. Souffrait-elle d'un mal quelconque ?

Très rapidement, Kelsie comprit qu'une opportunité s'offrait à elle : s'engouffrer dans cette voiture et s'en servir comme planque.

Plus qu'une opportunité, c'était même un miracle !

Elle se rua vers l'arrière de la Jeep et s'engouffra sur la banquette arrière avant de refermer doucement la porte sur elle.

*

* *

Evan n'avait pas ralenti sa course. Mais lui avait bifurqué sur Drexel Avenue pour aller chercher sa voiture. Son idée était d'envoyer un SMS à Kelsie, puis la rejoindre à toute vitesse pour partir pour Key West, où ils auraient un peu de temps avant que Mac Clough ne déboule.

Cela lui permettrait de tout expliquer à Kelsie. Ils pourraient ensuite envisager de se livrer à la police. Evan connaissait d'excellents avocats qui se chargeraient de défendre sa sœur. Peu importerait le prix. Il était certain qu'elle bénéficierait de circonstances atténuantes permettant une mise sous liberté conditionnelle. Mais cela suffirait-il à lui rendre un équilibre mental et affectif ? Était-il possible de se reconstruire après un tel vécu ?

Evan s'efforça de ne pas se poser trop de questions métaphysiques. Ce n'était pas le moment.

Il arriva en trombe sur la 17e Rue, bondée. Il ne pouvait se permettre de rester coincé dans les embouteillages.

Il parcourut rapidement les quelques mètres restants et débloqua les portières de son véhicule. Il s'accorda dix secondes pour reprendre une respiration plus lente. Trouverait-il une solution ?

Il se concentra sur l'urgence présente : Kelsie. Il lui fallait se ressaisir et vite. Il sortit son portable et tapa un SMS : « Désolé pour l'accueil en fanfare. Je n'étais pas prévenu. J'ai retrouvé ma voiture et propose de vous prendre à l'endroit que vous m'indiquerez. Evan Kester. »

Il cliqua pour envoyer le message. Il ne restait plus qu'à espérer que le téléphone de Kelsie soit allumé.

Il démarra. Mais où aller ? Il n'avait aucune idée de la direction à prendre. Il fallait impérativement que Kelsie lui réponde.

Il s'inséra dans la file de voitures. Il allait avancer lorsque des coups portés à la fenêtre côté passager le stoppèrent. Stupéfait, Evan découvrit la tête blonde et les cheveux hirsutes.

— Nom d'un chien ! Casper !

Pour un peu, il lui aurait sauté au cou, mais des coups de Klaxon commençaient déjà à se faire entendre.

La joie illuminait aussi le visage de l'enfant, qui s'efforça de prendre un air bougon avant de balancer :

— Bien, si Nemo pouvait activer le déverrouillage pour me permettre de le rejoindre dans son bocal ?

Il était visiblement essoufflé. Evan se hâta d'activer la commande des portes et Casper se jeta sur le siège avant, l'air ravi.

— Ah ! En fin de compte, je pense que ta forme physique s'est améliorée depuis notre rencontre, et que tu as gagné aussi bien en muscles qu'en endurance.

— Tu m'as couru après ?

— Et comment ! Je suis arrivé au moment où tu entamais une partie de galipettes avec tes deux copains. Je me serais volontiers joint à votre petite chorégraphie, mais je n'ai pas voulu prendre le risque de me ridiculiser devant Dieu, ses anges et toute la clique. J'ai donc dû patienter pour te coller le train et il est heureux que j'aie pu le faire jusqu'au bout !

— Je crois bien n'avoir jamais été aussi content de te voir !

— Tu as donc gagné en muscles ce que tu as perdu en neurones. Tu es toujours enchanté de me retrouver !

— Mais... Tu es revenu pour longtemps ou... Enfin, comment te portes-tu ?

— Heureusement que Mac Clough n'a pas placé de micros parce que c'est toi qui finirais direct à l'aile D ! Ne pose pas trop de questions : je suis moi-même incapable d'y répondre. Ce dont je suis sûr, c'est que nous avons du rab : tu ne pourras aller te plaindre que je t'ai laissé tomber en plein boum !

Evan bifurqua pour se dégager de la file de touristes se dirigeant vers la plage. Casper reprit :

— Alors, quelle est la situation, mon commandant ?

Evan sourit.

— Pas brillante, soldat ! Je crains même que l'on soit en pleine Bérézina !

Il lui résuma les derniers événements. Lorsqu'il eut terminé, Casper se tapa les cuisses des deux mains et clama avec un grand sourire espiègle :

— Ah, je suis revenu au bon moment pour l'action ! Je me demande quand même s'il n'y a pas quelque chose qui cloche chez les Kester. Quel est donc votre secret pour être capable d'attirer autant de problèmes en si peu de temps ? C'est peut-être toi qui devrais vérifier s'il n'existe pas d'anomalie génétique !

Après un clin d'œil à Evan, il ajouta :

— Allez, mon ami, je ne sais pas où on va, mais accélère !

Evan regarda son coéquipier et scruta son visage. Il y lut une expression sereine. L'empreinte de la fatalité avait disparu des yeux du gamin : il semblait heureux.

*

* *

Kelsie s'était cachée sous un plaid trouvé en boule au pied des sièges arrière.

Elle osait à peine respirer. Les deux flics avaient dû arriver à sa hauteur et devaient actuellement surveiller la rue. Impossible de bouger.

Aussi discrètement que possible, elle tenta d'extirper son portable de la poche de son jean. Elle l'alluma. 14 h 52. Elle se donnait jusqu'à 15 h 15 pour continuer à faire la morte. Alors elle sortirait de sa planque. Pas avant.

Un signal l'avertit de la réception d'un SMS. Elle cliqua dessus pour prendre connaissance du message envoyé un peu plus tôt par Evan Kester.

Pouvait-elle faire confiance à ce type ?

Certes, sans lui, elle n'aurait jamais pu bénéficier des quelques bons mètres d'avance qui avaient tenu les chiens de chasse à distance... Pourtant, c'est en le rejoignant qu'elle s'était mise dans ce beau pétrin.

Il avait semblé aussi surpris qu'elle par la tournure des événements.

De toute manière, pour l'instant, elle pouvait difficilement dire où elle se trouvait.

Elle se figea en entendant une voix d'homme essoufflé crier :

— Elle n'a pas pu partir par là, on la verrait !

Elle retint sa respiration, se contentant de prier intérieurement pour que cet abruti ne reste pas planté devant la voiture.

— Elle ne peut pas être bien loin !

La voix s'éloignait.

Kelsie s'autorisa à prendre un plus grand bol d'air. Il lui fallait faire preuve de lucidité : elle ne s'en sortirait pas seule. Fébrile, elle composa sur le clavier de son portable :

« Je suis cachée dans un véhicule, mais je ne sais où. Je ne peux pas parler. Flics à côté. »

Aussitôt, une réponse lui parvint : « Quel modèle ? »

Elle répondit :

« Jeep.

— Quelle couleur ?

— Bleu marine. »

Elle ne put réprimer un sursaut lorsqu'elle entendit Mac Clough crier dans son portable :

— Vous faites chier, Kester ! Qu'est-ce qui vous a pris de nous ralentir ?

Kester ? Était-ce le même que le « sien » ? Et si oui, pourquoi appelait-il ce flic ? Cela signifiait-il qu'il essayait de lui tendre un piège ? Un silence suivit : son interlocuteur devait parler.

— Vous faites chier quand même. Protéger la fuite d'un suspect ! Comment croyez-vous que Thornton va réagir ? S'il porte plainte, vous êtes marron !

Autre silence.

— Je viens de vous le dire : on courait après, mais on l'a perdue de vue. Elle ne peut être bien loin. Et vous, où êtes-vous ?

Encore un autre... Kelsie ferma les yeux. Elle allait bientôt savoir si elle avait eu raison ou non de faire confiance à ce type.

— Sur Euclid Avenue. Pourquoi ?

Un dernier silence, puis :

— Mais ça vous pouvez en être certain. Tenez-moi au courant.

Elle entendit l'inspecteur rabattre furieusement le clapet de son portable avant de taper du pied tout en criant :

— Fait chier ! Fait chier ! Fait chier !

Le téléphone de Kelsie vibra une seconde fois : « Vous êtes sur Euclid Avenue. Tenez-vous prête. J'arrive ! »

Son cœur manqua de lâcher définitivement. Comment allait-il faire pour l'extirper de là ? Au nez et à la barbe de tous ?

*

* *

Angie n'eut aucun mal à s'introduire dans l'immeuble. Devant l'entrée vitrée de la résidence, elle sourit même à une jeune femme qui sortait et lui tint la porte. L'adresse mentionnée sur les lettres lui indiquait même l'étage, ce qui était peu commun mais lui convenait parfaitement.

Elle préféra ne pas prendre l'ascenseur. Elle éprouvait un besoin viscéral de se défouler. Tout en grimpant les marches deux par deux, un flot de visages féminins se déversa dans sa tête. La Garce aux mille visages…

Le chiffre placardé sur la porte palière lui confirma qu'elle était arrivée. Elle prit quelques instants pour retrouver une respiration à peu près normale.

Sur la première porte figurait le nom d'un certain Steven Cyrrus. Elle passa donc à la seconde, puis à la troisième porte. Celle-ci était la bonne.

Sans même réfléchir à ce qu'elle allait dire, elle sonna. Ne restait qu'à espérer que la Garce soit présente.

La chance semblait être de son côté, elle entendit quelqu'un se rapprocher.

— Qui est là ?

Angie chercha à maîtriser l'intonation de sa voix et les battements de son cœur qui commençaient à s'accélérer sérieusement.

— Bonjour, je suis une future voisine. Je viens d'acquérir un appartement dans votre immeuble !

Liz Jefferson ne se méfia pas et ouvrit donc la porte sans enclencher la chaîne de sécurité. Mais à peine l'eut-elle entrouverte qu'elle fut projetée à toute force en arrière.

Liz tomba à terre pendant qu'Angie refermait la porte sur elle.

Angie détailla sa cible : cette femme avait bien dix ans de moins qu'elle, mais ses traits assez épais ne permettaient pas de la qualifier de jolie. En plus, elle était blonde. Mark détestait les cheveux blonds, il le lui avait maintes fois répété. Que faisait-il donc avec cette femme-là ?

Toujours étendue sur le sol, Liz restait pétrifiée.

Elles s'observèrent ainsi quelques instants, l'une comprenant d'un seul coup qui était cette femme, et l'autre cherchant à se convaincre que Mark ne pouvait pas l'avoir quittée pour « ça ».

Enfin, Angie prit la parole :

— J'imagine que vous savez qui je suis ! cracha-t-elle.

— Oui. Je crois…

— Je devais voir à quoi vous ressembliez. Voir de mes propres yeux le visage de la Garce qui s'envoie en l'air avec mon mari !

Liz garda le silence. Tous ses sens en alerte lui indiquaient que cette femme n'était pas dans un état « normal ».

— Je vous avoue être étonnée de ce que je découvre. Vous êtes d'une banalité à faire pleurer. À vomir, même. Je ne sais pas avec quoi vous l'avez attiré, mais ça n'est sûrement pas avec votre physique.

Angie prit le temps de savourer le plaisir de cette attaque. La voix tremblante, Liz murmura :

— Mark va justement arriver d'un instant à l'autre…

Alors qu'elle tentait de se relever, Liz se sentit brutalement repoussée vers le sol. Angie sortit son revolver pour l'abattre sur le visage de sa rivale. La crosse vint heurter la mâchoire de Liz qui gémit avant de retomber à terre, complètement sonnée par la violence du coup. Une douleur fulgurante lui irradia le bas du visage. La main qu'elle porta à ses lèvres était tout ensanglantée.

— Mais vous êtes folle…

Angie éclata d'un rire bestial.

— Folle ? Folle ! Oui, c'est ça, Garce ! Disons que je suis folle… Folle à lier !

Elle se baissa vers elle, l'attrapa par les cheveux et hurla :

— Comment oses-tu me parler de la sorte, espèce de salope ? Qu'est-ce que tu espères ? Tu crois que je vais te le laisser ? Jamais, pauvre Garce, tu m'entends ? Jamais !

Elle se mit à tourner autour de sa proie tout en gardant son pistolet pointé sur sa cible, qui recouvrit son ventre de ses mains, comme pour le protéger.

Angie haussa les sourcils en signe d'interrogation. La réponse lui parvint dans un murmure :

— J'attends un bébé…

Angie demeura quelques instants pétrifiée, le corps légèrement penché en avant. Elle serra les mâchoires tandis que Liz bafouilla :

— Madame, je comprends votre colère, cependant…

Elle chercha les mots adéquats, mais une coulée de sang dans la bouche l'empêcha de poursuivre. Elle tenta d'absorber le flux rouge avec son T-shirt.

— Tu me l'as volé ! vociféra Angie. Tu t'es fait mettre en cloque pour mieux le piéger !

— Je vous assure que cela ne s'est pas passé ainsi…

Liz pleurait maintenant. La douleur et la peur avaient eu raison de son courage. Son T-shirt était devenu rouge sang. Quel comportement devait-elle avoir ? Elle s'efforça de respirer lentement. Elle devait se ressaisir et essayer de la raisonner.

— Lorsque j'ai découvert que j'étais enceinte, j'ai souhaité me faire avorter. Mark m'a suppliée de garder cet enfant.

Angie s'était appuyée contre le mur pour ne pas vaciller. Elle fixa le ventre de sa rivale. Un bébé. Celui qu'elle n'aurait jamais. Tuer cette Garce ne posait pas de problème, mais tuer un bébé ? La détresse d'Angie n'échappa pas à Liz Jefferson.

— Je vous en prie…

— Ferme-la !

Angie voulait remettre un peu d'ordre dans les idées qui se bousculaient dans sa tête endolorie, or elle n'y parvenait pas. Tout se mélangeait avec violence.

Si tu veux appuyer sur la gâchette, c'est maintenant. Qu'est-ce que tu attends pour exterminer définitivement cette Garce ?

La haine se mélangeait à la pitié, la peine à l'envie.

Angie serra davantage la crosse de son arme.

Son mariage avec Mark. Leurs vœux.

C'était il y avait combien de temps ?

C'était il y avait combien de siècles ?

Liz ne disait plus rien, car elle voyait au regard d'Angie que son sort était en train de se jouer. Elle renifla le flot vermillon qui coulait de son nez tout en fixant les taches de sang sur son pantalon. Sa lèvre inférieure était sérieusement amochée.

Angie se sentait vidée. Mark ne lui pardonnerait jamais ce qu'elle venait de faire. Jamais. Cette femme qu'elle haïssait avait sans doute joué un rôle dans le départ de Mark, mais est-ce qu'elle-même, Angie, n'y était pas pour quelque chose ?

De par le nombre de bouteilles qu'elle avait ingurgitées.

De par ce cimetière qui lui servait de ventre.

Quelle belle image il conservera de toi si tu lui retires maintenant cet enfant que tu n'as pas été capable de lui offrir !

Elle contempla la silhouette que lui renvoyait la baie vitrée placée au bout de l'entrée. Elle se vit, l'arme à la main, le cheveu défait. Sa victime gisait toujours à terre et sanglotait bruyamment. Un sentiment de honte l'envahit.

Allez ! Tu n'as plus le choix ! Laisse-la et fais ce que tu aurais dû faire depuis le début !

Elle fixa une dernière fois celle que Mark lui avait préférée…

Et j'espère que cette fois-ci tu auras le cran d'aller jusqu'au bout !

… et elle déclara, avant de refermer la porte :

— Si je ne peux lui imposer de vivre avec moi, nul ne pourra m'imposer de vivre sans lui.

*

* *

Le cœur de Kelsie faillit définitivement lâcher lorsqu'elle entendit la porte avant s'ouvrir. Quelqu'un venait de prendre place à l'avant et le véhicule démarrait.

Ce ne pouvait être que la femme qu'elle avait aperçue un peu plus tôt. La propriétaire du véhicule, donc. Elle se recroquevilla davantage contre la banquette.

La voiture fit une violente embardée, puis s'élança, vilipendée par un coup de Klaxon prolongé. Cette imbécile allait attirer l'attention des flics. Elle entendit un reniflement. Le système anti-intrusion s'enclencha.

Kelsie ne bougea pas d'un pouce, décidée à attendre que la femme soit arrivée à destination pour quitter le véhicule. Elle entendit la conductrice se moucher, avant de l'entendre éclater en sanglots.

Mince, elle n'était pas tombée au meilleur moment.

La voiture allait à présent plus vite. À quelle allure ? Elle n'aurait su le dire.

Une sonnerie de portable retentit, Kelsie serra le sien par réflexe. Mais la femme décrocha et vociféra :

— Ne m'appelle plus ! Tu es une ordure et tu m'as trahie. Va donc avec ta pute et crève, salaud !

Elle l'entendit ensuite ouvrir la fenêtre et ajouter :

— Tiens, connard !

Suivi d'un bruit bizarre, puis d'un silence.

Avait-elle jeté son portable par la fenêtre ?

Ce n'était pas possible…

— Voilà, comme ça, plus personne ne m'emmerdera.

Et elle hurla :

— Vous m'entendez tous ? Plus personne !

Kelsie l'entendit bien, et réalisa que tomber sur cette bagnole n'était finalement pas un don du ciel.

*
* *

Angie avait envie de vomir.

Alors, poule mouillée ! Même pas capable d'aller au bout des choses. Au final, les deux salopards vont bien s'en sortir ! Et toi, vas-tu avoir le cran de terminer ce que tu as commencé, poule mouillée ?

Elle renifla un grand coup et s'essuya le nez avec l'avant-bras, d'un geste sec et rapide.

Oh oui ! Elle n'était sans doute qu'une paumée.

Ça, elle l'avait bien compris.

Elle savait aussi ce qui lui restait à faire. Et pour cela encore, il lui faudrait du courage.

Plus encore que pour tirer sur quelqu'un.

Mais ce cran-là, elle l'aurait, car c'était le seul sésame qui lui permettrait de retrouver la paix.

*
* *

Kelsie jeta un œil sur son portable : pas de nouveau message. Cela faisait plus d'une heure qu'elles roulaient à tombeau ouvert. Kelsie avait appelé cet Evan Kester à l'aide et lui envoyait en permanence par SMS le nom des lieux qu'elles traversaient.

La conductrice pleurait toujours, et hoquetait même maintenant. La voiture roulait vraiment très vite. Beaucoup trop vite.

Et Kelsie n'avait aucune idée de l'endroit où elles se trouvaient.

Sans faire le moindre bruit, elle jeta un œil par la fenêtre. Elles fonçaient effectivement à vive allure.

Elle se replaça en se redemandant si c'était bien la providence qui lui avait permis de trouver cette saloperie de bagnole ouverte.

*
* *

Susan se releva. Elle avait froid : une prémonition sournoise la glaçait jusqu'aux os. Elle se dirigea vers la fenêtre, de laquelle on pouvait apercevoir le parc arboré. C'était joli. Reposant. Rassurant.

Susan revint s'asseoir tout en se frottant énergiquement les bras pour les réchauffer.

Incapable de rester assise, elle se releva et entreprit de ranger pour la énième fois le placard où étaient entreposées les affaires de Nathan. Tout était pourtant parfaitement disposé, mais cela lui fit du bien de défaire les vêtements familiers, puis de les replier.

Elle était en train de caresser le jogging que Nathan affectionnait lorsqu'elle se retourna subitement vers son fils, comme mue par un appel silencieux. Elle n'aurait su dire, mais…

Non. Les traits, les expressions, la position : rien n'avait changé. Même pâleur et même inertie. Rien. Juste l'intuition de plus en plus vive d'un danger imminent.

Elle n'avait pas reposé le vêtement que le corps de Nathan fut agité par un spasme violent. Son bras arracha son masque à oxygène, et son visage vira au pourpre. Un son effrayant sortit de la bouche de son enfant, un cri que Susan n'avait jamais entendu jusque-là, et qui s'enfonça au plus profond de ses entrailles. Elle n'oublierait jamais ce son par la suite.

Une sorte de râle.

Un trait d'union entre la vie et le trépas.

Le vêtement tomba sur le sol, alors que la machine d'assistance respiratoire se mit à hurler.

23

Kelsie, affolée par la vitesse à laquelle fusait le véhicule, avait décidé de sortir de sa cachette. Elle essaya d'apaiser le sentiment de panique qui menaçait de lui faire perdre tous ses moyens. Elle devait absolument conserver son calme pour ramener cette hystérique à la raison.

— Madame, excusez-m…

La voiture se déporta brutalement sur sa gauche, mais Angie redressa aussitôt le volant. Son expression de surprise s'effaça très vite pour laisser la place à un regard assassin. Elle fixa Kelsie dans le rétroviseur central, qui put voir à son tour les traits torturés du visage de la conductrice. D'énormes cernes venaient souligner des yeux rougis par les larmes. Les sourcils restaient obstinément froncés, comme s'ils avaient été cousus. La pâleur de son teint était presque cireuse. Elle ne semblait même pas surprise de voir une inconnue assise à l'arrière.

— Je vous en prie… Laissez-moi descendre.

Angie ne lui accorda qu'un rapide coup d'œil.

Qu'est-ce que cette grue faisait donc là ? Elle n'en avait rien à foutre de ses explications. S'arrêter pour la laisser descendre ? Même pas en rêve.

Elle examina de nouveau à travers le rétro la passagère clandestine : un T-shirt décolleté laissant plus que deviner le début de ses seins. Une Garce, de toute évidence.

Oui, encore une Garce. Encore une Autre…

Tant pis pour elle.

Angie se baissa rapidement pour attraper l'arme qu'elle avait laissée choir au pied du siège passager, la voiture fit une nouvelle embardée. Kelsie glissa brutalement au fond de la banquette.

Celle-ci n'eut pas le temps de réagir qu'Angie lui montrait le revolver en braillant d'un air venimeux :

— Écoute-moi bien, Garce : si tu t'avises du moindre mouvement, de deux choses l'une : ou bien je nous envoie direct dans le décor, ou bien j't'en colle une tout court. C'est clair ?

Abasourdie, Kelsie fixa le canon du Smith & Wesson, avant de croiser les yeux exorbités de la conductrice. Des yeux de démente.

Que devait-elle faire ? Sauter sur elle ? À la vitesse où elles roulaient, elle n'aurait aucune chance de s'en sortir. La foldingue se mit à klaxonner comme une furie et les automobilistes de devant s'écartèrent brusquement pour la laisser passer.

Kelsie devait amener la forcenée à se ranger sur le côté.

Au même moment, la conductrice se lança dans un délire verbal. Un long monologue incompréhensible entrecoupé de ricanements. Elle n'accordait plus d'importance à rien. Seules ses mains s'accrochaient au volant. Kelsie sentait ses chances de s'en sortir se réduire comme peau de chagrin. Que pouvait-elle faire ? Une seule chance à tenter, celle d'appeler Evan Kester à l'aide.

Ignorant les battements accélérés de son cœur, ainsi que la sueur qui commençait à mouiller son front, elle tapa un long SMS en tremblant.

Il n'y avait plus qu'à espérer que cet Evan l'aide à sortir de ce cauchemar. Heureusement, la femme au volant ne lui accordait aucune attention, concentrée sur une diatribe dédiée à « toutes les Garces de ce monde ».

La réponse ne tarda pas :

« Décrivez-moi le paysage que vous avez sous les yeux ! »

Elle se redressa et jeta un œil par sa fenêtre. La conductrice l'ignora.

« Une longue route unique à deux voies. Avec la mer à perte de vue.

— Sans doute sur l'US 1. Il y a des ponts ?

— Oui, nous en avons passé quelques-uns. C'est quoi l'US1 ? On va où ?

— C'est l'Overseas Highway qui mène aux Keys. Que voyez-vous d'autre ? Un détail qui pourrait m'aider ? »

Kelsie se concentra davantage sur le bas-côté. Était-ce une impression ou pas, elle avait la sensation de filer encore plus vite qu'il y avait cinq minutes. Ses doigts tremblaient beaucoup maintenant :

« Des espèces de bicoques…

— OK. Repérez les miles marqueurs. Le MM 127 part de Florida City, le MM 0 s'arrête à Key West. Si vous parveniez à en lire un… »

Kelsie guetta la fameuse indication.

Mais la conduite nerveuse et rapide, le stress intense rendaient cette mission difficile.

« Désolée… Je n'y parviens pas !

— Tenez le coup : nous arrivons ! »

Kelsie ne jugea pas fondamental de demander qui était ce « nous ». Peu lui importait maintenant que tout Interpol soit même dans le coffre de cet Evan Kester. Elle était prête à tout l'or du monde pour se retrouver derrière de bons barreaux la mettant à l'abri de cette malade.

L'hystérique en question agrippait toujours fermement le volant tout en serrant dans sa main droite le Smith & Wesson par la crosse. Kelsie sentit des larmes de terreur lui monter aux yeux.

Un autre SMS arriva :

« Accrochez-vous : je ne suis plus très loin de vous ! »

Evan avait clairement perçu la panique de la jeune femme. Il jeta un œil inquiet vers Casper, guère plus rassuré que lui, qui tentait un SMS de plus pour la détendre :

« Avec le bolide que j'ai, même Satanas et Diabolo finiraient derrière moi ! »

Dans l'autre véhicule, la tentative d'humour de Casper ne rencontra pas d'écho, Kelsie étant tétanisée par la voix suraiguë de l'Hystérique qui hurlait :

— Et qu'elles aillent toutes crever !

Casper baissa les yeux sur son bermuda de marin, Evan appuya encore sur l'accélérateur. Son compteur indiquait qu'il roulait désormais à cent dix kilomètres heure, en dépit des quatre-vingt quinze autorisés.

— Casper, appelle Mac Clough de ton portable. Qu'il envoie du renfort ! Vite !

L'enfant s'exécuta aussitôt après avoir attrapé la carte qu'Evan lui tendait maladroitement. Pendant qu'il expliquait la situation à l'inspecteur très remonté, il tapa sur le portable d'Evan un autre SMS adressé à Kelsie :

« Où êtes-vous maintenant ?

— Aucune idée. Un taxi rose vient de passer en sens inverse. »

Casper s'empressa de lire le message à Evan avant de répondre :

« Taxi typique de Key West. J'attends de le voir pour évaluer distance qui nous sépare. Essayez de parler à conductrice. »

Kelsie songea que celle-ci n'avait vraiment pas besoin d'elle pour la conversation avant de répondre :

« Aidez-moi ! J'ai peur… »

Cet aveu remua Evan. Il se sentait impuissant. Il jeta un regard à Casper qui ne pipait mot, et accéléra encore. Que pouvait-il faire d'autre ?

— Hé, regarde !

Casper lui désignait quelque chose vers sa gauche. Il s'empressa d'écrire :

« Accroche-toi, Kelsie. Voyons le taxi rose : nous ne sommes plus loin de toi ! »

Kelsie resta un instant interdite. Pourquoi l'appelait-il Kelsie ? Qui était cette fille ?

Elle pria intérieurement pour avoir la chance de connaître un jour la réponse.

Face à elle, cette route tendue vers l'infini. Et tout autour, à perte de vue, de l'eau, de l'eau, de l'eau…

*

* *

La Corvette rouge d'Evan roulait maintenant à plus de cent trente kilomètres heure. Evan se concentrait sur sa conduite, zigzaguant entre les voitures pour rejoindre le véhicule fou. Les flics étaient prévenus et Mac Clough avait confirmé à Casper l'arrivée des renforts.

— Je ne sais comment nous allons pouvoir arrêter cette femme.

L'enfant garda les yeux figés droit devant lui et déclara :

— Il n'y a qu'une solution.

Tout en évitant de justesse une Dodge Challenger gris métal qui cherchait à déboîter sans clignotant, Evan jeta un œil sur son coéquipier.

— Je t'écoute.

Casper observa un long silence : la Jeep dans laquelle se trouvait Kelsie venait d'apparaître dans leur champ de vision.

— Il va falloir que tu percutes sa voiture.

Sous l'effet de la surprise, Evan manqua de s'encastrer tout seul dans la balustrade de sécurité.

— Tu plaisantes !

— Non, je ne plaisante pas.

— Mais je ne peux pas faire un truc pareil. On va tous y rester !

— Nous n'avons pas d'autre solution.

— Comment ça « nous n'avons pas d'autre solution » ? Ce n'est pas une solution, ça ! C'est un problème supplémentaire ! Qui est la tarée qui conduit cette bagnole ?

— Ça, je n'en sais rien. Ce dont je suis certain, en revanche, Evan, c'est que la cinglée qui est au volant du bolide n'a qu'une idée : se balancer dans la flotte.

Evan le regarda comme s'il était devenu fou à son tour :

— C'est une blague ?

Pour toute réponse, Casper baissa les yeux, et Evan sentit un frisson lui courir le long de la colonne vertébrale.

— Qu'est-ce que je dois faire, Casper ?

Il ne restait plus que deux voitures devant eux avant d'atteindre la Jeep Wild Dream marine.

— Glisse sur la droite, Evan !

Evan déboîta dans un crissement de pneus et dépassa une Lincoln noire. Cela leur valut un long coup de Klaxon qui leur vrilla les tympans. Evan cria :

— Je ne vais pas pouvoir, Casper. Vraiment !

— Evan, cette femme cherche à atteindre un endroit où elle pourra basculer dans le vide. Tu connais mieux cette route que moi : où peut-on trouver un espace sans barrière de protection ? Vite !

Il connaissait cet itinéraire par cœur.

— Le premier n'est pas très loin.

Casper ajouta alors d'une voix lugubre :

— Sa bagnole coulera à pic. Si Kelsie n'a pas le courage de sauter…

Il ne termina pas sa phrase, mais ce ne fut pas nécessaire. Evan tapa violemment du poing sur son volant.

— Tu es donc en train de me dire que j'ai le choix entre la laisser couler ou la tuer moi-même dans un accident, c'est ça ?

— Non, Evan. Je te dis juste que Kelsie n'aura aucune chance de sortir de cette bagnole une fois projetée dans l'océan.

Il laissa passer un moment avant de conclure :

— Il faut donc que tu la pousses vers le centre, Evan.

— Le centre ? À la vitesse où l'on va, c'est tout le monde qui va finir à la baille. C'est suicidaire !

Ils talonnaient maintenant la Jeep et pouvaient même voir Kelsie s'agiter à l'intérieur, jetant des regards affolés autour d'elle.

— J'ai autant peur que toi, Evan. Mais là, nous n'avons pas le choix.

Evan serra les mâchoires.

— Je n'y arriverai pas, Casper.

Au loin, on entendit une sirène : les flics arrivaient. Combien de distance restait-il avant que cette forcenée n'atteigne son objectif ?

Il ferma les paupières un dixième de seconde.

Des images submergèrent son esprit : les yeux terrorisés de Kelsie ce jour d'été 1989, sa montre tombée sur le gazon, les jambes nues de sa petite sœur… Il se revit lui-même, à ce point paniqué qu'il ne parvenait plus à agir. Il réentendit la gifle résonner sur la joue de Kelsie, pendant que ses propres yeux s'accrochaient à l'étoile lie-de-vin sur l'avant-bras de l'enfant. Il se souvint de l'urine coulant sur ses jambes et de cette sensation que rien ne serait jamais plus comme avant.

Evan avala une dernière fois sa salive.

Et il appuya à fond sur l'accélérateur.

*

* *

Kelsie pleurait à chaudes larmes, et suppliait Angie de bien vouloir lui ouvrir les portes. Celle-ci avait en effet enclenché la protection enfant, ce qui ne manquait pas d'ironie compte tenu du fait qu'elle n'aurait jamais de môme. Mais cela n'était plus important. Elle sentait que quelque chose s'était enclenché dans son cerveau. Le peu de lucidité qu'elle avait encore lui permettait tout juste de réaliser qu'elle venait de sombrer dans la folie. La vraie. La démence dont, comme d'un pont franchi, on ne peut revenir.

La terreur éprouvée par la petite Garce qui se trémoussait sur la banquette arrière lui procurait une véritable jouissance. En voilà une dont elle allait refroidir les ardeurs !

Tout en continuant à ruminer et vociférer des phrases qui ne voulaient plus rien dire, elle se concentra sur son objectif : dénicher un endroit d'où elle pourrait se balancer dans le vide. Et, sauf erreur de sa part, il ne devait plus être bien loin.

Kelsie tenta de briser la glace à coups de poing, puis à coups de portable, mais le verre antieffraction rendit sa tentative inutile. Elle ne devait pas se décourager. Elle allait sortir de ce cauchemar, il n'en était pas possible autrement.

Elle se rua sur la plage arrière et c'est alors qu'elle vit le véhicule d'Evan. Le simple fait de le savoir aussi près d'elle lui rendit espoir. Il allait forcément la sauver des griffes de ce monstre. Elle agita sa main pour lui montrer qu'elle l'avait bien vu.

Face à Evan, un véhicule venait de passer en sens inverse. À deux ou trois cents mètres, une rambarde protégeait encore la voie rapide. Ce serait le moment ou jamais, avant que la dingue au volant n'atteigne la côte et ne plonge à des mètres de profondeur sous l'océan.

Evan serra encore les mâchoires sans un regard pour Casper. Celui-ci comprit instinctivement et se recroquevilla en boule.

Un flot d'adrénaline irriguait le corps d'Evan, mais une sorte de rage vint recouvrir sa peur : la culpabilité et la douleur de n'avoir su protéger Kelsie un lointain jour d'été. Il ne pensait plus qu'à une chose : la sauver.

Evan ferma les yeux une seconde. Mille millisecondes pendant lesquelles il sentit son cœur pomper plus rapidement le sang lâché par les ventricules et le propager dans ses artères. Mille millisecondes qui lui permirent de sécréter suffisamment d'adrénaline pour avoir le cran d'agir. Il chassa l'image qui s'imposa naturellement à lui : le visage de Lena. Non, cette fois-ci, il devait penser à Kelsie. Il ravala sa salive, échangea un long regard avec Casper qui avait l'air terrorisé, et appuya une dernière fois à fond sur l'accélérateur.

Lorsque Kelsie vit le véhicule d'Evan faire une violente embardée sur la droite pour propulser la Jeep sur la gauche, elle comprit ce qu'il cherchait à faire.

Et elle cria de toutes ses forces.

*

* *

Angie réalisa que la voiture qui leur collait le train voulait l'empêcher de se projeter entre les deux rambardes qui surplombaient l'océan. Mais plutôt que de dévier sur sa droite, elle accéléra encore pour percuter la Buick qui arrivait en face.

Le conducteur de cette dernière put heureusement braquer à fond sur sa gauche et percuta en chassant de l'arrière le côté passager de la Jeep. Celle-ci finit sa course avec une violence prodigieuse contre un arbre gigantesque, alors que le véhicule d'Evan tapait celui d'en face, ce qui eut pour effet miraculeux de l'arrêter dans son élan et d'éviter qu'il ne tombe dans l'étendue infinie de bleu.

Sous la violence du choc, l'avant de la Jeep se disloqua littéralement. Une partie du moteur serait d'ailleurs ultérieurement retrouvée à une trentaine de mètres de l'impact. La calandre et les phares s'envolèrent sous les yeux exorbités de quelques témoins pour aller s'encastrer sous le véhicule arrivant en face, dont le conducteur eut tout juste le temps de piler et qui s'en sortit indemne. Le châssis de la voiture d'Angie vint s'enrouler autour d'un banian géant.

Evan sentit quant à lui le sol se dérober sous ses pieds et il fut projeté en avant, comme dans un manège. Au moment où il retomba sur le sol, il ressentit dans sa tête une douleur inouïe provoquée par l'onde de choc. Puis ce fut le vide.

24

Les bruits environnants ne lui parvenaient plus que calfeutrés. Où était-il ? Que faisaient tous ces gens qu'il voyait flous ? Une femme se pencha sur lui et porta une main à sa bouche, avec des yeux effrayés. Était-ce lui qui lui inspirait un tel effroi ?

Evan sentit un liquide chaud couler dans sa gorge, puis il éprouva une irrépressible envie de dormir.

C'était curieux toute cette agitation. Il entendit une autre femme gémir :

— Oh, mon Dieu, mon Dieu, mon Dieu ! Appelez les secours de toute urgence. C'est terrible !

Alors qu'il se sentait comme aspiré par une force invisible, il vit une tête d'enfant blond se pencher sur lui. Il portait quelques traces de sang au visage. Sa tempe droite était légèrement commotionnée. Un ou deux petits points de suture et il n'y paraîtrait plus rien, songea-t-il instinctivement.

Tandis que les yeux insistants de l'enfant ne le lâchaient pas, Evan chercha à se rappeler d'où il connaissait ce gosse. Il luttait contre le sommeil et chercha à rassembler ses forces pour demeurer conscient.

— Evan, c'est Casper ! Ouvre les yeux, je t'en prie.

Casper ? Casper... Kelsie... Et l'accident. Les récents événements lui revinrent subitement en mémoire. Il tenta péniblement de se hisser sur ses coudes. Un troisième véhicule se trouvait en travers de la route, mais il semblait ne pas avoir été endommagé.

Au prix d'un effort surhumain, il attrapa le T-shirt taché de sang du gamin.

— Où est-elle ?

L'enfant poussa un soupir de soulagement.

— Je ne sais pas, Evan. Je suis d'abord venu vers toi. Mais je pense qu'il faut faire vite.

— Aide-moi à me relever.

La tête lui tournait, pourtant il venait de reconnaître son ami.

— Je vais tomber Casper. Je ne vais pas y arriver.

— Accroche-toi, je suis là.

Il s'appuya tant bien que mal sur l'enfant, ce qui n'était guère aisé du fait de leur différence de taille. Un homme, visiblement choqué, accourut vers eux.

— Allongez-vous, monsieur : vous saignez !

— Laissez-moi, je suis médecin. Ma sœur est à l'intérieur, eut-il la force d'articuler en désignant du menton ce qui restait de la Jeep.

Personne n'osait approcher de la carcasse. Une mare de sang était visible au pied de la porte avant. Evan s'y traîna tant bien que mal, soutenu par l'homme qui vacillait sur ses jambes plus encore que lui-même.

Ne tombe pas. Accroche-toi. Kelsie a besoin de toi.

Un simple coup d'œil sur la conductrice suffit à indiquer à Evan qu'il n'y avait plus rien à faire. Sa tête avait été écrasée contre le tableau de bord. Elle était morte.

Il sentit l'homme qui le soutenait tituber, puis le lâcher pour aller vomir un peu plus loin.

Une douleur à l'abdomen foudroya Evan. Il devait absolument tenir. Il contourna les débris du véhicule. Où était Casper ? Autour de lui, il entendait des cris, voyait des gens courir de toutes parts, mais n'apercevait plus son ami. Et Kelsie. Où était Kelsie ?

— Evan, ici !

Casper, plus pâle que jamais, se dirigeait en boitant vers une masse de cheveux ensanglantés qui dépassait de la plage arrière au pare-brise éclaté.

Evan atteignit tant bien que mal le hayon. En voyant la chevelure brune imbibée de sang, il eut un mouvement de recul. La douleur lui vrilla davantage les tripes. Sa gorge se serra tandis que des larmes, impossibles à retenir, coulèrent le long de ses joues. Il sentit un goût légèrement cuivré dans sa bouche, qu'il diagnostiqua machinalement : hémorragie interne. Peu importait. L'urgence était de rejoindre Kelsie et de la prendre dans ses bras. Un geste qu'il attendait depuis vingt-cinq ans. Il se mit à trembler de manière incontrôlée.

Il s'approcha de sa sœur, lui toucha délicatement le visage en veillant à ne pas la bouger. Elle semblait inconsciente et saignait beaucoup mais Evan ne parvenait pas à identifier la provenance de l'hémorragie. Il ne fallait toucher à rien et attendre les secours.

Alors, il lui parla.

Il lui raconta cette terrible journée où leur vie avait basculé. Les yeux de Kelsie s'ouvrirent très légèrement, suffisamment pour le voir.

Il lui dit combien elle lui avait manqué, combien de fois il l'avait imaginée, combien d'autres fois il lui avait même parlé, quand il s'était trouvé perdu face à l'immensité de l'océan. Et il lui avoua avoir eu l'impression de l'avoir à ses côtés chaque fois qu'il soufflait dans sa flûte. Il sentit la main de Kelsie serrer la sienne. Il vit ses lèvres s'entrouvrir. Il se pencha vers son visage pour entendre la voix qui s'en échappait :

— Evan... J'ai toujours senti que je n'étais pas seule.

Une grimace de douleur la fit s'interrompre, alors que dans un flash une rafale d'images, de sensations et de sons jaillit brutalement de sa mémoire : un jeune garçon qui lui ébouriffe les cheveux, leurs rires à tous deux, le son mélodieux d'une flûte, des yachts amarrés dans un port, le regard de cet enfant bienveillant posé sur elle, alors qu'elle était petite... Le même regard que celui plus mature qui la contemplait avec détresse en cet instant précis.

— En fait, j'avais un frère. Et tu es ce frère...

Il crut voir un sourire apparaître sur les lèvres ensanglantées. Que faisaient donc ces putains de secours ?

— Evan ?

Evan entrevit Casper qui repoussait ceux qui cherchaient à les approcher : il veillait à protéger la bulle dans laquelle ils étaient tous deux. Evan sentit une autre larme couler sur sa joue mais il s'en moqua. Seule Kelsie comptait.

— Finalement, j'ai passé ma vie à te chercher, et toi aussi...

— Oui. Mais ça y est, Kelsie. Nous nous sommes retrouvés. Et nous ne nous lâcherons plus.

Elle lui adressa un regard abattu, qui signifiait qu'elle n'était pas dupe sur le temps qu'il leur restait à vivre ensemble.

— Ne te reproche rien, Evan. Nous étions petits…

Une douleur plus violente encore lui arracha un gémissement, elle chercha en vain à lever sa tête. Evan luttait toujours pour rester conscient.

— J'ai toujours rêvé de venir en Floride. Je comprends mieux maintenant… En fait, en soufflant dans cette flûte qui était la mienne, tu m'as gardée près de toi.

Un spasme secoua tout son corps et elle ferma les yeux. Terrifié à l'idée de la perdre à nouveau, Evan lui cria :

— Non, Kelsie, ne ferme pas les yeux, je t'en prie. Lutte contre l'envie de t'endor…

Il entendit une sirène au loin, et il l'enserra contre lui. Il se sentit vaciller mais se mordit violemment la joue pour ne pas sombrer à son tour. Il la supplia de s'accrocher, de ne pas le laisser seul. Elle devait imaginer tout ce qu'ils allaient pouvoir redécouvrir ensemble. L'avenir leur appartenait. Les secours arrivaient, elle devait tenir le coup.

Incapable de se ressaisir, il éclata en sanglots et plongea son visage dans ses longs cheveux rouges de sang. Il crut rêver lorsqu'il l'entendit reprendre dans un murmure :

— Le souffle, c'est la vie, Evan. Continue à me faire vivre…

Il se pencha plus encore vers elle et lui jura qu'il ne l'abandonnerait jamais plus. Les paupières de Kelsie s'entrouvrirent encore et il sentit ses doigts agripper son bras. Puis, lentement, alors que deux ambulances déboulaient toutes sirènes hurlantes, ses yeux se refermèrent et sa main retomba.

Evan serra fermement Kelsie contre sa poitrine, comme pour mieux la protéger.

— Ça va aller, Kelsie. Je suis là. Ça va aller. D'une manière ou d'une autre, ça ira mieux…

Il resta ainsi de longues secondes, incapable d'accepter la réalité des faits. Un imperméable beige apparut dans son champ de vision. Puis il entendit la voix de Casper, comme venue de très loin :

— Ils arrivent, Evan ! Tu m'entends ? Mac Clough et les secours arrivent !

Il se tourna lentement vers Casper mais ne le vit pas.

Un voile lui obstrua la vue et se dissipa pour laisser la place à des faisceaux de lumières clignotantes. Il entendit des cris. Il tenta d'ouvrir les paupières – sans succès. Il avait maintenant l'impression qu'on les lui avait cousues.

Oui, il entendait. Cependant il ne parvenait plus à répondre, ni à comprendre qu'il était conscient mais qu'il n'était plus maître de son propre corps. C'était terrible cette sensation d'impuissance. Il tenta de cligner des yeux, sans y parvenir davantage.

Casper s'essuya les yeux. Il pleurait à chaudes larmes.

— Tu viens d'entrer dans la partie, mon pote, lui dit-il simplement. Que tu le veuilles ou non, maintenant, il n'y aura qu'un seul gagnant. Et si Dieu m'entend, qu'il fasse que ce soit toi ! Accroche-toi, Evan. Lena aura besoin de toi. Parce que moi je ne pourrai plus l'aider…

25

Miami, Jackson Memorial Hospital, salle de réveil

Evan ouvrit lentement les yeux. Il ne sentait plus son corps.

Il réalisa petit à petit qu'il était au bloc opératoire, en salle de réveil. Il entendit chuchoter une voix familière qu'il ne parvenait pourtant pas à reconnaître :

— Docteur, il se réveille !

Le visage de Brian apparut, ce qui soulagea Evan qui tenta de s'asseoir. Il grimaça de douleur, mais il parvint à atteindre son objectif.

— Ne force pas, Evan, tu dois être encore un peu sonné.

Brian laissa passer quelques instants avant de reprendre :

— Tu te rappelles les événements d'hier ?

— Hier ?!

— Oui, nous t'avons administré un sédatif et depuis tu dors comme un bébé : il est presque 9 heures !

Stupéfait d'apprendre que tant de temps s'était écoulé depuis son accident, Evan porta une main à son cou douloureux et découvrit un épais pansement plaqué sur la carotide.

— Un bout de verre est venu se loger dans ta carotide primitive. Chance inouïe, il est bien resté planté dans l'artère, ce qui n'a pas empêché une hémorragie assez importante, mais évité que tu ne finisses parfaitement exsangue !

— Et ma sœur ?

L'inspecteur Mac Clough avait expliqué à Brian que la femme transportée en chambre de réa 9 était sans doute la sœur d'Evan. Il n'avait pas cherché à en savoir davantage, l'urgence étant de suturer Evan.

— Elle est ici, mais nous en parlerons après. Il faut que tu te reposes. Tu as aussi subi un bon trauma au niveau abdominal. C'est un miracle qu'il n'y ait pas eu de conséquences plus graves. Tu auras sans doute de sacrées ecchymoses et courbatures pendant quelques jours. Tu garderas en revanche une belle cicatrice au cou.

— J'ai eu du bol que ce bout de verre soit resté planté. Et que personne ne me l'ait enlevé par réflexe…

— Oui, tu dois ton salut à un gamin qui a maintenu tout le monde à distance. Il menaçait chacun de ceux qui osaient s'approcher. Il ne s'est écarté qu'à l'arrivée de l'ambulance.

Evan sourit franchement en imaginant son jeune ami vociférer pour que personne ne l'approche.

— Casper savait ce qu'il faisait, crois-moi. Où est-il ?

— Casper ? Tu parles d'un prénom ! Je suppose qu'il est monté dans un camion d'intervention. Je n'ai aperçu que ton amie, qui est partie il y a à peine une heure. Nous l'avons laissée près de toi à ton réveil. Elle était très inquiète et je l'ai fait bénéficier d'un passe-droit. Évidemment, j'ai bien essayé de la reluquer aux vestiaires pendant qu'elle enfilait un pyjama de bloc, mais il n'y a rien eu à faire : Mlle Sweeney veillait comme un cerbère devant l'entrée pour que je ne regarde pas par la serrure.

Lena avait dû reporter son départ pour New York. Evan voulut se mettre sur pied.

— Evan, ne fais pas l'imbécile, ta plaie pourrait se rouvrir. En plus, l'anesthésie fait encore effet, reste allongé. Ce n'est quand même pas à toi que je vais donner une leçon sur la conduite à tenir après une intervention ?

Pourtant, ses idées redevenant claires, Evan se sentait suffisamment fort pour sortir du service.

— Il faut que j'aille voir ma sœur, Brian. Dans quelle chambre est-elle et de quoi souffre-t-elle ?

Brian prit un air grave et posa une main sur l'épaule de son confrère.

— Evan, je ne suis pas certain que tu sois suffisamment en forme.

— Brian, ne me la fais pas à l'envers. Nous bossons ensemble dans ce bloc depuis quelques années. Dis-moi où est Kelsie et de quoi elle souffre précisément.

Brian soupira. Il se demanda s'il n'était pas plus simple d'annoncer un décès à une famille civile plutôt qu'à un professionnel chevronné.

— Elle est en EME[1], Evan…

Il n'ajouta rien, se contentant d'observer discrètement Evan qui devait encaisser le coup. Ce dernier ne sourcilla même pas. Il se rappelait maintenant ce qui s'était produit après l'accident. Il se souvenait

1. État de mort encéphalique.

des mots qu'il avait échangés avec Kelsie avant qu'elle ne parte. C'était donc terminé ?

— Elle n'a pas repris conscience ?

— Non, à aucun moment. Elle était en stade 3 lorsqu'elle nous a été amenée. L'électro-encéphalogramme a révélé une très légère activité cérébrale à son arrivée, mais un tracé plat au bout de cinq minutes.

Le crâne d'Evan semblait être comprimé dans un étau.

— Nous... Nous attendrons 6 heures pour le deuxième examen clinique. Mais il n'y a pas l'ombre d'un doute sur la fiabilité du verdict. Je suis désolé, Evan. Pour l'instant, nous avons maintenu les mesures de réanimation.

Brian ne le regardait plus. Evan décoda machinalement : lorsque les mesures de réanimation étaient suspendues, la mort cérébrale entraînait inéluctablement la mort de tous les organes par défaut d'apport en oxygène et aliments. Brian était en train de lui glisser que certains tissus prélevés sur sa sœur pourraient sauver des vies.

— Ne t'inquiète pas, Brian. Je comprends...

Brian respira un grand coup, profondément soulagé de la réaction d'Evan.

— Nous attendons également les résultats de l'ADN.

— De l'ADN ?

— Oui, un certain Mac Clough a demandé à ce qu'un échantillon d'ADN soit comparé avec le tien. Il m'a certifié que tu signerais plus tard et qu'il fallait tout envoyer dès maintenant au labo. On attend les résultats d'une minute à l'autre.

Evan n'avait pas besoin des conclusions des analyses. C'était bien Kelsie.

— J'ai demandé un relevé cartographique des receveurs potentiels susceptibles d'être sauvés par… cette jeune femme. Juste au cas où… La procédure habituelle, quoi.

Evan s'était renfrogné. Brian réalisa qu'il avait peut-être été un peu trop brutal.

— Où sont mes vêtements ? demanda-t-il à Brian. Je voudrais récupérer mon portable.

— Nancy les a mis dans ton vestiaire. Elle a aussi déposé quelques affaires que l'inspecteur a sorties de ta voiture. Autre chose, Evan : ta mère a fait savoir qu'elle te laissait prendre la décision pour le don d'organes.

Evan quitta le bloc sans ajouter le moindre mot.

*

* *

Après avoir rejoint la salle 5, Evan attrapa le téléphone sans fil et composa le numéro de Lena qui répondit dans la seconde, la voix paniquée :

— Evan, j'étais tellement inquiète. Comment te sens-tu ? Tu n'as pas trop mal ?

— Disons que je me sens encore un peu sonné. Et je suis déçu de ne pas m'être réveillé plus tôt : te voir m'aurait rassuré. Je te pensais déjà partie pour New York.

Lena lui répondit de suite :

— Même sans ton accident, je n'aurais pu prendre ce vol. Je tenais vraiment à ce que le docteur Martens m'accompagne pour le départ de mon frère, mais il n'était pas là hier. Je suis donc convenu avec l'équipe médicale de revenir le lendemain. Puis j'ai reçu un SMS m'annonçant que tu avais eu un accident de voiture et que tu étais transféré à l'hôpital en urgence. Je suis aussitôt venue…

— Mais qui t'a envoyé ce SMS ?

— Je ne sais pas. J'ai essayé de rappeler la personne pour la remercier de m'avoir prévenue, mais je tombe chaque fois sur sa messagerie. Son numéro se termine par 70 30. Ça te dit quelque chose ?

En entendant les derniers chiffres du numéro de Casper, Evan éprouva plus encore le poids de son absence. Le gamin avait eu le réflexe de l'avertir.

— Le docteur Martens est près de toi ?

— Non, mais il va revenir d'un instant à l'autre pour m'expliquer le déroulement des choses. Ensuite… Je resterai auprès de Luca jusqu'au bout. Tu comprends ?

Bien sûr qu'Evan comprenait. Malgré tout ce que Lena avait sans doute imaginé, elle ne soupçonnait pas à quel point cette démarche serait difficile. Certains patients sortaient de leur coma profond lorsqu'on leur coupait le respirateur artificiel. Elle n'imaginait pas quelle émotion pourrait être générée, combien l'instinct de survie les saisirait au final.

Oui, Evan comprenait. Mais il espéra de tout son cœur que Luca ne sortirait jamais de ce sommeil artificiel, écran protecteur contre sa douleur.

Evan ravala la boule d'émotion qui montait en lui. Il ferma les yeux et tenta de l'imaginer seule au chevet de son frère, dans la grande chambre impersonnelle.

— J'aurais préféré être près de toi.

— Je le sais, Evan. Moi aussi, crois-le bien. Mais j'aurai la chance de pouvoir te retrouver après. Tu aurais pu mourir dans cet accident. Rien qu'à l'imaginer… Toi et cet enfant, vous avez eu… Enfin, c'est un miracle !

— L'enfant ?

— Celui qui t'accompagnait. Ton ami Brian m'a précisé que vous aviez eu un bol monstre, tous les deux.

— Et tu l'as vu ?

— Brian ?

— Non, l'enfant !

— Non, je suis venue directement au Memorial, et je ne l'ai pas vu. Tu ne m'as jamais parlé de lui.

— Non, c'est vrai. Mais… Pas maintenant…

— Rassure-moi, cela ne fait quand même pas partie des secrets que tu voudrais me cacher ?

Lena s'était forcée de prendre un ton taquin, cependant une certaine crainte transperçait dans son propos.

— Si tu crains que cet enfant ne soit le fruit de ma descendance, je te confirme tout de suite que tu peux dormir tranquille, Lena.

En prononçant ces mots, il s'avoua qu'il eût pourtant adoré avoir un fils comme Casper. Non, pas exactement. Car Casper n'était pas un gamin. C'était un vrai pote. Avec qui il avait pu partager des choses intimes. Un pote comme un frère. Et un pote qu'il aurait bien eu envie d'avoir près de lui, en ce moment.

L'hôpital où se trouvait Ron Belnet n'était pas très loin d'ici. Mais il n'était pas raisonnable d'y aller. Evan éprouvait pourtant un furieux besoin de voir Casper. Il aurait donné cher pour apercevoir la tête blondinette.

— C'était bien ta sœur ?

La question avait à peine été murmurée.

— Oui…

— Je suis vraiment désolée, Evan. Finalement, tu perds ta sœur et je perds mon frère… La vie n'est décidément pas juste.

Ils gardèrent un instant le silence, ce qui les rapprocha encore.

— Je dois y aller, Evan. Tu vas beaucoup me manquer.

Elle marqua une pause et ajouta, timidement :

— C'est bien trop tôt pour être raisonnable, mais… Enfin, je ne sais pas… Il me semble éprouver des sentiments très forts pour quelqu'un pour la première fois de ma vie. Je tenais à te le dire, non pas pour te mettre mal à l'aise, mais… pour que tu saches combien tu comptes pour moi… J'espère simplement que ce n'est pas lié à ce que nous traversons.

— Non, Lena, je ne le crois pas. Je pense tout simplement que nous nous sommes trouvés. Il me tarde de t'avoir dans mes br…

La porte vitrée s'ouvrit brutalement et Evan se retourna brusquement : Nancy se tenait dans l'encadrement, essoufflée. Il s'étonna d'une telle entrée et comprit immédiatement que son attitude devait être commandée par une urgence.

— Evan, il faut absolument que je vous parle !

À l'autre bout du téléphone, Lena sentit l'urgence percer dans la voix féminine qu'elle venait d'entendre.

— Oh !… Je crois que ta journée aussi est loin d'être terminée. Je t'embrasse, Evan.

— Lena ?

— Oui ?

— Ça va aller… Ce sera bien sûr difficile. Mais ça ira.

— Oui. Bien sûr. Ça va aller.

Il eut à peine le temps de couper l'appel que Nancy annonça :

— Evan, le petit Nathan nous lâche…

Evan mit quelques secondes à réaliser ce que Nancy lui annonçait.

— C'est son insuffisance pulmonaire qu…

— Nancy, je comprends que vous soyez bouleversée. Hélas ! ce gamin n'est ni le premier ni le dernier que nous perdrons.

La chef de bloc le considéra un instant, interloquée. Entendre cela de la bouche de celui qui avait la réputation de s'acharner pour des causes perdues d'avance la stupéfiait.

— C'est vous qui me dites cela ? Il me semblait que vous suiviez ce gamin de près !

Evan se leva précipitamment.

— Et alors ? Que vous imaginez-vous, Nancy ? Que je cache une baguette magique dans mon vestiaire ? Que je vais sortir une potion miracle de mon chapeau ? Eh bien, non, voilà, constatez : je ne suis pas magicien ! Je viens de retrouver et perdre ma sœur le même jour. Je vis actuellement des choses très compliquées. Alors, voyez-vous, il faudra vous y faire : je ne suis pas Dieu ! Je suis vraiment peiné pour Nathan. Que voulez-vous que je fasse ? Je ne suis qu'un homme, pas un faiseur de miracles !

Nancy Sweeney lui rétorqua d'un ton sec :

— Ce n'est pas ce que je vous demande !

Elle referma alors délicatement la porte sur eux et le considéra tout en s'adossant contre la plaque de verre refermée. Elle ajouta d'une voix radoucie :

— L'homme dont vous me parlez n'est certes pas un magicien, mais il possède un talent qui a permis à beaucoup d'entre nous, ici présents dans ce bloc, de croire en certains miracles. Cet homme est un homme comme les autres, pourtant il est porté par une telle passion pour le métier qu'il a choisi d'exercer, que cela lui permet souvent de rendre de l'espoir à ceux qui n'en ont plus, et parfois un souffle de vie salvateur à ceux qui sont en train de le perdre.

Elle se rapprocha d'Évan et le fixa.

— Non, vous n'êtes pas magicien, Evan Kester. Non, vous n'êtes pas Dieu. Mais vous êtes un sacrément foutu bon chirurgien, et vous ne devez pas douter de cela. C'est aujourd'hui l'homme et le chirurgien auxquels je m'adresse. Vous vouliez l'aider ce gamin, non ?

— Bien évidemment, Nancy !

Il revit un instant le visage de cet enfant, puis celui de sa mère, torturé par l'angoisse.

— Sa mère attendait trop de moi... J'aurais vraiment voulu pouvoir sauver ces deux-là, et je sais qu'ils ne s'en sortiront jamais l'un sans l'autre, c'est évident.

— C'est exact. Mais, contrairement à ce que vous pensez, Evan, vous pouvez encore les aider.

Evan la regarda d'un œil interrogateur. Où voulait-elle en venir ?

Elle lui tendit alors une feuille provenant du laboratoire.

— Regardez les résultats ! C'est encourageant : compatibilité tissulaire, crossmatch lymphocytaire, données physiques et morphologiques, critères logistiques, tout est bon ! Votre sœur pourrait offrir une partie de ses poumons à Nathan. Il me semblait important de vous le faire savoir. Notre fenêtre de tir est très réduite. Après, bien évidemment, vous connaissez le discours : quelle que soit votre décision, elle sera respectable. Et respectée par nous tous. Bon courage, docteur.

Nancy sortit sans ajouter un mot. Evan se rendit aux vestiaires, où ses vêtements avaient dû être rangés. Il n'était pas capable de prendre une décision pour Kelsie maintenant.

Pris par un vertige, il s'adossa quelques instants contre le mur de la salle de bloc. Ses derniers échanges avec Kelsie lui revinrent en mémoire. Il sentit une peine immense lui retomber comme une chape de plomb sur le cœur. Il inspira un grand coup et se tourna pour pousser le battant.

Le souffle, c'est la vie, Evan. Continue à me faire vivre…

Ce rappel à l'ordre le transperça.

Bien sûr qu'il continuerait à la faire vivre !

Le poumon n'était-il pas le symbole même du souffle, la caisse de résonance de toute vie ?

Sans même prêter attention aux salles de bloc environnantes, il hurla :

— Nancy !

*

* *

Susan tenait Nathan contre elle et lui racontait des histoires qu'elle inventait rien que pour lui. Elle savait, *elle sentait* ce dernier s'enfoncer de plus en plus dans ces ténèbres qu'elle avait tant essayé de combattre. Sa bible était posée au pied du lit.

C'était bientôt la fin. Elle la devinait… Elle restait là, pantelante, anéantie et pourtant encore pleine d'espoir, combattante, pour accompagner cet enfant, le seul qui lui restait, à l'orée de son dernier voyage.

Dieu lui avait commandé de croire, de prier, d'espérer.

Elle avait donc cru, prié et espéré.

Elle L'implora encore de protéger son fils, où qu'il aille.

La porte s'ouvrit sur le médecin qui avait opéré Nathan. Cet homme avait l'air fatigué. Un pansement lui barrait le cou. Susan n'y accorda pas plus d'attention. Rien n'avait plus d'importance.

— Madame Burson, nous emmenons Nathan.

Et avec beaucoup de délicatesse, Evan ajouta :

— Nous avons un donneur !

Mécaniquement, elle s'écarta pour laisser passer l'équipe médicale. En deux temps trois mouvements, Nathan lui fut enlevé avant que le silence ne s'abatte une nouvelle fois dans la pièce redevenue vide.

Seul le médecin resta un instant auprès d'elle. Susan n'avait pas bougé, comme si on lui avait anesthésié l'esprit et le corps. Elle ne ressentait plus rien.

— Vous devez y croire, madame Burson.

Il la regarda et ne sut dire si l'expression qu'il découvrit sur son visage témoignait de l'étonnement, de la compassion ou de la lassitude.

— C'est maintenant qu'il faut prier. Parce que moi, je vous assure, je suis convaincu que Nathan va s'accrocher ! l'encouragea-t-il.

Dès qu'il fut sorti, Susan s'agenouilla face à la fenêtre et psalmodia :

— Je dois y croire, Seigneur, donnez-moi la force de ne pas douter et d'y croire.

Et, peut-être parce que ce jour semblait ne pas être un jour ordinaire, elle eut le sentiment d'y croire plus que jamais.

26

**Miami, Mercy Hospital,
chambre de Luca**

Lena se concentra sur la question du docteur Martens. Quelle était-elle déjà ? Ah oui ! « Êtes-vous sûre d'être prête ? »

— Je ne suis pas certaine de trouver un moment où je serai plus forte pour cette décision. Alors, allons-y, docteur.

— Bien… Voici comment cela va se passer : une infirmière va nous rejoindre… Nous allons augmenter les doses de morphine pour la douleur et ajouter une injection de benzodiazépines. Nous arrêterons ensuite la ventilation mécanique.

Lena s'était toujours refusé d'imaginer cet instant. Elle ne pouvait plus l'éviter. Elle mesura le poids de l'absence d'Evan et se sentit plus démunie que jamais. Elle serra fortement la main de Luca dans la sienne.

— Il va garder ce tube dans la bouche ?

Le médecin lui posa la main sur l'épaule.

— Nous pouvons choisir de l'extuber, mais… C'est souvent traumatisant, surtout pour les proches. En revanche, le processus de fin est beaucoup plus rapide. L'autre solution serait de diminuer progressivement l'oxygène…

— Vous êtes en train de m'expliquer qu'il va mourir étouffé ?

— Il est aujourd'hui dans un état d'inconscience qui ne lui permettra pas de… ressentir vraiment.

— N'est-il donc pas possible de lui faire une injection qui… l'endormirait définitivement ?

— L'injection de curare ne sera pas nécessaire, mademoiselle Troyd. Luca partira naturellement.

« Naturellement »… Lena se demanda si l'adverbe était vraiment adapté.

— Bien…

— Si vous n'avez pas d'autres questions, je vous laisse seule avec votre frère. Je suis avec l'équipe médicale et, lorsque vous vous sentirez prête, venez me chercher. Nous avons tout notre temps, et il importe que vous preniez celui nécessaire pour lui dire au revoir.

Il lui adressa un geste compatissant qui lui fit du bien. La main de Luca était toujours dans la sienne, chaude mais inerte.

— Un dernier point : ce n'est pas vous qui prenez cette décision. C'est le corps médical qui vous conseille de le libérer. Ce n'est peut-être pas une grande différence pour vous, mais c'est important d'en tenir compte.

Lena acquiesça tristement. Il referma doucement la porte, l'abandonnant dans le silence ponctué par le bruit de la machine respiratoire.

Evan avait-il raison de penser que Luca entendait Lena de là où il était ? Si elle pleurait devant lui, ne prendrait-il pas peur en comprenant ce qui se préparait ?

Elle aurait voulu lui hurler tout son amour et combien cette décision la faisait souffrir. Elle aurait souhaité le prendre dans ses bras, l'embrasser, le taquiner… Elle avait tant de choses à lui confier.

Elle posa la main sur son cœur : il battait avec une régularité parfaite. Mon Dieu ! mais que s'apprêtait-elle à faire ? Ses yeux suivirent le tube de la sonde gastrique. À le libérer, avait dit Martens.

Elle improvisa un discours à bâtons rompus, comme une discussion entre eux où elle lui confia tout son amour et sa peur de continuer seule le chemin. Elle se permit même de le taquiner comme s'ils étaient en train de se boire un petit café ensemble.

— Bon, eh bien, voilà, je crois que le moment est venu de te dire au revoir, frangin. Je ne sais pas bien comment faire… J'ai peur, tu sais…

Pour la première fois depuis l'accident, elle éclata en sanglots, sans essayer de masquer sa peine. Elle ne voulait plus rien cacher. Parce qu'elle voulait que ces derniers moments passés auprès de lui soient aussi authentiques que ceux qu'ils avaient toujours partagés.

*
* *

Jackson Memorial Hospital, bloc opératoire

Evan s'assit sur le banc posé contre le mur, face aux placards du vestiaire des hommes. Il n'y avait personne. Il se retrouvait un peu au calme, après tant d'agitation.

Au bloc 4, plusieurs organes de Kelsie étaient en cours de prélèvement. Les poumons et un premier rein restaient ici. La recherche d'un receveur pour le second était en cours de finalisation. Le cœur était attendu à Orlando.

Tout s'écroulait autour de lui. Kelsie était décédée. Lena partirait dès que son frère serait définitivement libéré. Quant à Casper… Il ne savait ni dans quel état il était actuellement, ni même s'il le reverrait !

Il s'imagina reprendre sa vie là où il l'avait laissée voici maintenant neuf jours, rythmée par la monotonie apaisante de moments de solitude, et les rushs en salle de bloc. Cela lui sembla impossible. On ne ressortait pas indemne d'une telle aventure. La peine liée au départ de Kelsie, après une quête de presque trente années, et sa rencontre avec Casper avaient été un vrai cyclone dans son existence.

Evan songea qu'à cet instant précis, trois événements majeurs se déroulaient pour les trois personnes auxquelles Evan tenait tant : Kelsie était en cours de restauration tégumentaire, Lena en pleins adieux avec son frère, et Casper luttait sans doute entre la vie et la mort.

Amères coïncidences…

Evan appela les renseignements pour obtenir le numéro du Mercy Hospital. Il demanda ensuite à parler au médecin du service de réanimation, en déclinant sa propre identité.

L'infirmière au bout du fil lui précisa que le médecin était en réunion, et qu'il faudrait rappeler ultérieurement. Evan se risqua à préciser qu'il était lui-même chirurgien au Jackson Memorial et qu'il connaissait personnellement Ron Belnet. Il ajouta enfin qu'il souhaitait simplement connaître l'état actuel du patient.

— Rappelez-moi votre nom ? lui demanda l'infirmière.

— Docteur Kester. Evan Kester…

— Eh bien, écoutez, compte tenu des circonstances particulières, je ne pense pas violer le secret médical en vous annonçant que M. Belnet est décédé.

La nouvelle cloua Evan sur sa chaise. Décédé ? Alors, Casper… Il restait pétrifié au bout de son portable.

— Allô ? Docteur ?

— Oui… Merci… Je… Merci de m'avoir donné… ce renseignement, madame…

— Ça va aller ? Vous semblez surpris ?

Evan prit sur lui pour se ressaisir suffisamment.

— Disons… Nous ne sommes jamais assez préparés à ce genre de nouvelles.

La voix féminine se radoucit.

— Je suis navrée… Je pensais qu'il s'agissait de l'un de vos patients et non que vous le connaissiez à titre personnel. Un médecin, pour nous, c'est forcément celui qui soigne.

— Oh ! rassurez-vous, vous êtes pardonnée. Je vous remercie, beaucoup…

— Je vous en prie. Sachez que c'était une bonne chose que M. Belnet s'en aille. Nous craignions que cela dure encore et encore. De sorte que, lorsque tout s'est arrêté il y a deux jours, nous avons été soulag…

— Attendez ! Vous avez dit deux jours ? Deux jours ? Vous en êtes certaine ?

— Oui, absolument.

— Vous en êtes vraiment *sûre* ?

— Oui, tout de même !

— Merci. Merci beaucoup. Et bonne journée, madame !

Le cœur d'Evan battait à tout rompre. Impossible. Belnet était décédé le 8 août. Il se tourna vers le tableau d'affichage des interventions. En haut, la date figurait, en gros caractères d'imprimerie : 11 août 2014. La dernière fois que Casper avait été vu, c'était hier, le 10 ! Il se souvint de ses mots lorsqu'il lui avait expliqué son « état » : seule l'écorce de lui gamin était apparente, mais il restait tributaire de l'évolution physique de son corps.

Cela signifiait-il que ce gamin était bien réel ? Était-ce possible ?

Te paraît-il davantage logique qu'un type sorte de son enveloppe charnelle pour se glisser dans sa propre peau d'enfant ?

Il était difficile, scientifiquement parlant, d'accepter que l'on puisse ainsi léviter dans une autre enveloppe physique.

Quoique…

Les ouvrages qu'il avait épluchés avec Casper donnaient des pistes d'explications rationnelles. Cette éventualité était difficile à admettre, pourtant certains grands scientifiques commençaient à s'interroger. Après tout, la Terre n'était-elle pas restée plate durant de longs siècles ?

Tout en réfléchissant, Evan avait quitté la salle pour se rendre au vestiaire. Il n'avait qu'une envie : se laver pour faire disparaître les taches de sang qui couvraient son corps. Certaines affaires lui avaient été rapportées après l'accident. Des effets personnels avaient également été entreposés dans son vestiaire : lunettes de soleil, papiers divers, vêtements de sport qu'il gardait toujours dans le coffre. Il y avait également le carton que Lena avait déposé l'avant-veille dans le coffre de sa voiture.

Evan remercia intérieurement Mac Clough pour avoir fait rapatrier tout cela ici. Rien ne l'y avait obligé, bien au contraire.

Il essaya de dégager le carton complètement éventré pour récupérer son gel douche. Un des albums de Lena glissa et tomba sur le sol. Alors qu'il se baissait au prix d'une douleur dans tous ses muscles, Evan resta foudroyé devant la photo de la couverture : un garçon âgé d'une vingtaine d'années le regardait avec un franc sourire. Certes, les cheveux étaient plus courts, le menton plus affirmé, le regard plus adulte, la moue moins enfantine, mais il n'y avait aucun doute, car il aurait reconnu ce visage entre mille. Casper le regardait avec les mêmes yeux espiègles.

Le cœur battant, Evan ouvrit l'album. Sur toutes les photos, il découvrait Casper, à des âges et dans des lieux différents. Sa joie de vivre éclatait toujours sur son visage, rayonnante et rassurante. Il s'arrêta soudainement sur un cliché. Contrairement aux autres, il n'avait pas été pris par un amateur, mais par un professionnel. Quatre personnes y figuraient, toutes sagement assises : un homme, vêtu d'un costume, serrait contre lui une femme qui devait être son épouse. Celle-ci souriait timidement au photographe, tandis que les deux enfants blottis contre elle offraient un large sourire. La fillette arborait deux couettes, une dent de lait lui manquait, mais son sourire n'en était que plus craquant. Le garçon lui entourait les épaules d'un bras sûr et protecteur.

Son bermuda de marin lui allait à ravir. Casper, tel qu'il l'avait encore vu il y a quelques heures. Sous la photo, une légende : Famille Troyd – Janvier 1998.

Comme un bleu. Il s'était fait avoir comme un bleu.

Une phrase prononcée par Casper lui revint en mémoire : « En fait, on a tous peur de mourir, et j'ai eu peur longtemps. Jusqu'au jour où j'ai vu qu'il y avait pire. »

Tout s'éclairait maintenant : l'attention particulière de Casper dès que l'on parlait de Lena, son insistance pour qu'il parvienne à la convaincre de débrancher son frère, l'intense émotion imprimée sur le visage de l'enfant à l'annonce de la réponse positive de Lynn Afroyd, son extrême concentration lorsque la voix de Lena résonnait dans l'habitacle de sa voiture… Il pensa également aux mots que Casper lui avait glissés à l'oreille avant que lui-même ne s'évanouisse après l'accident : « Lena aura besoin de toi. Parce que moi je ne pourrai plus l'aider… »

Tout prenait sens.

Casper n'était pas Ron Belnet, mais… Luca.

Vite, il fallait faire très vite !

Evan eut un mal fou à composer le numéro de Lena. Il pria pour qu'elle décroche immédiatement.

Lorsqu'il bascula directement sur la messagerie, il frappa un grand coup sur le casier métallique du vestiaire. Le bruit se répercuta bruyamment dans la pièce. Brian accourut.

— Evan, qu'est-ce qui se passe ?

— Je n'ai pas le temps de t'expliquer, mais c'est une urgence : peux-tu me prêter ta bagnole ? Là, tout de suite ?

Brian le considéra des pieds à la tête, balaya du regard l'ensemble des albums qui gisaient pêle-mêle sur le sol.

— Evan, tu n'es pas dans ton état normal. Viens t'allonger, s'il te plaît.

— Excuse-moi, Brian, mais je n'ai pas le temps ! Je vais très bien et je t'assure que j'ai toute ma tête. Il me faut seulement une voiture, là, de toute urgence !

— Il n'est pas question que tu conduises dans l'état où tu es !

Evan comprit qu'il n'obtiendrait rien de sa part :

— OK. Brian, tu dois me rendre un service.

Evan se planta devant lui.

— Appelle immédiatement le Mercy Hospital et demande à parler au docteur Martens, de l'unité de réa. Il est actuellement en train de débrancher un patient du nom de Luca Troyd. Il faut impérativement stopper la procédure, tu m'entends ?

Il avait failli ajouter « c'est un ordre », mais s'était arrêté juste avant.

— Brian, c'est extrêmement important ! Je t'en prie, il faut que tu m'aides !

Evan le scrutait toujours, les yeux presque suppliants. Brian ne lui avait jamais vu ce regard-là. Ses pupilles n'étaient pas dilatées outre mesure et restaient bien fixes. À part l'état émotif d'Evan, Brian reconnaissait à la détermination d'Evan que son ami avait toute sa tête.

— C'est urgentissime, Brian ! C'est peut-être déjà trop tard…

— OK, je m'en charge. Et toi, tu vas où ?

— Je n'ai pas le temps de t'expliquer !

— S'il y a vraiment urgence, il y a mieux que ma voiture : l'inspecteur qui t'accompagnait patiente toujours pour avoir de tes nouvelles. Il doit bien avoir à sa disposition un véhicule ou deux munis de gyrophare, non ?

Le visage d'Evan s'illumina. Enfin une bonne nouvelle. Il se jeta sur Brian et l'embrassa sur la joue.

— C'est une excellente idée ! Merci, Brian. Je te le revaudrai !

Brian n'eut pas le temps de réagir : Evan avait déjà quitté la pièce.

*

* *

Evan n'eut aucun mal à trouver Mac Clough qui enchaînait café sur café. Il en eut davantage pour le convaincre de l'accompagner toutes sirènes hurlantes au Mercy Hospital.

Mais il y parvint.

L'inspecteur n'étant pas habilité à prendre certaines initiatives sur le territoire de la Floride, il dut passer quelques rapides coups de fil pour obtenir l'autorisation d'utiliser un véhicule de patrouille.

Alors que le bolide roulait à tombeau ouvert, Mac Clough crut bon d'informer Evan des derniers éléments de l'enquête. Obligé de crier pour couvrir le bruit strident généré par la sirène, il expliqua à Evan le long interrogatoire de Mme Mending, épouse du kidnappeur de Kelsie. Malgré la pauvreté du ménage et le caractère violent de l'homme, Kelsie s'était révélée être une enfant docile, curieuse et ouverte aux autres. Mais, Mending étant convaincu que laisser Kelsie se faire des amis les mettrait en danger, la fillette n'avait eu d'autre choix que se renfermer, avec son propre journal intime pour seul vrai ami.

Mac Clough informa Evan que Mme Mending venait d'être incarcérée. Il s'engagea à le tenir informé de la suite.

Evan ne pipait mot. Il s'efforçait d'écouter Mac Clough d'une oreille distraite, car il ne cessait en même temps de recouper l'ensemble des moments vécus avec Casper. Ce qu'il entendait avait certes de l'importance. Cependant, s'il aurait tout loisir d'y repenser par la suite, tout était en revanche question de minutes pour ce qui était en train de se jouer pour Casper.

Evan pria intérieurement pour que Brian soit parvenu à temps à joindre Martens.

— Vous m'écoutez, Evan ?

Il se tourna vers Mac Clough, qui le regardait avec inquiétude.

— Ce que vous disiez m'a fait penser à autre chose. Excusez-moi.

L'inspecteur ne dit rien. Il se contenta de hocher la tête d'un air songeur. Comme pour se faire pardonner, Evan reprit :

— Je vous remercie pour votre dévouement, inspecteur. J'aurais mis un temps fou à arriver là-bas sans vous…

— Cher monsieur Kester, je ne voudrais pas vous être désobligeant, mais je crois que de toute façon vous ne seriez jamais parvenu à destination dans cette tenue.

Evan était toujours affublé d'un pyjama de bloc encore tacheté de sang.

— Vous avez raison ! dit-il en éclatant de rire.

Mac Clough se laissa aller à une confession :

— Vous savez, je crois que je vous suis redevable, moi aussi. Durant mes longues années de carrière, j'ai suivi bon nombre d'affaires : des glauques, des tragiques, des écœurantes. Mais toutes au final sont devenues banales à mes yeux. L'inadmissible est devenu la routine pour moi, au point de me demander si je suis vraiment utile.

Il marqua quelques secondes de pause avant de reprendre :

— Dans votre histoire, il y a quelque chose de différent, votre personnalité, celle de Kelsie... Vous comprenez ?

L'expression de son visage était grave. Evan sentit que l'inspecteur n'attendait aucune réponse.

— Il existe encore beaucoup de zones d'ombre que je ne parviens pas à éclaircir, reprit-il. Par exemple, je ne saisis pas bien pourquoi nous filons comme des dingues vers cet hôpital. Mais je vais laisser ces questions en l'air. En fin de compte, tirer ma révérence sur une telle énigme est une chose merveilleuse. Cette dernière aventure me tiendra compagnie durant mes vieux jours.

Il y avait dans l'inflexion de sa voix quelque chose d'amical.

Evan n'attendit même pas que la voiture s'immobilise devant la façade du Mercy Hospital pour ouvrir sa portière. Il commençait à s'éjecter de l habitacle lorsqu'une main ferme le retint par la veste de son pyjama.

— Au fait, monsieur Kester ! J'espère que votre jeune ami, dont l'identité m'échappe toujours, se porte bien… C'est quand même curieux que personne ne connaisse ce gamin qui vous accompagnait et qui s'est volatilisé, non ?

*

* *

Un dernier coup de bistouri incisa le corps de Kelsie. On lui avait prélevé des organes destinés à six patients souffrant d'insuffisance rénale, respiratoire, hépatique ou cardiaque, pour la plupart au stade terminal et en attente de greffe. Certains n'étaient pas encore informés de ce miracle de la dernière chance, mais ce n'était qu'une question de minutes. Chacun d'entre eux saurait ce que représenterait ce déclenchement d'alerte : la nécessité de saluer en urgence, peut-être pour la dernière fois, ceux qu'ils aimaient. Ce serait surtout l'espoir d'une autre vie en laquelle ils ne croyaient presque plus. Un renouevau qui n'aurait jamais existé sans la générosité d'autrui.

Les gestes avaient été exécutés avec soin et netteté. Les reins furent tour à tour plongés dans une LifePort Kidney Transporter, machine qui permettait d'améliorer le fonctionnement de la greffe dans le corps du receveur. Les deux boîtes partirent aussitôt. Il n'y avait jamais de temps à perdre : quelque part, quelqu'un attendait ce don.

Viendrait ensuite le tour des poumons, puis celui du foie, pour finir par le cœur

Enfin, l'un des trois chirurgiens présents entreprendrait de suturer pour une dernière fois le corps de Kelsie Kester.

*

* *

Evan tenta d'ignorer les douleurs qui le lançaient. Il lui fallait avancer le plus vite possible, chaque seconde était cruciale. Encore en proie à des vertiges, il bouscula plusieurs personnes sans s'excuser.

Lorsqu'il déboula dans le bon service, il transpirait. L'interne qui s'apprêtait à faire sa visite l'arrêta net au milieu du couloir :

— Monsieur, je peux vous aider ?

— Je cherche M. Troyd. Luca Troyd. Je suis le docteur Kester du Jackson Memorial. J'ai demandé à un confrère de joindre le docteur Martens. Savez-vous…

Le médecin, prévenu de l'appel, le coupa :

— Rassurez-vous, nous avons effectivement reçu l'appel, et nous avons transmis le message au docteur Martens. Il est justement dans la chambre de M. Troyd, avec sa sœur. Je crois qu'il vous y attend.

Evan le remercia et se rendit directement dans la chambre sous le regard interrogatif du médecin qui scrutait ce drôle de type en pyjama. Lorsqu'il entra dans la chambre, Lena se jeta dans ses bras. Martens l'accueillit avec le même air dubitatif que son confrère. Comment allait-il justifier d'avoir fait suspendre le débranchement de Luca ?

Tout en reprenant son souffle, Evan se tourna vers le médecin et le pria de bien vouloir le laisser quelques instants seul avec Lena. Martens s'exécuta sans un mot. Evan se dirigea alors vers elle et lui attrapa les deux mains.

— Lena, tu te souviens de notre première vraie conversation, chez toi ?

Lena semblait perdue. Evan s'en voulut d'ajouter à son désarroi. Mais il n'avait pas le choix.

— Écoute-moi, Lena, reprit-il en la forçant à le fixer droit dans les yeux. Je ne veux aucun secret entre nous. J'ai vraiment l'intention de construire quelque chose de solide avec toi. Tu es… différente. Ce que je vais te demander te sera sans doute extrêmement difficile. Pourtant, il va falloir que tu acceptes de faire ce que je vais te demander sans exiger la moindre explication. Est-ce que tu penses avoir suffisamment confiance en moi pour cela ?

— Mais Evan…

— Aucune question, Lena.

Vingt bonnes secondes de silence s'écoulèrent.

— Qu'attends-tu de moi, Evan ?

— Je souhaiterais que tu ailles voir le docteur Martens, pour lui expliquer que tu as besoin de davantage de temps.

Elle demeurait dans l'incompréhension.

— J'ai juste besoin de gagner un peu de temps Lena, et sans que tu me poses de question.

Son regard fit plusieurs allers-retours entre Evan et son frère.

— Et c'est tout ?

— Non. Il y a deux autres points : tout d'abord que tu me laisses seul dix bonnes minutes avec Luca.

— Mais pour quoi fai… ?

— Pas de question, Lena. S'il te plaît. Je t'assure que je ne lui ferai aucun mal. Et promets-moi de ne pas débrancher ton frère avant mon feu vert.

Evan lisait dans ses yeux toutes ses interrogations. Ce qu'il lui demandait devait être difficile. Pouvait-elle vraiment lui accorder sa confiance ?

— Oui, d'accord. Je crois en toi, Evan.

Lena s'approcha de son frère pour lui serrer la main, avant de sortir de la pièce sans même se retourner. Elle précisa simplement avant de refermer la porte :

— Dix minutes. Pas une de plus.

Evan compta mentalement jusqu'à dix, puis sauta littéralement sur Luca.

— Alors, on finit par se retrouver !

Il lui pressa les deux épaules.

— Que croyais-tu ? Que je ne voudrais pas savoir ce qu'était devenu mon ami ? Que je n'aurais jamais découvert qui tu étais ?

Il tapa rageusement du revers de la main sur la rambarde du lit.

— Mais comment as-tu pu m'ôter toute possibilité de te dire adieu ? Pourquoi ne m'as-tu pas raconté toute la vérité ? Je croyais que nous nous faisions confiance !

Sa voix tremblait, et il ne put davantage contrôler son émotion.

— J'ai été honnête avec toi, Casper. Jusqu'au bout. Et pendant ce temps-là, toi, tu m'as mené en bateau. Je me suis livré à toi au sujet de ta sœur. Ce que tu as fait est ignoble.

Sa colère ne passait pas.

— Tu peux être content, tu as fini par atteindre ton but. Qu'importait le prix. Ce qui comptait au final était de me manipuler pour orienter la décision de ta sœur. Toutes mes félicitations !

Il lui restait peu de temps.

— Je sais que tu m'entends, Casper. Grâce à toi, je sais aussi que tu es prisonnier de ton corps mais conscient de ton environnement. Écoute-moi bien : personne ne te débranchera tant que je ne l'aurai pas décidé. Le corps médical entier pourrait se liguer contre moi, je plaiderai tes chances de survie. Quelques exemples de rémission miraculeuse m'aideront à convaincre Lena de te garder dans cet état pour les trente prochaines années. Es-tu prêt à rester ainsi des décennies, Casper ? Et à torturer ta sœur ?

Evan savait que l'état du malade ne pourrait dépasser quelques mois. Cependant il n'avait pas le choix. Après quelques secondes, il reprit :

— Je suis désolé d'en arriver à ce chantage, Casper, mais je n'ai pas d'autre option. Alors, je t'attends en bas, quelque part vers l'entrée principale. Tu es généralement très doué pour trouver les gens, n'est-ce pas ?

Il n'avait pas achevé sa phrase que la porte s'entrouvrit, Lena apparut l'air inquiet. Elle balaya la pièce du regard, et ne posa aucune question.

Evan passa devant elle, lui prit délicatement le visage dans la main, déposa un baiser sur ses lèvres.

— Merci, Lena. À mon tour de te laisser seule avec lui.

Et il sortit.

*

* *

Jackson Memorial Hospital,
bloc opératoire

Au bloc 4, Nathan venait d'être endormi. Une infirmière s'appliquait à badigeonner son corps de

Bétadine. Il fallait assurer une aseptie rigoureuse pour éviter toute infection. Ce petit garçon de neuf ans serait le premier receveur sur la liste des six personnes que la loterie de la vie venait de désigner.

*
* *

Evan arpentait l'allée ombragée face à l'entrée principale du Mercy Hospital. L'endroit lui semblait beaucoup moins agréable que le Memorial. En même temps, pour ce qu'il venait y faire, le décor n'était pas franchement d'une importance capitale.

Il se passa la main dans les cheveux. Il ne savait à présent ce qui de la colère ou du chagrin l'emportait. Comment Casper avait-il pu lui servir un tel mensonge ? Lui dire la vérité dès le début aurait sans doute été compliqué. Lui faisait-il donc à ce point si peu confiance pour qu'il lui ait menti jusqu'au bout ? Evan avait l'impression d'avoir été manipulé, trahi.

Evan faisait les cent pas devant le même muret. Il fulminait littéralement. Il allait venir… Il allait forcément venir !

Pour le coup, si Casper avait pensé que son plan marcherait comme sur des roulettes, il venait sûrement de subir un revers. Car c'était clair : tant que Casper ne viendrait pas, Evan ferait tout ce qui serait en son pouvoir pour retarder son « départ ».

*
* *

Lena quitta la fenêtre et revint s'asseoir sur le bord du lit, près de Luca.

Pourquoi Evan avait-il tenu à rester seul avec Luca ?

Cela faisait maintenant vingt minutes qu'il était parti comme une flèche. Lena décida de lui en laisser dix de plus avant d'aller à sa recherche.

*
* *

Evan s'en voulait de ne pas avoir compris plus tôt : Lena lui avait tellement parlé de son frère qu'il trouvait maintenant presque absurde de ne pas avoir fait de rapprochement entre *son Luca à elle* et *son Casper à lui.*

— Je me disais bien que ce ne serait pas si simple.

Evan se retourna subitement : l'enfant était là, un sourire sur les lèvres. Son regard implorait le pardon. Encore sous le coup de la colère, Evan détourna la tête. Casper s'assit près de lui sans un mot. Ils restèrent ainsi pendant de longues minutes.

Enfin, Casper commença :

— Je pensais que tu ne découvrirais jamais la vérité.

— Ça, pour sûr ! Je t'ai naïvement fait confiance !

— Non, Evan… Tu ne m'as pas fait confiance, tu es allé toi-même vérifier que le fameux Ron Belnet que je prétendais être existait bien. Et ta réaction était parfaitement légitime. J'aurais agi de même.

Casper attendit quelques instants avant de reprendre :

— Je vais tout te raconter, mais j'espère que tu ne vas pas m'en vouloir. Parce que je ne veux pas perdre ton amitié, Evan. Elle est ce qui m'est arrivé de meilleur depuis bien longtemps. Tu n'as pour l'instant découvert qu'une partie de mon secret. Il en existe une autre.

Il laissa encore passer quelques moments de silence, comme pour bien mesurer ses paroles. Il inspira un grand coup et se lança :

— Comme te l'a expliqué Lena, nous avons vécu à Palm Beach lorsque nous étions petits.

Evan se remémora la discussion où Lena lui avait effectivement donné cette information. Sur le coup, il ne lui avait pas accordé d'importance particulière.

— Nous vivions alors avec nos deux parents, et Palm Beach leur reste définitivement associée. Si je repense à cette période, la première émotion qui m'envahit, ce n'est pas la peine ou la nostalgie, mais la peur. La peur et la honte.

Profondément concentré, l'enfant continua de parler :

— L'une des activités que je préférais à Palm Beach, c'était me rendre sur le port. Je passais des heures à courir entre tous ces bateaux amarrés qui appelaient au rêve d'aventures. J'y allais souvent en douce. Je m'arrangeais alors pour faire croire que je me rendais dans la cabane que mon père et moi avions construite, et qui était perchée entre deux palmiers géants dans notre jardin. Suspendue à trois mètres de hauteur et n'étant accessible que par une échelle en corde, elle présentait l'avantage non négligeable de dissuader tout le monde de m'y rejoindre. De fait, personne ne m'y cherchait. Pendant que tout le monde me pensait dans cette cabane, j'en profitais souvent pour filer vers le port. C'est ce que j'ai fait ce fameux jour d'août 89…

Evan se raidit instinctivement. Qu'est-ce que Casper allait lui annoncer ?

— Je m'en souviens comme si c'était hier. Ce n'était pas la première fois que je te voyais là-bas, avec ta sœur. Je n'ai donc pas été surpris de vous y croiser ce jour-là. Tout comme je n'ai pas été étonné non plus de t'entendre jouer de la flûte. Tu ne l'as jamais remarqué, mais plus d'une fois je me suis caché pour t'écouter. J'étais bien trop timide pour m'approcher.

Un frisson longea la colonne vertébrale d'Evan. Le bruit dans le buisson et cette impression persistante d'être épié.

— TU ÉTAIS LÀ?

Casper se contenta de lever la tête et de regarder droit devant lui, comme s'il était seul.

— Comme d'habitude, ce jour-là, je me suis dissimulé dans un buisson et je t'ai écouté. Ma position n'était guère confortable, mais j'y étais habitué.

L'enfant s'anima :

— Je ne sais pas d'où l'homme a surgi. Je l'ai vu attraper ta sœur pendant que tu te tournais pour chercher ses chaussures. Je n'ai pas distingué son visage. J'aurais voulu vous aider, mais je ne réussissais même plus à agir. Je te voyais, totalement pétrifié, et j'étais moi-même comme paralysé, recroquevillé dans mon buisson. Au bout de quelques secondes, je suis parvenu à écarter les feuillages. C'est à ce moment-là que Kelsie m'a vu. Je me rappellerai toujours son bras tendu vers moi pour te signaler ma présence. Ce bras auréolé d'une étoile rouge n'a cessé de me hanter l'esprit.

La voix de Casper s'éraillait sous l'émotion :

— Je n'ai rien pu faire, Evan. Rien. J'étais terrifié. Je ne me suis d'ailleurs jamais souvenu de la manière dont j'étais sorti du buisson, ni comment j'étais rentré chez mes parents. Il y a un noir total entre le moment où je t'ai entendu compter jusqu'à cent, puis hurler, et celui où je me suis retrouvé au fond de ma cabane. Lorsqu'il m'a fallu redescendre, je tremblais tellement que j'ai fini par lâcher l'échelle et suis tombé de deux mètres de hauteur. J'ai vomi toute la nuit et mes parents m'ont accompagné en urgence à l'hôpital. Ma chute a justifié l'état de choc dans lequel je suis longtemps resté. Mais ce qui est certain, c'est qu'à compter de ce jour, rien n'a plus jamais été pareil pour moi.

Une douleur de plus en plus lancinante au cou tenaillait Evan.

Casper ravala sa salive. Tout faire remonter à la surface lui était aussi pénible que cela l'était pour Evan de l'entendre.

— Je n'étais moi-même qu'un gamin, Evan. Et chaque fois que je me sentais prêt à tout avouer, quelque chose m'incitait à ne pas le faire, d'autant que mon témoignage n'aurait rien apporté de plus à l'enquête. De sorte que je me suis tu. Définitivement.

Il marqua un temps.

— Mon secret était devenu bien lourd, mais je m'étais habitué à vivre avec ce poids. Jusqu'au jour où…

Casper enchaîna :

— C'était il y a huit mois. Michelle et moi étions partis en amoureux à New York. J'avais la ferme intention de demander la main de ma dulcinée. Une visite au Bloomingdale's pour acheter une bague de fiançailles était prévue. Pourtant Michelle a voulu passer par le stand parfums et là…

Evan découvrit enfin les maillons qui manquaient à l'histoire contée par Casper. Il écouta son ami lui raconter le choc ressenti en découvrant l'étoile rouge sur l'avant-bras de la vendeuse. Luca avait alors écourté son voyage en prétextant un malaise, et le couple était rentré en catastrophe. Il avait ensuite prétexté un déplacement professionnel pour New York, et il était revenu la voir. Avec patience, il était parvenu à l'approcher, puis à échanger avec elle. Il lui avait montré quelques photos, allant même jusqu'à lui mettre sous les yeux celle découpée dans un journal de l'époque, représentant l'endroit où l'enlèvement s'était produit. Elle lui avait alors avoué que cela éveillait en elle une sensation bizarre de déjà-vu.

Ils s'étaient ensuite revus une autre fois, en dehors de son stand de vente. Elle lui avait dit s'appeler Summer. En revenant à Miami, Luca n'avait plus qu'une idée en tête : la ramener en Floride, lui faire rencontrer Evan par inadvertance et aider le destin.

Il avait promis à Summer de la retrouver au retour d'une escapade aux sports d'hiver. Mais le sort en avait décidé autrement, puisque son accident de ski lui avait ôté toute possibilité de mettre son plan à exécution.

— Le pire, vois-tu, c'est que dans le coma je réalisais ce que j'étais devenu. C'était terrible. J'avais l'impression que l'on testait une seconde fois ma capacité à aider Kelsie. Lorsque je me suis un jour éveillé en pleine nuit debout à côté de mon corps, j'ai tout d'abord pensé que l'infirmière du soir avait un peu trop augmenté ma dose de morphine. Mais quand je me suis rendu à la fenêtre et que j'ai pu lever les stores, je veux dire les lever « matériellement », alors j'ai pensé que j'étais mort et que

Ghost était vraiment un film précurseur sur la vie *post mortem*. Après m'être lamenté sur mon sort, et avoir longtemps pleuré sur ce que je pensais être ma dépouille, j'ai constaté, consterné, que la machine respiratoire fonctionnait toujours, et que ma poitrine se levait toujours régulièrement. C'était tout simplement ahurissant ! Je me suis précipité dans la salle de bains et me suis regardé : la première chose bizarre, c'est que j'ai dû monter sur la pointe des pieds pour me voir. Et la deuxième, c'est qu'est apparu dans la glace mon visage de môme. Même doté d'une imagination débordante, je t'assure qu'on n'est jamais prêt à comprendre et admettre *ça*…

Evan était suspendu à ses lèvres.

— Je me suis alors dégoté un pyjama et j'ai littéralement rasé les murs pour rejoindre l'aile pédiatrique. J'ai chipé des fringues dans un placard. J'étais totalement incapable d'expliquer le phénomène qui me permettait d'être là, sous l'apparence du gosse que j'avais été. Mais il fallait que j'en fasse « quelque chose ». La suite, tu la connais…

— Et pourquoi Ron Belnet ? interrogea Evan.

— Il n'était pas question de te raconter la vérité, tu aurais fui… Il fallait que je trouve un type dans le même état que moi pour que j'aie l'air moins concerné. D'où l'idée du deal, qui me permettait en plus de te faire retrouver ta sœur, de me libérer de toutes mes souffrances si tu parvenais à convaincre Lena de me débrancher.

Un temps passa avant que Casper n'ajoute :

— Crois-tu sincèrement que l'authenticité de notre relation doit être remise en question à cause de ça ?

Evan poussa un profond soupir.

— Non. Mais je réalise qu'un autre que moi a vécu le même calvaire pendant des années.

— Oui, à cela près que, pour toi, c'était ta sœur. Son visage ne m'a jamais quitté.

— Et tu n'en as jamais parlé à Lena ?

— Sûrement pas ! Si j'ai tout enterré au plus profond de moi, ce n'était pas pour en parler à Lena.

Evan opina de la tête. Non, il n'en voulait pas à Casper. Pas du tout. Il connaissait les poids du remords et de la culpabilité.

— Pourquoi veux-tu partir maintenant ?

Casper ne s'attendait pas à cette question.

— Parce qu'il le faut… Je souffre énormément, Evan. D'une douleur qui s'intensifie. L'efficacité de la morphine s'amoindrit un peu plus chaque jour. J'aurais adoré rester avec toi plus longtemps. Mais cela devient physiquement insupportable.

Tout à leur échange, ils ne prêtèrent pas attention à la femme postée à quelques mètres d'eux.

Bouche bée, Lena observait la scène, médusée.

En voyant Evan parler avec un enfant, elle s'était approchée sans méfiance. Mais quand elle avait vu ses traits… Les boucles blondes, son sourire, ses joues… Là, elle avait manqué défaillir.

Il y avait là-haut son frère Luca qui dormait d'un sommeil profond. Et là, sous ses yeux, ce petit garçon – Luca enfant – vivait, vibrait… Elle ne pouvait en croire ses yeux.

Alors qu'Evan le prenait dans ses bras, Casper ressentit une intuition désagréable. Celle d'être observé. Il se dégagea en douceur du bras d'Evan et se retourna.

— Oh non !…

Lena fit quelques pas en arrière sans le quitter des yeux et trébucha. Casper se précipita vers elle avant de s'arrêter à un mètre d'elle. Il tendit lentement les mains vers elle, comme pour ne pas la choquer davantage.

Mais elle recula avec une telle violence que l'enfant s'arrêta net dans son élan. Elle le fixait maintenant d'un air effaré, et Evan se demanda un instant si elle n'allait pas y laisser sa raison. Il s'approcha d'elle à son tour, mais Lena lui opposa un signe lui interdisant d'avancer plus.

Casper fit un pas de plus. Il la touchait presque maintenant.

— N'aie pas peur, Lena. C'est moi, ce n'est que moi...

Les yeux remplis de larmes, elle détailla son frère de la tête aux pieds, s'attarda sur ses cheveux, puis sur ses yeux. Elle avança timidement sa main pour toucher celle plus petite tendue vers elle, et lorsqu'elle sentit la chair bien réelle, elle se jeta dans ses bras pour s'y réfugier.

Casper lui caressa longuement le visage, et ils restèrent sans mot dire de longues minutes. Puis il lui prit la main.

— Viens, Lena. Allons nous asseoir. Reste avec nous, Evan.

Elle le suivit docilement jusqu'au banc.

L'enfant la dévisagea tristement, et commença d'une voix enrouée par l'émotion :

— J'ai bien essayé de te faire comprendre que je t'entendais et que je guettais la moindre de tes visites avec une impatience que tu ne soupçonnes même pas. J'ai aussi pensé venir te trouver comme je suis en ce moment, mais je me suis dit que tu ne pourrais pas supporter le choc de me revoir sous mon apparence d'enfant...

— Parce que tu crois que c'est plus facile pour moi maintenant ? parvint-elle à articuler. Et puisqu'on nage dans la dixième dimension, qui me dit que c'est bien toi, Luca, dans le corps de mon petit frère ?

Le fait qu'un autre esprit puisse habiter le corps de son frère rendait la scène encore plus surréaliste à ses yeux. Ne perdant pas son sang-froid, elle attaqua :

— Quel est le titre de ma première photo exposée ?

L'enfant la regarda, surpris, avant de comprendre.

— *L'Arche*.

— Ma couleur préférée ?

— Le vert, parce que c'est la couleur de l'espoir.

— Comment s'appelait mon premier chat ?

— Mirador.

— Quelle est la manie que j'ai que tu ne supportes pas ?

— Il y en a plein : tu dors avec des chaussettes, tu enlaces tes cheveux autour de ton index pour réfléchir, tu laisses ton pot de sirop d'érable constamment ouvert lorsque tu te goinfres de pancakes, tu votes démocrate, tu détestes prend...

— Mon livre préféré ?

— *Le Petit Prince*, de Saint-Exupéry.

Luca décrocha un regard légèrement amusé à Evan, qui comprit enfin son acharnement à se procurer ce livre. Lena continuait à fixer l'enfant. Casper lança à Lena :

— Mais il y a en revanche une chose que j'adore chez toi, c'est... toi, tout simplement. Ton sens de l'humour, ta soif d'équité, ton honnêteté et ta sensibilité.

Lena ne tint plus. Elle se leva et se jeta soudainement sur Casper, le serrant de toutes ses forces comme pour mieux s'assurer qu'elle ne rêvait pas et qu'il était bien là, devant elle. Puis elle s'écarta un peu et l'inspecta à nouveau de la tête aux pieds. Ému, Evan voulut se retirer pour les laisser savourer cet instant qui n'appartenait qu'à eux.

— Evan ! Reste, s'il te plaît ! demanda-t-elle à son tour.

Il les regarda tous les deux : les voyant côte à côte, même avec tant d'années d'écart, il restait indéniable qu'il y avait un sacré air de famille. Et vraisemblablement, cela ne s'arrêtait pas qu'au physique.

Il s'approcha donc d'eux et écouta Casper raconter pour la seconde fois les différentes étapes qui l'avaient amené ici. À l'issue de ce récit, ils gardèrent tous les trois le silence un long moment. Casper finit par le rompre :

— Lors de mon accident, j'aurais dû perdre la vie. Mais non… Ce fut en réalité pour moi l'occasion de me racheter. Je suis heureux d'avoir pu le faire.

Lena ne le quittait pas des yeux, et ne lui lâchait plus la main. Son regard était encore incrédule. La scène lui apparaissait tellement irréelle.

— Je croyais que rien n'était perdu tant qu'il y avait de l'espoir. Tu n'arrêtais pas de me le répéter.

— Eh bien, oui, sœurette. Moi, le fervent défenseur du droit à la vie, je suis un jour devenu prisonnier de mon propre corps. J'ai alors compris le combat que menaient des milliers de gens. Moi qui n'entendais plus que ceux que j'aimais au travers d'un épais brouillard, et qui ne parvenais même pas à faire frémir un doigt, un sourcil, un cil même, pour le faire savoir. J'ai partagé le cauchemar que vivaient ces pauvres condamnés. Tu sais, Len', les histoires que tu me lisais, les souvenirs que tu me rappelais, tes petits mots tendres : j'ai tout entendu. Même si je ne sais pas où j'irai, je suis certain de n'en jamais rien oublier.

Evan n'avait toujours pas prononcé le moindre mot. L'enfant se tourna vers lui pour ajouter à voix basse :

— Je suis vraiment triste pour ta sœur, Evan...

— Je sais, Casper. J'ai tout de même pu la revoir, ce qui ne se serait jamais fait sans toi.

— J'espère que tu ne me tiens pas pour responsable de sa mort.

— Non ! Mais je n'arrête pas de me demander ce qui se serait passé si nous n'avions pas provoqué cet accident.

— Tu ne l'aurais tout simplement jamais revue et elle n'aurait pu connaître la vérité avant de partir. Kelsie est restée prisonnière pendant des années. D'un couple de cinglés tout d'abord, puis de sentiments profonds qui l'animaient et qu'elle ne pouvait comprendre, ne détenant pas l'ensemble des éléments nécessaires. Aujourd'hui elle est libre. Et elle continuera à vivre au travers d'autres personnes qu'elle aura permis de sauver. Je suis certain qu'elle n'a jamais autant eu cette sensation d'exister.

L'enfant tapa amicalement sur l'épaule de son ami avant de venir se glisser entre lui et Lena. Il leur flanqua alors une bonne tape sur les cuisses et prit un ton enjoué :

— Regardez ça, si c'est pas beau : une vraie réunion de famille !

Mais personne ne parvint véritablement à se réjouir.

— Luca ?

Luca devina que la question que voulait lui poser sa sœur serait délicate.

— Et toi, n'as-tu pas peur de mourir ?

Il réfléchit avant de répondre :

— Lorsque je me suis découvert sous cette… apparence, j'ai passé un long moment à errer dans les rues et à observer les gens. Et je me suis alors demandé ce qu'il adviendrait d'eux lorsqu'ils partiraient. J'en suis arrivé à me poser la question à moi-même. On meurt sans se soucier de savoir où partent nos souvenirs. Mais où finissent-ils ? Nos rires, nos espoirs, nos peurs, les questions qui nous ont portés, les amours qui nous ont fait vibrer. Qu'en reste-t-il ? Je voudrais être certain que tout ne finira pas dans un grand trou. Ce noir me fait peur. Et j'aimerais tellement que *tout cela* serve à quelque chose. Sinon, notre passage sur terre ne voudrait plus rien dire. Regarde, moi, je suis déjà remplacé dans le cœur de celle qui devait être mon Élue.

— Si tu crois que tu ne m'as pas marqué à vie ! l'interrompit Evan.

— Oui, toi, c'est vrai, j'ai rudement ébranlé ta vie pépère en peu de temps… Tu n'es sans doute pas près de m'oublier !

— Cela va au-delà de ça, Casper. Tu m'as non seulement appris à faire confiance, mais aussi à mieux me comprendre moi-même. Pour cela, je ne te remercierai jamais assez.

Le visage d'Evan exprimait une sincère gratitude et Casper en fut touché.

— Il n'empêche, reprit Lena, que tu n'as pas répondu à ma question, Luca.

L'enfant ne se désista pas.

— Bien sûr que la mort m'effraie. Il faudrait être stupide pour ne pas en avoir peur.

Il laissa passer quelques instants avant d'avouer :

— Je crois même pouvoir affirmer que j'ai vraiment la trouille… Je ne sais pas ce qu'est passer derrière la barrière de manière définitive. Je ne sais même pas si quelqu'un m'attend là-bas. J'ai peur de souffrir aussi. Et peur du vide. J'ai l'air ridicule, là, hein ?

Evan et Lena ne purent rien dire. Que répondre à cela ?

— Cependant, même si ces moments vont être difficiles, ce sera pour moi une vraie délivrance. Et je te confirme ce que t'a dit Evan, petite sœur : c'est bien la plus belle preuve d'amour que tu m'offres aujourd'hui.

Ils gardèrent le silence, respirant la douce odeur dégagée par les nombreuses fleurs. Le soleil brûlant leur prodiguait du réconfort. Aucun d'entre eux ne voulait bouger. Casper finit par reprendre la parole :

— Lena, Evan, promettez-moi de rester ici vingt minutes sans bouger. Pas une minute de plus, et pas une de moins. Quoi qu'il arrive !

Une soudaine inquiétude envahit le visage de Lena.

— Pour quoi faire ?

Casper lui caressa la joue de la main.

— J'ai besoin de me retrouver un peu seul, tu comprends ? Je vais aller sur le banc, derrière cette allée. Allez, promettez-moi : juste vingt minutes ! Et on se retrouve après.

Il observa attentivement sa sœur avant d'ajouter :

— En fait, Lena, c'est une bonne chose que tu sois arrivée. Même si j'ai peur de mourir, je suis rudement heureux de quitter la scène en vous ayant tous les deux près de moi. Il n'existe plus aucun secret entre nous…

L'enfant sauta soudainement sur ses deux jambes, les dévisagea tour à tour avant de les embrasser. Son regard était soudain rempli d'un profond désarroi. Il ajouta d'une petite voix :

— Dites, vous ne me lâcherez pas tant que tout ne sera pas terminé, hein ?

*

* *

Evan et Lena se tinrent longtemps la main sans parler, et attendirent en silence le retour de Casper. Au bout d'une quinzaine de minutes, le portable d'Evan vibra pour annoncer un SMS :

« Je n'ai jamais été doué pour les adieux. Je vous aime très fort. Et vous attends pour mon dernier voyage. »

Lena se rua affolée à la recherche de Casper.

Mais derrière la haie, sur le banc, dans l'allée, il n'y avait plus personne.

*

* *

Le docteur Martens venait d'injecter à Luca un produit qui annihilerait toute douleur lorsque le respirateur artificiel lui serait enlevé.

Martens se tourna vers Evan pour lui demander son assentiment. Ce dernier jeta un œil furtif en direction de Lena. Le regard qu'elle posait sur son frère était lourdement empreint de tristesse, pourtant elle semblait apaisée. Evan hocha la tête et Martens appuya sur l'interrupteur.

Le ronronnement de la pompe s'atténua pour finir par se taire complètement. Seuls les bips sonores du monitoring cardiaque se firent entendre. Le tracé électrique paraissait toujours régulier.

D'un signe de tête, le docteur Martens invita les deux infirmières présentes à sortir. Puis il indiqua à voix basse à Lena :

— Cela devrait être assez rapide, désormais.

Il allait partir lorsque Lena le rattrapa par la manche.

— Docteur, s'il vous plaît… Pourriez-vous enlever le bip de cette machine ?

Elle avait désigné le monitoring du menton. Il se dirigea vers l'appareil et en coupa le son.

— C'est chose faite. Bon courage…

Et il sortit.

Une fois seuls, Lena tenta de soulever le buste de son frère. Evan dut lui prêter main-forte malgré la maigreur évidente de ce corps qu'elle ne reconnaissait plus. Elle se glissa derrière Luca en lui maintenant délicatement la tête qu'elle appuya contre sa poitrine et posa la main droite sur son cœur. De l'autre, elle lui tint la main.

Elle invita ensuite Evan à se placer de l'autre côté du lit.

— Tu vois, Luca, dit-elle, nous sommes là. Maintenant que je sais que tu m'entends, je peux te le dire : merci pour tout. Merci d'avoir été ce frère, cet ami, ce confident de tous les moments, bons ou mauvais, qui ont jalonné ma vie. Je t'aime et t'aimerai toujours. Quoi qu'il advienne. Et où que tu sois.

Evan sentait sa gorge plus nouée qu'une corde de marin. Lorsqu'il comprit que Lena attendait qu'il parle à son tour, il parvint péniblement à articuler :

— Au revoir, mon ami.

Lena maintenait toujours sa main droite posée sur le torse de Luca. Les spasmes se faisaient plus violents et saccadés, le rythme cardiaque ralentissait. Tous deux se taisaient. Lena pleurait silencieusement, Evan luttait pour ne pas craquer à son tour. Il se concentra sur le portable de Casper, que celui-ci avait déposé sur le bord du lit.

Evan serra davantage la main de son ami.

Inconsciemment, Lena berçait Luca en lui murmurant quelques mots à l'oreille. Les battements de son cœur ne venaient plus cogner dans sa poitrine avec la régularité d'un métronome. Lena se tut et elle canalisa toute son attention et ses pensées sur le décompte des secondes entre chaque pulsation.

1, 2, 3… Boum.

Elle revit le visage poupon qu'elle venait de quitter il y avait à peine une heure, auprès duquel elle avait passé toute son enfance.

1, 2, 3, 4, 5… Boum.

Avait-elle eu le temps de tout lui dire ? N'allait-elle pas se rappeler trop tard d'un détail qu'elle aurait aimé partager avec lui ? Il y avait tant de choses… La poitrine de Luca semblait peiner à se remplir d'air.

1, 2, 3, 4, 5, 6, 7, 8… Boum.

Comment allait-elle pouvoir vivre sans les conseils de ce frère qui l'avait protégée, encouragée, aimée ?

1, 2, 3, 4, 5, 6… 12… Boum.

La main d'Evan vint lui effleurer l'épaule. La fin était imminente.

Une dernière fois, elle étreignit Luca jusqu'à ce qu'elle ne sente plus aucun souffle de vie émaner de son corps.

Le tracé parfaitement plat de l'ECG lui confirma que l'épreuve que venait de subir Luca était bien terminée. Alors, Evan se leva et arrêta la machine, avant de revenir s'asseoir sur le rebord du lit. Ils restèrent ainsi tous trois réunis dans une sorte de communion muette, jusqu'à ce que les derniers rayons du soleil s'éteignent.

27

11 août 2014, Miami,
Jackson Memorial Hospital

Nathan marchait comme dans un rêve. Il avait peur, très peur, car l'endroit était obscur, trop obscur.

Les parois de cet interminable tunnel étaient glaciales à certains endroits. Mais il avait aussi l'impression d'en approcher d'autres beaucoup plus chaudes. Cette chaleur l'incitait à s'enfoncer davantage. Si ce n'était cette terrible obscurité qui l'empêchait de voir où il mettait les pieds, il aurait couru dans cette direction.

Il entendit une voix, distincte entre toutes, celle de sa mère.

Mais cette voix se faisait de plus en plus lointaine, moins audible. Un frisson traversa Nathan. Il se sentit seul. Il continua à marcher à l'aveuglette.

Il appela à l'aide. Combien de temps allait-on le laisser ainsi seul dans le noir ? Parfois, il croisait quelques personnes qui ne lui parlaient pas. Elles semblaient elles aussi chercher quelque chose, et ne lui accordaient aucun regard, comme si elles ne le voyaient pas. Ou refusaient de le voir.

Épuisé, il finit par s'écrouler par terre et pleura. Il tenta de ramper pour ne pas rester dans ces ténèbres. Il avait toujours eu peur de l'obscurité. Le soir, sa mère branchait toujours une veilleuse dans sa chambre. Et elle le rassurait par un baiser déposé sur son front. Pourquoi ne venait-elle pas aujourd'hui éclairer son chemin ? Pourquoi n'était-elle pas là pour lui donner la main et le ramener auprès d'elle ?

Soudain, une lumière scintilla. Le point brillant se transforma en un vrai puits de lumière, d'une incroyable intensité. Il entendit alors des voix. Pas comme celle de sa mère, non, des sortes d'échos qui résonnaient dans cette grotte cauchemardesque. Il lutta contre sa peur et chercha à s'approcher.

Allez, plus que quelques mètres…

Les voix s'intensifiaient. Il lui semblait les connaître. Il releva la tête : des ombres se penchaient sur lui. Elles lui parlaient, mais il ne réussissait pas à les comprendre, car l'écho était trop important. Des formes le touchaient, le caressaient. Étaient-ce des anges ? Réconforté par tant de douceur, il écarquilla davantage les yeux et il fut saisi de stupeur lorsqu'il reconnut le visage de son père. Fou de bonheur, il tenta de se relever pour se jeter dans ses bras, mais ses forces lui manquèrent pour y parvenir. Des trois autres formes qui se tenaient à côté d'eux, Nathan finit par en reconnaître deux : Lindsay et John. C'était bon de les voir… Lindsay pleurait. Elle vint se lover contre lui et Nathan entreprit de la rassurer en lui caressant les cheveux, comme pour bien être sûr qu'il ne rêvait pas.

Avec stupeur, Nathan vit des larmes couler sur les joues de son père. Il n'avait jamais vu son père pleurer. Cela signifiait-il que toute cette scène n'était pas réelle ?

Une autre ombre, grande, se posta devant eux et le sépara de Lindsay. Elle approcha son visage du sien et Nathan put en distinguer ses traits : de grands yeux clairs, de longs cheveux, et un très beau sourire. Il ne pouvait plus s'en détacher. Cette femme se pencha pour l'embrasser sur le front. Une odeur subtile lui emplit les narines. Son shampoing. Cela lui rappelait le shampoing à la camomille que sa mère lui faisait tous les dimanches. Sa mère lui manqua alors cruellement et Nathan se mit à pleurer. Avec son pouce, la femme sécha ses larmes et il remarqua la grosse tache qu'elle avait sur l'avant-bras. Elle s'éloigna pour rejoindre un autre homme que Nathan n'avait pas remarqué, tandis que son père le prenait enfin contre lui et le serrait très fort. Il lui murmura quelques mots, que Nathan ne comprit pas. L'amour y transperçait dans chaque syllabe.

Son frère et sa sœur s'approchèrent à leur tour, l'embrassèrent. L'homme inconnu s'approcha d'eux et donna une tape amicale sur l'épaule de son père. Puis il se baissa et souleva Nathan, avant de lui souffler à l'oreille : « Bonjour, Nathan, je m'appelle Luca. Et je vais te ramener chez toi. »

Pourquoi comprenait-il ce que cet homme lui disait alors que les autres bruits lui parvenaient étouffés ? Il vit son père, John et Lindsay se diriger vers la lumière vive que la belle femme avait déjà rejointe. Elle se retourna pour lui adresser un geste d'adieu de la main.

Mais Nathan ne désirait pas être éloigné de sa famille. Il réunit donc toutes ses forces pour hurler et se débattre. Son père se retourna, marqua l'arrêt quelques secondes, comme s'il hésitait à son tour.

Mais la femme l'entraîna fermement par le bras et il reprit sa route.

Nathan se remit à pleurer. Combien de temps? Il ne sut le dire. L'homme qui prétendait s'appeler Luca avait repris dans le sens inverse le chemin suivi par Nathan, et ils s'enfonçaient à nouveau dans l'obscurité. Nathan se sentait rassuré par sa présence, et son instinct lui soufflait qu'il ne lui voulait que du bien. Au bout d'un bien long moment, un murmure parvint à l'oreille de Nathan. La voix. *Sa* voix! Sa Moushka...

L'enfant chercha à croiser le regard de celui qui le portait. Fatigué lui aussi, il parvint à lui rendre un faible sourire. Le murmure devint plus intense. L'homme continua son avancée dans le noir.

Ils accédèrent à l'entrée d'un autre tunnel. Au bout, très loin, un point rouge. Nathan était déjà passé par là, il en était certain. Après l'avoir délicatement posé à terre, Luca lui tint le visage entre ses mains, le regarda longuement avant de lui indiquer du doigt la lueur. Il se baissa alors vers son oreille.

— Nathan, je ne peux pas aller plus loin, et il va falloir que tu finisses le chemin tout seul. Écoute-moi bien, Nathan: lorsque je te le dirai, tu devras prendre ton élan et courir le plus vite possible vers la lumière. Tu ne dois surtout pas t'arrêter, et encore moins regarder en arrière. Même si tu as mal, même si tu as peur, tu cours et tu ne t'arrêtes pas. Ta mère t'attend juste derrière, Nathan. Montre-lui combien tu es courageux...

Il lui ébouriffa les cheveux, et Nathan put voir le clin d'œil malicieux qu'il lui fit avant de se lever. Il fixa à son tour le rai de lumière.

— Tu es prêt ?

Nathan sentit que Luca lui lâchait la main : il ferma les yeux et remplit ses poumons d'air.

— Allez, Nathan ! Cours !

Sous les encouragements de l'homme, la peur de Nathan s'envola. Il sourit à celui qui le regardait tendrement et s'élança à toute vitesse vers le point lumineux que l'inconnu continuait de lui indiquer.

Lorsque Susan Burson sentit la main de son fils se poser sur la sienne, et que ses yeux fatigués rencontrèrent ceux grands ouverts de son enfant, ce ne fut pas la joie qui l'inonda.

Ce fut quelque chose de bien plus beau, qu'aucun mot n'aurait su traduire.

Épilogue

Ils étaient enfin parvenus à Key West. Evan avait posé deux semaines sans solde et Lena signifié à son agent qu'elle ne rejoindrait New York que le mois suivant.

La veille, ils avaient assisté à la cérémonie d'incinération de Luca, et ce matin avait eu lieu l'enterrement de Kelsie. Evan avait chaleureusement remercié l'inspecteur Mac Clough de s'être démené comme un diable afin que Summer Mending soit officiellement reconnue comme étant Kelsie Kester. Le fait qu'il soit là l'avait touché.

La mère d'Evan s'était montrée extrêmement courageuse et digne : elle avait accepté de perdre à nouveau cette enfant qu'on lui avait déjà volée.

Le dernier hommage rendu à Luca s'était déroulé dans un grand calme, malgré la foule rassemblée. Lena avait désiré rester seule avec Evan au moment de la mise en bière. Ils s'étaient ainsi tenus solidement enlacés. Malgré leur peine, ils ne prononcèrent pas un mot, pensant chacun aux moments intenses partagés avec celui qu'ils saluaient pour la dernière fois.

Evan put découvrir à quel point Luca était un homme entouré et apprécié.

Evan et Lena étaient ensuite repassés au Jackson Memorial Hospital, pour rendre visite au petit Nathan. L'enfant se rétablissait à une vitesse incroyable malgré la lourde intervention qu'il avait subie. En réanimation, il avait été placé sous intubation et avait démontré une réelle capacité de récupération. Il se montrait déjà volontaire dans la mise en œuvre d'exercices de rééducation respiratoire. Son traitement immunosuppresseur était très bien supporté.

Curieusement, il n'avait posé aucune question ni sur son père, sa sœur, ou son frère. Il semblait n'avoir d'yeux que pour sa mère, même si la tristesse transparaissait au fond de son regard d'enfant.

Susan se dépensait sans relâche pour satisfaire son enfant. Le souvenir des trois êtres chers disparus n'était jamais évoqué, mais elle mesurait chaque jour le vide qu'ils avaient laissé. Conformément au protocole d'éthique, ni la mère, ni l'enfant ne savait qui était le donneur de l'organe salvateur. C'est donc en toute innocence que Susan avait déclaré à Evan :

— J'aurais tellement souhaité pouvoir remercier la famille de cette personne. Vous savez, elle n'a pas seulement redonné vie à Nathan. Elle me l'a rendue à moi aussi. Ce ne pouvait être que quelqu'un de bien.

Fait exceptionnel, Evan avait donné son numéro de portable à Susan ainsi qu'à Nathan, pour qu'ils puissent lui donner des nouvelles. Evan voulait garder le contact avec cet enfant. Il ne pouvait s'empêcher de penser que chaque inspiration de ce petit être serait à jamais reliée au souffle de Kelsie.

Un jour, Evan reçut un appel de M. Potterson, producteur du dernier film de Blenton. Ce dernier lui avait fait part de son enthousiasme pour le morceau qu'il avait composé. Un certain Ron Belnet avait adressé une bande-son. Potterson souhaitait intégrer ce morceau comme BO de son prochain film.

Evan accepta volontiers en précisant qu'il cosignerait ce morceau avec un dénommé Casper, ce qui fit beaucoup rire le producteur.

La boîte aux lettres d'Evan était pleine. Il s'escrima à tenir la valise de Lena dans une main, pendant qu'il essayait d'attraper de l'autre le tas considérable de prospectus, courriers et papiers en tout genre. Un paquet plus volumineux se trouvait au fond de la boîte, que Lena l'aida à récupérer.

Curieux, Evan tira d'un coup sec sur le papier. Dès qu'il aperçut la couverture du *Petit Prince*, un flot de souvenirs l'envahit. Sur le dessus, un Post-it était apposé : « Pour Lena, avec tout mon amour. Luca ».

Sans un mot, il tendit le roman à Lena.

À l'intérieur, un petit mot lui était destiné :

Je savais que cette édition n'était pas une simple copie. D'après sa couverture et son tramage, je suis certain qu'il s'agit d'un exemplaire de grande valeur, en plus de celle sentimentale que tu lui accorderas. Garde-le précieusement. Et rassure Evan en lui disant que ce livre vaut sans doute cent fois plus cher que le prix qu'il a consenti à débourser pour l'obtenir !

Evan raconta à Lena les conditions d'achat de ce fameux trésor en s'attardant sur le vieux grigou qui le leur avait vendu, et cela ne manqua pas de la faire rire.

Il la laissa seule et monta leurs sacs de vêtements. Il redescendit quelques minutes plus tard. Lena se tenait face à la baie vitrée. Lorsqu'elle vit son reflet dans la glace, elle vint à sa rencontre pour l'enlacer À la vue d'un prospectus posé sur la table, vantant les mérites d'une salle de musculation, elle le brandit sous le nez d'Evan.

—Quelle bonne idée : une petite séance de sport. Non seulement cela nous permettra de nous défouler, mais en plus cela te dessinera un corps d'éphèbe pour ta dulcinée…

Evan ne réagit pas, son attention étant captée par une enveloppe. Petite, blanche, arborant une écriture manuscrite au tracé bien rond et aux boucles bien appuyées. Evan sortit la lettre du tas éparpillé et l'étudia attentivement. Une écriture enfantine, c'était évident.

Au verso de la missive, en minuscules, seul un prénom figurait : Casper. Lena et lui avaient réussi à contenir leur peine mais avec ce courrier, Evan n'était plus certain de rester de marbre très longtemps.

Il allait ouvrir la lettre lorsqu'elle l'interrompit :

—Non, Evan. Ça, c'est votre histoire à tous les deux…

Evan alla jusqu'au bout de la plage de sable, attendit de sentir l'eau lui envelopper les pieds. Au loin, le soleil commençait son inexorable déclin. Face à ce vide dans lequel il s'était tant de fois plongé, il parcourut les lignes :

Cher Evan,

T'écrire tout ce que je n'ai pas eu le temps de te dire me paraît bien présomptueux. Qu'importe. Des messages sont passés entre nous sans avoir eu besoin de les exprimer. Je suppose que c'est cela l'Amitié, et même si je ne la découvre que bien tard, sache que cela a été rudement bon !

À l'heure qu'il est, tu auras sans doute trouvé le livre. J'y ai souvent puisé du réconfort et je suis certain que je lui dois d'être parvenu à conserver une âme d'enfant. Je pense aussi avoir rencontré l'ensemble des personnages tout au long de mon chemin ! Il me manquait en revanche l'enseignement du renard. C'est grâce à toi que j'ai enfin saisi la vraie profondeur de cette Amitié que j'évoque un peu plus haut : je t'en remercie de tout mon cœur, Evan.

Même en rêve, je ne t'aurais jamais imaginé tomber amoureux de Lena. Et pourtant, quoi de plus évident ? C'est une femme extraordinaire, dotée d'une immense sensibilité, qui saura te guider lorsque tu failliras, et qui se laissera porter les soirs de grand vent. Vous étiez faits pour vous rencontrer... Tu vois, tu avais toi aussi raison : le hasard est à l'origine de bien des choses. Je suis rassuré de savoir que je passe le relais à quelqu'un de bien pour veiller sur elle. Et tellement heureux d'avoir eu la chance de parcourir un bout de chemin avec deux êtres aussi exceptionnels que vous. J'espère que, là où je dois aller, je n'en oublierai rien.

Il y a peu, j'ai réalisé que j'avais mis longtemps à saisir l'essentiel. Je ne l'aurai d'ailleurs compris qu'à la fin de ma vie. J'ai essayé de te transmettre quelques enseignements de cet apprentissage tardif, pour que tu saches à ton tour choisir tes combats. Cela te laissera bien plus de temps que je n'en ai eu pour aller à l'essentiel. Être chirurgien n'est pas que ton métier. C'est une véritable vocation, et t'observer m'a redonné espoir en ce qui concerne l'humanité. Conserve ce courage que tu as de vouloir changer les choses, et montre-toi suffisamment humble pour accepter de ne pouvoir tout contrôler.

Je suis triste à l'idée de n'avoir pas pu te ramener Kelsie. Je connais une femme, extraordinaire, crois-moi, qui aura besoin de toute ton attention et qui saura te la rendre au centuple. Pose enfin tes valises, Amigo, *et n'oublie pas que notre ombre nous suit où que l'on s'enfuie. Partir en courant ne permet pas de se cacher. Lorsque l'heure fatidique nous rattrape, c'est pour nous laisser l'amère sensation de n'avoir pas eu assez de temps. Alors, pars sans idée précise du lieu où te guideront tes pas, mais prends soin de t'attarder sur les petits chemins. Car, pour reprendre Saint-Exupéry : « Droit devant soi, on ne peut pas aller bien loin. »*

Et si parfois tu oublies combien la vie passe, écoute les battements de ton propre cœur pour bien prendre conscience que le temps s'égrène au rythme de chaque seconde. Nous sommes tous deux bien placés pour confirmer qu'on commence toujours mieux qu'on ne finit. Ne le perds donc pas en futilités et rappelle-toi que le vrai but n'est pas tant de chercher des objectifs à atteindre que de trouver un sens à nos actions.

Enfin, et surtout, vis nos rêves pour nous deux, mon Ami. Car tant que tu vis, il n'est jamais trop tard…

Casper

Evan inspira profondément. Vivant. Oui, il se sentait vivant.

Le soleil dardait maintenant de flammèches multicolores le tapis de velours dessiné par les vagues. Le rouge, le jaune, le vert, le bleu, l'indigo et le violet venaient danser sur l'eau apaisée, dans une magie d'effets enchanteurs.

Evan se tourna vers la maison et courut en appelant Lena. Il savait que les plus beaux moments du coucher de soleil étaient imminents. Cet instant magique serait lui aussi très éphémère.

— Lena, où sont les cendres de Luca ?

Lena lui désigna d'un geste l'urne cinéraire et il s'en empara.

Le spectacle était maintenant grandiose : la boule de feu rougie semblait plonger dans l'océan, illuminant les alentours d'auréoles cuivrées incandescentes.

Lena avait compris. Existait-il un meilleur endroit, un paradis plus beau ?

Elle reprit l'urne qu'elle serra contre son cœur avant de l'ouvrir. Puis elle attrapa la main d'Evan et avança rapidement dans l'eau, jusqu'à hauteur des cuisses. Elle renversa face à l'artifice de couleurs qui illuminait leur visage l'ensemble des cendres. Ces dernières, portées par un souffle de vent, dansèrent longtemps sur la surface de l'eau, et s'éparpillèrent quelque part vers ce point de rencontre entre l'océan Atlantique et le golfe du Mexique.

Au bout d'un long moment de parfaite communion, après que leurs yeux se furent encore nourris de ce miracle de beauté, Lena serra davantage le bras d'Evan.

— Et maintenant, nous y voilà. Tout est fini.

Evan tourna alors son visage vers le sien. L'obscurité l'enrobait à grande vitesse. La seule lumière qu'il parvenait à bien distinguer se trouvait dans le regard qui s'offrait à lui avec confiance. Sans la quitter des yeux, il rapprocha son visage du sien et, les yeux emplis d'étincelles, il lui murmura :

— Oh non, Lena. Car c'est maintenant que tout commence…

Sources

Les éléments cités p. 114 proviennent du site www.neotrouve.com, sous le titre de : « Physique quantique : entre science et conscience ».

Dans ce livre, plusieurs clins d'œil sont faits au merveilleux ouvrage d'Antoine de Saint-Exupéry, *Le Petit Prince*, dont, entre autres :

– allusion au renard, p. 403 ;

– citation : « Droit devant soi, on ne peut pas aller bien loin », p. 404.

Enfin, ce livre étant une fiction, les propos prêtés aux personnages et les lieux où on les décrit sont en partie réels, et en partie imaginaires. Les faits évoqués ne sauraient donc être ramenés à des personnes et des événements existant ou ayant existé, aux lieux cités ou ailleurs, ni témoigner d'une réalité ou d'un jugement sur ces faits, ces personnes et ces lieux.

Remerciements

Un grand merci à Antoine Caro pour m'avoir accordé sa confiance et soutenue dans l'élaboration de ce projet, ainsi qu'aux équipes de Robert Laffont, qui œuvrent silencieusement dans l'ombre pour que les ouvrages soient mis en lumière…

Une reconnaissance toute particulière à Denis Gombert, qui a le premier cru en Casper, et qui m'a ensuite patiemment accompagnée de ses précieux conseils et de ses coups de crayon affûtés et bienveillants.

Toute ma gratitude à Pascal, Charlotte, Monic et Bruno : vous m'avez encouragée à persévérer dans ce rêve tout en vous prêtant inlassablement au jeu des relectures. Vous aviez raison…

Merci également à tous mes proches, qui comprennent qu'écrire requiert un certain degré d'abnégation, et qui ne m'en veulent jamais…

Enfin, un dernier remerciement, et non le moindre, à celles et ceux qui ont consacré quelques heures à la lecture de ce livre. J'ai longtemps rêvé de pouvoir partager ces pages avec vous : la réalité est encore plus magique.

Composition : Soft Office

Cet ouvrage a été imprimé par
CPI Bussière à Saint-Amand-Montrond
pour le compte de France Loisirs
en février 2018

Numéro d'éditeur : 91175
Numéro d'imprimeur : 2035081
Dépôt légal : septembre 2017

Imprimé en France